파동이 물의 결정체에 미치는 영향 (본문 31쪽 참조)

사진 1. 증류수의 결정체

사진 2. '사랑'또는'감사'라는 단어를
말했을 때 물의 결정체

사진 3. "너는 내게 상처를 줬어. 너를 죽여버릴 거야"라고 말했을 때 물의 결정체

부정적인 생각에 빠졌을 때 뇌의 혈류량(본문 35쪽 참조)

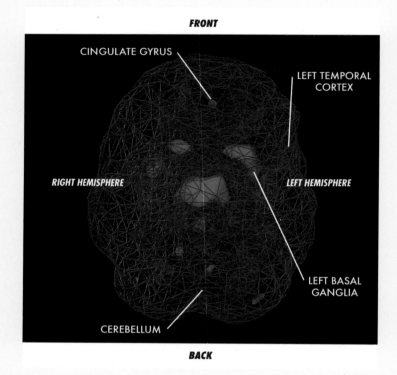

사진 4. 부정적인 생각이나 감정에 사로잡혀 있는 동안 뇌에 흘러드는 혈류량을 방사선 단층 촬영으로 측정한 모습

감사하는 마음을 느낄 때 뇌의 혈류량(본문 36쪽 참조)

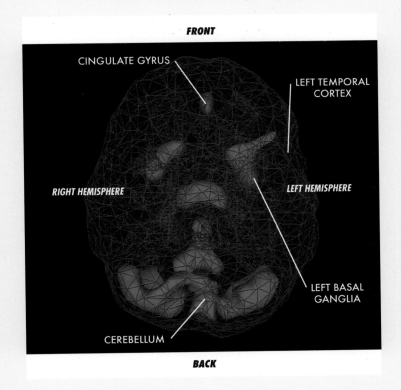

사진 5. 감사하는 마음을 느끼는 동안 뇌에 흘러드는 혈류량을 방사선 단층 촬영으로 측정한 모습

바이오도트(본문 84~87쪽 참조)

바이오도트를 이용해 '감사의 근육'을 키우자

1. 바이오도트를 엄지와 검지 사이에 깊숙이 끼운다.
2. 심호흡을 하며 긴장을 푼 다음, 바이오도트가 초록색이나 청록색이 될 때까지 감사한 생각에 집중한다.
3. 초록색이나 청록색으로 변한 바이오도트가 계속 유지되도록 감사한 생각과 감정을 지속시킨다.

사진 6. 스트레스 정도에 따른 색의 변화

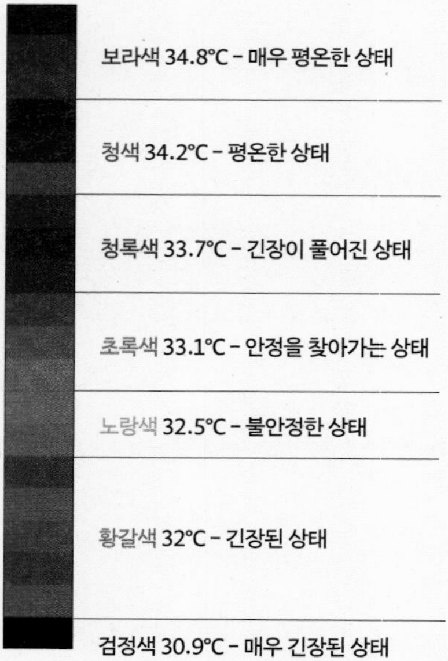

보라색 34.8℃ - 매우 평온한 상태

청색 34.2℃ - 평온한 상태

청록색 33.7℃ - 긴장이 풀어진 상태

초록색 33.1℃ - 안정을 찾아가는 상태

노랑색 32.5℃ - 불안정한 상태

황갈색 32℃ - 긴장된 상태

검정색 30.9℃ - 매우 긴장된 상태

소망을
이루어 주는 ——————— 감
사
의
힘

소망을
이루어 주는 _____

감사의 힘

널르 C. 넬슨·
지니 르메어 칼라바 지음
이상춘 옮김

The
Power of
Appreciation

한문화

'감사의 힘'은 우주에 존재하는 가장 효과적인 에너지 가운데 하나다.
이 책은 당신의 삶을 크게 변화시킬 것이다.
- 리처드 칼슨, 《우리는 사소한 것에 목숨을 건다》의 저자

이 책은 '감사'를 사용하는 간단하고 손쉬운 방법을 가르쳐 줌으로써
당신이 상상하는 것 이상의 멋진 삶을 창조하도록 도와준다.
당신은 이 책을 거듭거듭 읽게 될 것이다.
- 루이스 L. 헤이, 《원하는 걸 얻으려면 자신부터 사랑하라》의 저자

기뻐하라! 우리가 원하는 것을 얻도록 만드는 강력한 힘을 소개하는
지혜롭고 영적이면서도 실용적인 책이다.
이 책을 잘 활용한다면 당신의 삶을 획기적으로 변화시킬 수 있을 것이다.
나는 모든 사람들이 이 책을 읽고 그 강력한 힘을 실천하길 바란다.
- 앨런 코헨, 《내가 정말 원하는 삶은 따로 있다》의 저자

감사의 말

이 책을 만드는 동안 감사할 일이 너무 많았다. 우선 '감사 모임'의 회원들에게 무한한 고마움을 전한다. 아무도 가지 않은 길을 향해 함께 탐험을 떠나 준 그들의 용기에 감사한다.

또 제리와 에스더 힉스에게도 진심 어린 감사를 보낸다. 동화처럼 아름다운 그들의 작품은 우리가 이 책을 쓰는 데 영감의 원천이 되어 주었다.

원고를 보고 가능성을 인정해 책으로 펴낼 수 있게 도와준 비욘드 워즈 출판사의 신시아 블랙과 리처드 콘, 편집을 맡은 로라 포스터의 능력과 인내심에도 찬사를 보낸다.

끝없는 열정, 탁월한 유머, 일에 대한 성실함, 무수한 아이디어로 이 책을 빛내준 다이앤 럼바우와 필요할 때마다 도움을 준 마이클 마사미추에게도 특별히 감사한다. 자신의 저서를 인용하도록 허락해준 여러 저자들에게도 진심으로 감사한다.

머리말

몇 년 전 어느 날, 갑자기 머릿속에 책 제목 하나가 스치고 지나 갔다. 당신의 축복을 헤아려 보라(Count Your Blessings). 나는 '음, 멋진 제목인데!'라고 생각하며 수첩에 적어 놓은 후 (그동안 생각 날 때마다 적어 놓았던 다른 책 제목들과 함께) 까맣게 잊어버렸다.

그로부터 1년쯤 후, 지니 르메어 칼라바라는 심리학자가 뇌 파에 대한 생체자기 제어를 실시하고 있다는 말을 들었다. 그즈 음 나는 환자들을 치료하면서, 명상과 시각 효과를 이용해 삶에 대한 근본적인 자세를 바꾸도록 도와줌으로써 상당한 성과를 거두고 있었다. 따라서 깨달음과 이해력 같은 의식의 변화가 뇌 파의 활동에도 영향을 미치는지 알고 싶었다.

나는 지니를 찾아가서 내가 누구인지를 소개한 후 뇌파 활 동을 연구하는 일에 동참하고 싶다고 부탁했다. 그녀는 선뜻 허 락했고, 우리는 몇 개월에 걸쳐 흥미로운 실험들을 하면서 서로 가까워졌다. 실험을 통해, 명상을 할 때는 뇌파 활동이 평상시와 크게 달라진다는 사실을 발견했다. 하지만 지니와의 일은 그쯤에서 끝내기로 했다. 나는 전혀 생소한 분야에 뛰어들어 새로운 연구를 시작하고픈 의욕이 생기지 않았다.

나는 심리 컨설턴트와 정신 치료 전문가로 일하면서 한 가지 깨달은 사실이 있다. 낙천적이고, 긍정적이고, 감사하는 마음을 가진 사람은 모든 일에 부정적이고 불만이 많은 사람들보다 삶에 대한 만족도와 성취도가 높다는 사실이다.

또한 《성공한 사람이 모든 것을 갖는다》라는 책을 집필할 때 자료 조사를 하면서도 확인한 사실이 있다. 성공적인 삶을 사는 사람들은 다른 사람들이 절망하는 어려운 상황에서도 감사하는 마음을 잃지 않는 특별한 능력을 지녔다는 것이다.

감사하는 마음이 우리의 성공과 행복에 큰 영향을 미친다는 한 조사 결과를 접하게 된 후, 나는 이 분야에 더욱 흥미를 갖게 되었다. 나는 《위험한 관계(Dangerous Relationships)》라는 책을 집필하면서 가정 폭력을 방지하는 방안에 대해 조사했는데, 그때 '감사하는 사람들'은 폭력을 휘두르지 않는다는 사실을 발견했다. 그들은 자기 자신과 다른 사람들, 나아가 삶 자체를 소중하고 감사하게 생각하고 있었다.

다시 이삼 년이 흐른 무렵부터 나는 환자들의 내적 환경(생각하고 느끼는 방법)과 외적 환경(사람이나 주변과의 관계)을 변화시키는 치료법의 하나로 '감사'를 도입하기 시작했다.

그러던 어느 날, 무심코 수첩을 들여다보다가 '당신의 축복을 헤아려 보라'라는 제목을 발견하고 '우리가 받은 축복을 헤아려 보고 감사하는 동안 뇌의 활동은 어떻게 달라질까?'라는 호기심이 생겼다. 만일 달라진다면 그 뇌파는 우리가 명상할 때와 흡사할 것이라는 생각이 들었다.

나는 지니에게 전화를 걸어 물었다. "내가 감사하는 마음을 갖는 동안 내 뇌파를 검사해 볼 수 있을까요?" 그녀도 구미가 당기는지 "좋아요"라고 선뜻 승낙했다. 그녀는 컴퓨터의 EEG(Electroencephalogram, 뇌전도 뇌파 기록 장치 프로그램)에 내 뇌를 연결하고 먼저 정상 뇌파를 측정한 다음, 내게 감사하는 마음을 가지라고 요청했다.

지니가 컴퓨터 모니터를 보면서 메모하는 동안 나는 온 정신을 집중해서 감사하는 마음을 가지려고 노력했다. 얼마나 흘렀을까. 시간의 흐름을 느낄 수 없을 만큼 깊이 집중하고 있을 때 지니가 말했다. "음, 역시 뇌파에 변화가 있었어요. 감사하는 마음이 커질수록 뇌파의 반응도 달라졌어요."

"어떤 반응인데요? 어떻게 달라졌죠?" 나는 흥분된 목소리로 물었다.

"이 기계는 그 미세한 변화를 잡아낼 만큼 정밀하지 못해요." 지니는 호기심에 찬 목소리로 대답했다. "하지만 어떤 종류의 변화가 나타난 것만은 분명해요."

이번에는 결코 지나칠 수 없었다. 뭔가 중요한 사실에 접근하고 있다는 느낌이 강하게 밀려왔다. 만일 감사가 뇌파를 변화시킨다면(몸의 변화는 마음과 밀접하게 연결되어 있다는 사실로 미루어 볼 때) 감사하는 마음은 우리 몸에 유익한 영향을 미친다는 것을 의미했다. 스트레스, 분노, 원한 등의 감정이 몸에 부정적인 효과를 미치는 것과 같은 이치였다. 뇌파가 감정 상태를 반영한다는 사실은 이미 과학적으로 입증되어 있었다. 따라서 감사하는 마음이 주변 환경이나 인간관계를 해석하고 이해하는 데 긍정적인 영향을 미칠 거라고 추측할 수 있었다.

우리는 감사하는 마음이 몸에 미치는 영향을 증명한 과학적인 자료들을 샅샅이 찾아보았다. 그 과정에서 여러 감정에 따른 생리적 반응(특히 심장 박동수와 뇌파의 변화)을 측정한 과학자가 많았다는 사실을 발견했다. 그리고 '감사'는 우리 심장이나 몸 그리고 정서에 좋은 반응을 일으킨다는 결과도 나와 있었다. 심장 박동이 느려지고, 혈압이 떨어지며, 소화 작용을 촉진한다는 것이다. 또한 마음이 평온해지고, 스트레스가 감소되며, 면역계의 활동도 증가하는 것으로 나타났다.

그러나 감사하는 마음이 삶의 환경을 바꾸도록 만든다는 결정적인 증거나 다음과 같은 질문에 대한 확실한 답을 얻을 수는 없었다.

◆ 감사가 건강과 인간관계, 직업 환경을 향상시키도록 만들려면 어떻게 해야 하는가?
◆ 우리가 성공하고 행복해지기 위해 의식적으로 감사하는 마음을 가지려면 어떻게 해야 하는가?
◆ 힘든 상황을 해결하거나, 삶의 질을 높이거나, 위기를 극복하기 위해서 어떻게 감사를 이용해야 하는가?

그 후 3년간 지니와 나는 우리 자신과 환자들의 삶을 바꾸기 위해 감사를 어떻게 이용할지 연구를 거듭했고, 마침내 감사의 유동적인 특성을 밝혀냈다. 다시 말해, 감사도 일종의 '에너지'라는 것이다. 행복과 성공을 방해하는 삶의 환경을 변화시키고, 도움이 되는 부분을 강화하는 힘의 원천이 될 수 있는 것이다.

우리는 감사의 유동적인 특성을 이용해 여러 기술과 방법들을 개발했다. 그리고 환자와 친구들, '감사 모임' 회원들의 협조와 도움을 받아 직접 실험해 보았다. 우리는 이 그룹을 감사에 대한 의견이나 아이디어를 교환하는 공개 토론 장소로 만들어 갔다. 또 누군가 감사의 에너지를 체험했을 경우, 서로 정보를 교환하고 방법을 전수하며, 영감을 나누고 문제점을 해결할 뿐 아니라 서로에게도 기회를 제공하는 장소로 이용되길 바랐다.

시간이 흐르면서 우리는 '감사'가 기대 이상으로 놀라운 힘을 가졌다는 사실을 깨닫게 되었다. 감사 모임 회원들은 감사하는 마음을 가짐으로써 해묵은 분노를 해결하고, 가족이나 사랑하는 사람과의 관계를 새롭게 정립하며, 승진을 경험하고, 자부심을 회복하며, 건강을 향상시키는 효과들을 체험했다. 이밖에도 여러 효과들을 이 책에 소개했다.

우리 환자들과 친구들, 감사 모임 회원들은 감사의 힘에 관해 많은 것을 파악하게 해주었다. 그들의 도움에 힘입어 우리는 새로운 사실을 발견했다. 감사는 우리 자신과 우리의 삶 그리고 사랑하는 사람, 일, 모든 행동에서 최대의 효과를 발휘하게 만드는 힘이 있다는 사실이다. 감사하는 마음은 어떤 사실을 인식하고 해석하는 태도를 변화시킨다. 그리고 사건이나 상황에 대응하는 자세가 달라지면 세상이나 사람들의 반응도 달라진다.

우리는 감사 모임과 함께 여러 실험을 거치면서 감사가 성공과 사랑과 기쁨과 풍성함으로 가는 길을 활짝 열어준다는 사실을 직접 체험했다. 부정적인 효과는 전혀 발견할 수 없었다. 감사는 자신은 물론이고 주변 사람들을 유익한 길로 이끌며 바라는 일을 끌어들이는 힘이 있다. 감사하는 사람들은 원하던 일자리를 얻거나, 결혼 생활에서 활기를 되찾거나, 건강과 에너지와 행복이 증대되었다. 우리가 체험한 감사의 그 놀라운 힘을 이 책을 통해 여러분과 나누게 된 것을 매우 기쁘게 생각하고 진심으로 감사한다.

널르 C. 넬슨, 지니 르메어 칼라바

4 ___ 감사의 힘, 이렇게 활용하라

5 ___ 감사는 관계를 치유한다

6___ 감사는 삶을 개선한다

7___ 감사하는 마음으로 아이들을 키워라

8___ 감사는 가장 효과적인 건강법이다

9___ 위기를 맞았을 때 더욱 감사하라

1
감사는 변화를 일으킨다

The
Power of
Appreciation

_____ 감사란 무엇인가?

'감사'라는 단어를 생각할 때 제일 먼저 머리에 떠오르는 것은 무엇인가? 아마 어려서 부모님께 들었던 말일 것이다. 부모님께서는 "다른 애들이 누리지 못하는 걸 가진 것에 대해 감사하렴" 또는 "너는 엄마에게 감사하는 마음이 없구나"라는 말씀을 하셨을 것이다.

그것은 일종의 '죄의식에 관련된 감사'다. 그래서 우리의 마음 깊은 곳에는 감사하지 않는다고 야단치는 부모의 꾸중이나 죄의식 같은 불유쾌한 느낌이 깔려 있다. 부모가 아이에게 "너는 엄마에게 감사할 줄 모르는 아이야!"라고 소리를 지를 때마다 그 말 속에는 "너는 엄마가 해준 일에 감사하지 않는구나. 그 일이 얼마나 중요하고 의미 있는지 가치를 모르는 거야"라는 의미가 포함되어 있다. 그 말은 결국 감사하는 마음을 충분히 전달받지 못했다는 느낌에 대한 표현이다.

당신은 주변에 있는 모든 사람들 즉 직장 상사나 가족, 남편, 부인, 친구, 연인, 동료들에게도 비슷한 감정을 느낄 것이다. 다시 말해서, 당신이 베풀어 주는 일을 주변 사람들이 가치 있게 여기거나 감사하지 않는다고 느끼는 것이다.

만일 아이들이나 직장 상사, 연인, 시어머니, 친구들이 당신에게 충분히 감사한다면 어떤 기분이겠는가? 하늘을 날아갈 듯 기쁠 것이다. 당신이 그들에게 얼마나 소중한 존재인지를 절감하게 될 것이다. 그렇다. 이런 효과는 당신이 다른 사람들에게 감사한 마음을 가질 때도 동일하게 나타난다. 만일 당신이 어떤 사람이나 일에 대해 진심으로 감사하는 마음을 갖는다면 그들에게 나쁜 마음을 품거나 해를 입히지 않을 것이다. 오히려 도와주고 보살펴주고 사랑할 마음이 생길 것이다. 그 결과로 당신을 대하는 그들의 태도가 달라진다.

_____ 감사에 대한 새로운 정의

이 책은 '무조건적'이고 '지속적인' 감사의 강력한 에너지를 소개한다. 그 에너지는 당신의 삶을 평범함에서 탁월함으로, 고난에서 기쁨으로, 장애에서 성공으로 이끄는 힘이다. 이 책을 통해 당신은 근본적인 삶의 자세나 일상생활을 변화시키는 감사가 어떤 형태인지를 배우게 될 것이다. 진정한 힘을 발휘하는 감사는 의무감에 의한 감사, 사교적·정략적 필요에 의한 감사, 즉흥적인 감사가 아니라 전혀 다른 형태의 감사라는 사실을 깨닫게 될 것이다.

그렇다면 우리의 삶을 획기적으로 변화시키는 감사란 어떤 것일까? 여기에는 반드시 두 가지 요소를 갖추어야 한다. 고마워하는 마음과 소중하게 여기는 마음이다. 삶을 변화시키는 에너지를 가진 감사는 '고마움'과 '소중함'이 결합된 감사여야 한다.

⚘ 감사하는 마음

감사는 소극적인 에너지이며 감정의 지배를 받는다. 당신은 뭔가 기분 좋은 일이 생길 때만 고마움을 느끼거나 표현한다. 친구가 힘든 일을 도와주었을 때 고마운 마음을 전한다. 삶 속에서 좋은 일이 생겼을 때 감사하게 생각한다. 대부분의 사람들은 "감사합니다"라는 말이 적합한 경우에만 감사하는 마음을 갖는다. 그러나 많은 영적 지도자들이나 작가들 또는 유명인들은 이런 일시적인 감사가 아니라 일기나 명상, '항상 감사하는 자세' 등을 통해 지속적으로 실천하는 감사의 유익함을 강조한다.

☘ 소중히 여기는 마음

소중하게 여기는 마음은 적극적인 에너지이며 이성의 지배를 받는다. 누군가 또는 무엇인가를 소중하게 여길 때 당신은 온 마음을 다해 그것을 생각한다. 왜 그것이 당신에게 소중하며 당신에게 어떤 가치가 있는가? 경제에서는 어떤 물건의 가치가 인정되면 그 가격이 올라간다. 우리 삶에서도 소중히 여기는 것은 가치가 올라간다. 집은 그 안에 사랑하는 가족과 가구들이 채워지기 전에는 단순한 공간에 지나지 않는다. 그러나 당신에게 소중한 것들로 채워졌을 때 '아늑한 가정'으로 탈바꿈한다.

우리에게는 생각을 선택할 권리가 있다. 어떤 사람이나 물건의 가치를 과소평가하기보다 소중하게 여기기로 선택할 능력이 있다. 사람이나 물건들을 의식적으로 소중하게 여길 때 당신은 감사를 '무조건' 실천하는 것이다. 당신은 무언가를 소중하게 여기기 위해 기분 좋은 일이 일어날 때까지 기다릴 필요가 없다. 어떤 사람이나 물건이 자신의 삶에 유익함을 주기 전에 먼저 그들을 가치 있게 여길 능력을 가졌기 때문이다.

소중하게 여기는 마음을 아무 조건 없이 미리 실천하는 것은 (결과에 관계없이 애초부터 소중하게 여기는 마음) '사후에 표현'하던 감사를 '사전에 표현'하는 것이다. 조건 없이 미리 감사를 표현할 때 그 에너지는 감사할 수 있는 상황을 강력하게 끌어들인다. 이런 감사가 바로 삶을 변화시키는 힘을 지닌 감사다.

_____ 감사는 힘이 세다

결과에 따라서만 감사하던 자세를 조건 없이 미리 감사하는 자세로 바꾸면 당신은 이제까지 경험하지 못했던 많은 변화들을 체험하게 될 것이다. 이런 점에서 감사는 마치 전기와 같다. 전기를 단순히 전등으로만 생각한다면 어둠을 물리치기 위해서만 스위치를 켤 것이다. 그러나 시야를 넓혀 전기를 무한한 에너지로 생각한다면 여러 용도에서 힘의 원동력이 될 수 있다. 감사도 마찬가지다. 당신은 '감사'를 고마움을 표현하는 단순한 행동으로 생각할 수도 있고, 전기처럼 여러 용도에서 '힘의 원천'이 되는 에너지로 여길 수도 있다.

그렇다면 감사가 어떤 힘의 원천이 되는지 살펴보자.

◆ 감사는 스트레스를 완화해 건강을 증진하고, 면역계를 강화하며, 에너지를 높이고, 치유를 촉진한다.
◆ 감사는 가정이나 직업에 대한 만족감과 기쁨을 증가시켜 인간관계를 개선하고, 사랑이 넘치도록 만들며, 갈등을 해소하고, 협력을 도모하게 한다.
◆ 감사는 자부심과 자신감을 높이고, 변화나 위기에 대한 대처 능력을 증진시킨다.
◆ 감사는 풍성함과 성공을 끌어들이는 힘이 있다.

◆ 감사는 당신이 원하는 인간관계(사랑이나 기타 관계)를 끌어
들인다.

진심으로, 의식적으로, 미리 조건 없이 실천하는 감사는 아무리
견디기 힘든 상황도 가치 있게 여기도록 만드는 힘이 있다. 따
라서 삶을 획기적으로 변화시킨다. 마치 기적처럼, 불가능한 것
을 가능하게 만든다.

_____ 감사 모임

2001년 8월, 우리는 일곱 명의 회원과 함께 '감사 모임'을 결성
하고, 각 회원에게 간절히 바라거나 변화시키고 싶은 것을 한
가지씩 정하라고 요청했다. 그리고 8주에 걸쳐 그 소망을 이루
기 위해 감사의 힘을 사용하는 방법을 가르쳐 주었다. 한 회원
은 반항적이고 대화를 거부하는 사춘기 딸과의 관계가 회복되
기를 바랐다. 다른 회원은 감사의 힘을 이용해 현재의 지위에
대한 불만을 해소하고 능력을 인정받을 수 있는 새로운 지위를
갈망했다. 또 다른 회원은 사랑하는 사람을 만나지 못한 외로움
을 한탄하면서 그 공허감이 채워지기를 원했다.

결과는 우리가 기대했던 것 이상이었다. 모든 회원들의 소망

이 성공적으로 이루어졌음은 물론, 감사의 힘에 대해 이제까지 알던 것 이상의 효과를 확인할 수 있었다. 에린이라는 한 회원은 이런 말을 했다.

"저는 감사를 마치 산소처럼 사용할 수 있는 방법을 발견했어요. 제가 원하는 인간관계나 목표에 생명을 불어넣어 주는 거죠. 만일 모든 사람들이 이 방법을 실천한다면 세상은 보다 사랑이 넘치고, 전쟁이 줄어들며, 서로 이해심을 발휘하는 아름다운 곳이 될 거라고 믿어요."

감사 모임의 또 다른 회원인 실비아 또한 이렇게 말했다.

"감사는 제게 새로운 인간관계를 열어 주는 것 이상의 선물을 주었어요. 제 자신과 삶에 대한 느낌을 변화시켰지요. 지금 제 마음속에는 평온함이 깃들어 있어요. 이 깊은 안정감은 제 삶을 순조롭게 만들고 있지요. 전혀 기대하지 못했던 보너스입니다."

그 후 우리는 감사 모임 회원들과 함께 우리가 개발한 기술을 발전시키고 다듬어 갔다. 2장에서는 감사의 에너지를 사용하는 구체적인 방법을 나누게 될 것이다.

2
감사는 파동, 힘, 에너지다

감사의 힘은 파동으로 전달된다
감사는 감사를 부른다

감사의 힘을 이해하려면 먼저 우리의 삶이 에너지로 이루어졌다는 사실을 깨달아야 한다. 의자나 강아지, 우리의 감정 등 모든 것은 형태만 다를 뿐 에너지라는 공통점이 있다. 단지 의자는 무생물, 강아지는 생명체 그리고 감정은 마음의 상태로, 에너지가 존재하는 형태만 다른 것이다.

모든 에너지는 파동으로 나타나며, 이 파동은 1초에 몇 번 진동하느냐는 진동수로 측정된다.* 어떤 진동은 지구의 리듬(파비엥 마만Fabien Maman의 《21세기의 음악의 역할》이란 책에 따르면, 지구는 1초에 약 7.5헤르츠 또는 7.5번 진동한다)처럼 감지할 수 없는 반면, 음악처럼 진동수가 16~20,000헤르츠에 이르는 소리들

---

*이 책에 소개된 파동의 흡입력이나 그것을 끌어들이는 기술에 관한 개념들은 대부분 《에이브러햄-힉스의 스승들》이라는 책에서 영감을 받았다. 더 자세한 내용은 www.abraham-hicks.com에 소개되어 있다.

은 쉽게 인식할 수 있다. 찰스 테일러Charles Taylor가《음악적인 소리의 치료 효과(The Physics of Musical Sounds)》라는 저서에서 밝혔듯이, 이 범위의 소리들은 우리가 귀로 들을 수 있을 뿐 아니라 몸으로 느끼기도 한다.

사람은 누구나 자기만의 고유한 파동이 있다. 이 책도 지금 이 순간 파동을 발산하고 있으며, 당신 마음속에 떠도는 생각이나 오늘 아침 상사의 불쾌한 기분도 모두 나름대로의 파동을 발산한다. 겉보기에 단단하거나(살아 있는 생물이나 무생물) 형체가 없는 것(생각이나 느낌)들을 포함한 모든 우주만물은 각자 고유의 파동이 있다. 감사의 에너지 또한 파동으로 전달된다.

_____ 감사의 힘은 파동으로 전달된다

감사의 파동은 매우 강력한 힘을 지녔다. 마사루 에모토Masaru Emoto 박사는 생각이나 느낌, 음악이 물의 결정체에 미치는 영향을 직접 촬영하는 개가를 올렸다. 그는 얼음의 결정체를 여러 상황에 노출시킨 후 그 변화를 고성능 현미경으로 촬영해서《물은 답을 알고 있다》라는 책을 통해 소개했다. 에모토 박사는 물을 얼려 튜브에 담은 뒤 앞에 놓고 '사랑'과 '감사'라는 단어를 말했다. 그런 다음 동일한 조건에서 아무 말도 건네지 않은 물의 결정체와 비교해 보았다. 그 결과 이 책의 맨 앞에 나오는 사진들에 나타난 것처럼 매우 놀라운 사실을 발견했다.

[사진1]은 임의로 선택한 증류수로, 결정체가 형성되지 않은 흐리고 불투명한 모습을 보여준다. 그리고 [사진2]는 '사랑'과 '감사'라는 단어를 말했을 때 나타나는 물의 반응이다. 결정체가 규칙적이고 선명하며, 정교하고, 아름다운 레이스 모양을 보인다.

에모토 박사는 다시 물에게 "너는 내게 깊은 상처를 줬어. 너를 죽여버릴 거야!"라는 말을 건넨 후 반응을 관찰했다. 이 말은 [사진3]에서 보는 바와 같이 물의 결정체에 매우 부정적인 영향을 미쳤다. 에모토 박사는 이 결정체를 '뒤틀리고, 파괴되고, 분열된 상태'라고 표현했다. 결정체가 거의 형성되지 않은 이 혼란한 상태는 '사랑'과 '감사' 결정체의 순수한 아름다움과 크게 대조되는 모습이다.

몇 마디 말도 물의 결정체에 이렇게 큰 영향을 미치는데, 강력한 의지를 담은 감사가 당신의 삶에 어떤 영향을 미칠지 상상해보라!

그렇다면 말이 물의 결정체에 어떤 방법으로 영향을 미칠까? 모든 사물은 근본적으로 에너지 자체이기 때문에 서로 교류할 수 있다는 관점에서 생각하면 이해가 될 것이다(에너지의 교류는 파동의 상호 작용으로 이루어진다. 여기에 관해서는 발레리 헌트Valerie Hunt의 저서 《무한한 가능성을 가진 마음 : 인간 파동의 과학 (Infinite Mind: The Science of Human Vibration)》과 조엘 슈테른하이 머Joel Sternheimer의 논문 〈미립자의 음악(The Music of the Elementary Particles)〉에 자세히 소개되어 있다).

캔데이스 퍼트Candace Pert 박사는 생화학 분야의 혁신적인 저 서를 통해, 감정에도 진동이 있으며 이 진동이 육체적인 것을 비육체적인 것과 연결하는 역할을 한다고 증명했다. 그녀는 《감 정의 분자 (In Molecules of Emotion)》라는 책에서, 이 연결 작용은 세 포 안에서도 발생하는데 분자 수용체가 감정이 보내는 화학적 인 반응에 '춤을 추듯이 리드미컬하게 진동하며 반응한다'고 설 명했다.

그 사실을 확실하게 증명해 주는 곳은 우리 몸의 가장 기본 적인 기관인 심장과 뇌다. 이들 기관에서는 감사의 영향이 그대 로 투영된다.

만일 당신이 부정적인 감정(분노 같은)을 느낄 경우 당장 심 장 박동이 불규칙해진다. 오른쪽 위의 그래프에서 볼 수 있듯 이, 오르내림이 심하고 불규칙하며 리듬이 없어진다. 이 그래프 는 칠드리Childre 박사와 하워드 마틴Howard Martin 박사의 〈심장공 식의 해법(The Heart Math Solution)〉이라는 논문에 인용된 것이다.

혼란스럽고 불규칙한 심장 박동은 우리 몸에 연쇄적인 반응 을 불러일으킨다. 혈관이 수축되면서 혈압이 올라가 고혈압을 초래하므로 심장 발작이나 뇌졸중의 가능성이 급격히 증가한다. 반면, 감사하는 마음을 가질 경우 아래의 그래프처럼 심장 박동은 규칙적이고 주기적이며 균형 잡힌 파장을 나타낸다.

평온하고 일정한 심장 박동은 심장 혈관의 건강에 도움이 되며, 면역 기능을 향상시키고, 신경계의 기능을 원활하게 만들며, 호르몬의 균형을 가져온다. 감사 모임 회원인 마흔 살의 탐은 이런 효과를 실제로 경험했다.

"저는 화가 나면 심장이 마구 두근거립니다. 그리고 열이 치밀어 오르고 몸 전체가 뻣뻣하게 굳어지면서 떨리기 시작하죠.

분노를 느낄 때의 심장 박동

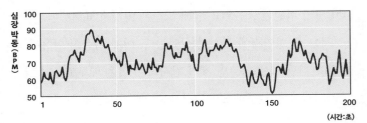

감사할 때의 심장 박동

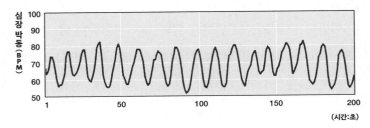

군이 의사의 진단을 받지 않아도 고혈압이라는 걸 알 수 있을 정도입니다. 저는 감사하는 마음이 큰 효과를 가져올 거라고 기대하지 않았기 때문에, 어느 날 의사가 뭔가 생활에 변화가 있느냐고 물을 때도 전혀 깨닫지 못했습니다. 그런데 얼마 전 병원에 가서 혈압을 측정해 본 결과 거의 정상까지 내려가 있었습니다. 그제야 제 마음속에 한 가지 깨달음이 떠올랐습니다. 그래, 난 달라졌어. 감사할 줄 알게 되었잖아.”

칠드리 박사와 마틴 박사가 지적했듯이, 진심으로 감사하는 마음을 갖게 되면 당신의 몸과 마음은 서로 상승 작용을 일으켜 '웰빙well-being' 상태를 만들어 간다. 신체뿐 아니라 정신적·감정적으로도 에너지가 차고 넘치며 보다 고양된 기분을 느낀다. 감사 모임 회원인 스물일곱 살의 도린은 이렇게 표현했다.

“저는 늘 불안감에 쫓기며 살았는데, 이제 마음의 여유를 찾았어요. 남편 말에 따르면 제가 감사하는 법을 배우고부터 날카롭고 신경질적이던 태도가 한결 누그러졌대요. 제 자신도 마음이 차분히 가라앉은 기분이에요. 곤두서 있던 신경들이 부드럽게 풀어진 느낌이랄까요.”

이번에는 뇌 기능의 변화를 살펴보자. 뇌는 마음의 상태에 즉각적인 반응을 보인다. 다니엘 에이멘Daniel Amen 박사는《영혼의 하드웨어인 뇌 치유하기(Healing the Hardware of Soul)》에서 뇌의 반응에 관해 심도 있게 다루었으며, M. S. 조지M. S. George 박사

는 1995년 미국 정신의학회지에 발표한 논문에서 기쁨과 슬픔
에 대한 뇌 기능의 차이점을 비교했다.

정신의학자이자 신경과학자인 에이멘 박사는 이 책에서 우
리의 생각이나 감정, 행동은 뇌의 기능에 직접적인 영향을 미친
다고 지적했다. 그는 SPECT방사선 단층 촬영을 통해 우리의 감
정과 뇌의 혈액 흐름 사이의 연관성을 조사했다. 에이멘 박사는
캘리포니아의 뉴포트 비치에 있는 자신의 연구소 '에이멘 행동
클리닉'에서 우리에게 SPECT 화면에 나타나는 변화를 직접 보
여 주었다. 우리는 부정적 혹은 긍정적인 생각이나 기분에 따라
뇌의 혈류량이 달라지는 것을 눈으로 확인할 수 있었다.

이 책의 앞부분에 실린 [사진4]는 부정적인 생각이나 감정에
사로잡힐 때 나타나는 뇌의 혈류량에 대한 입체 영상이다. 붉은
색으로 보이는 부분이 뇌에 흘러드는 혈액의 양이다. 전체적으
로 혈액의 양이 감소했는데, 특히 아랫부분 소뇌의 혈류량이 크
게 줄어들었다. 또한 오른쪽의 좌뇌 피질 활동이 일시적으로 감
소했음을 나타내는 증거로, 푸른 그물 모양이 움푹 들어간 것을
알 수 있다.

에이멘 박사의 가르침을 통해, 부정적인 생각을 하게 되면
통합적인 움직임을 관장하는 소뇌의 기능이 거의 정지된다는
사실을 알게 되었다. 화가 났을 때 몸이 마음대로 움직여지지
않으며 신체 기능이 원활하지 않았던 경험이 있을 것이다. 그는

이렇게 비유했다. "마치 야구선수가 삼진 아웃을 당하지 않으려고 아무리 노력해도 뜻대로 되지 않는 것과 같습니다." 그 이유는 몸의 수평을 유지하는 좌뇌엽이 충분한 혈액을 받아들이지 못하기 때문이다. 당신은 감정적으로 불안한 상태가 되어 뚜렷한 이유도 없이 걱정이나 두려움에 사로잡힌다. 또한 체계적인 사고력이 부족하고 기억력이 감퇴되며, 분노나 우울한 생각에 빠지기 쉽고, 과격한 행동을 보이게 된다. 결과적으로 부정적인 생각은 분노, 적개심, 절망감, 근심, 불안감, 우울증 같은 감정을 유발시켜 부정적이고 파괴적인 행동을 보이도록 유도한다.

책 앞부분에 실린 [사진5]는 감사한 기분을 느낄 때 뇌의 혈류량에 대한 입체 영상이다. 부정적인 생각을 할 때보다 혈류량이 크게 증가한 것을 알 수 있다. 특히 그림 아랫부분 소뇌의 혈류량에 현저한 차이가 있다. 또한 앞서 움푹 패었던 오른쪽 좌뇌 피질이 둥근 형태로 회복된 것에 주목하라. 충분한 혈액이 공급되고 있다는 증거다. 적응력과 순발력을 관장하는 부위인 전측 대상회(중앙 윗부분)와 좌뇌 기저핵(오른쪽 중간 부분)에도 혈류량이 증가한 것을 볼 수 있다.

에이멘 박사는 감사한 생각을 가질 때 뇌의 활동이 활발해지고 모든 부위가 최대한의 기능을 발휘한다고 강조했다. 전측 대상회와 좌뇌 기저핵의 활동이 원활해지면 적응력이 증대되고 의욕이 넘치며 신체 기관이 활발하게 상호 협력해 나간다. 또한 집중력이 높아져 한 생각에서 다른 생각으로 쉽게 전환하며 기억력도 증대된다. 소뇌 활동도 활발해져서 몸에 에너지가 넘치고 신체 모든 부위의 기능도 조화를 이룬다. 좌뇌엽의 활동이 왕성해지면 분노나 과격한 행동, 우울한 생각이 찾아들지 않는다.

감사 모임 회원인 케이트의 경험담을 들어보자.

"저는 항상 편집증에 시달려 왔어요. 무슨 일이든 느긋하게 기다리지 못하고 항상 안달하고 조바심을 내는 게 습관이 됐죠. 집중력도 부족했고 어떤 결정을 내릴 때마다 너무 힘들었어요. 무슨 일이든 여러 가지 가능성이 있다는 사실을 깨닫지 못했던 거죠. 그러면서도 21세기를 살아가는 현대인은 항상 불안과 근심에 시달리는 게 정상이며, 의기소침하고 생기가 없는 사람이 저만은 아니라고 생각했어요. 그러던 어느 날 새로운 세계가 열렸죠. 감사를 하면 할수록 점점 모든 일에 대한 집착에서 벗어나는 제 모습을 발견할 수 있었어요. 저는 이제 사소한 일에 걱정하고 근심하지 않아요. 그리고 사고력이 정돈되어, 자신을 들볶지 않고 명료하게 결정을 내리게 되었어요. 제 삶은 겉보기에 예전과 다름없지만 마치 깊은 안개 속에서 빠져나온 기분이에요. 그동안에는 안개 속을 헤매고 있다는 사실조차 깨닫지 못하고 있었던 거죠."

감사한 마음을 갖게 되면 기분이 좋아지고, 기쁨과 행복감이 밀려오고, 열정이 넘치고, 마음이 평온해진다. 이런 긍정적인 감정은 당연히 행동을 긍정적으로 바꾸게 된다. 감사 모임 회원인 도너의 말이다.

"저는 어린 시절부터 지금까지 열등감에 시달려 왔어요. 친구들이 뚱뚱한 저를 '미스 거품'이라고 부르면서 '미스터 비누'를 어디에 숨겼냐고 놀릴 때마다 제 외모를 원망하곤 했죠. 하지만 지금은 매사를 낙천적으로 생각하고 모든 일을 대범하게 받아들이게 되었어요. 덕분에 제 삶은 행복해졌죠. 마음이 편해지니까 다른 사람에게도 친절하게 되고 무엇보다 제 자신을 사랑하게 되었어요."

_____ 감사는 감사를 부른다

감사가 뇌에 미치는 영향은 증명되었다. 하지만 어떻게 영향을 미칠까? 감사의 파동이 심장이나 뇌와 어떤 과정을 통해 상호작용하는 것일까? 우리 몸의 생체화학작용은 매우 복잡하지만 '동조 현상'이라는 원리를 알면 이 과정을 쉽게 이해할 수 있다.

동조 현상이란 하나의 진동이 다른 진동과 일치되거나 조화를 이루는 반응을 말한다. 예를 들면, 한 성악가의 목소리 파동이 옆에 놓인 크리스털 유리잔의 파동과 일치할 경우 유리잔이 떨리는 현상이 일어난다. 또 두 개의 바이올린 줄을 같은 음높이로 조율한 후 같은 방에 두었을 경우, 한쪽 바이올린 줄을 켜면 같은 음높이의 다른 쪽 바이올린 줄도 울리기 시작한다.

동조 현상은 17세기 크리스천 호이겐스Christian Huygens이 우연히 발견했다. 추시계 발명가이기도 한 호이겐스는 많은 추시계를 소유하고 있었다. 어느 날 그는 모든 시계추가 동일한 모습으로 흔들린다는 사실을 알게 되었다. 자신이 조작하지 않은 현상을 발견한 그는 매우 당황했다. 호이겐스는 다시 시계추마다 각자 다른 리듬을 갖도록 조절했다. 하지만 얼마 지나지 않아 또다시 모든 시계추가 가장 강력한 리듬의 시계추와 완벽하게 일치되는 움직임을 나타냈다.

동조 현상은 심장의 박동이 뇌파와 일치하는 현상을 설명해 준다. 앞서 소개한 《심장공식의 해법》의 작가 칠드리 박사와 하워드 마틴 박사에 따르면, 진심으로 감사하는 마음을 품게 되면 뇌파와 심장 박동수가 일치하게 된다는 것이다. 매 10초당 심장 박동이 보이는 사이클인 0.1헤르츠와 뇌파의 주파수가 정확하게 일치한다.

다음의 두 그래프는 우리가 진심으로 감사하는 마음을 가질 때 심장 박동과 뇌파의 흐름이 일치한다는 것을 보여 주는 기록이다. 그리고 오른쪽 그래프의 커다란 파장은 둘 다 0.1헤르츠로, 파장의 흐름이 거의 일치한다.

동조 현상은 신비하게 생각되는 많은 현상들에 대한 답이 될

뇌-심장의 동조 현상

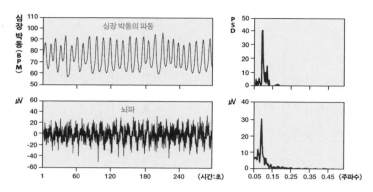

수 있다. 예를 들어, 우울한 사람들이 있는 방에 들어가면 기분이 우울해지는 걸 누구나 경험했을 것이다. 반대로, 행복한 사람들과 어울리면 당신도 금방 행복에 물들게 된다. 두 경우 모두 동조 현상 때문이다.

방 안에 가득 찬 사람들의 집합적인 파동은 대개 당신 혼자의 파동보다 강하기 때문에 당신의 파동이 그들의 파동에 동조되는 것이다. 그들의 집합적인 파동은 당신 안에 잠재되어 있던 우울함이나 즐거움에 작용해서 당신을 우울함 또는 즐거움의 파동으로 끌어들인다. 이럴 경우 당신이 강하게 저항하지 않으면 동조될 수밖에 없다.

그러나 당신 안에 잠재력이 없다면 동조 현상은 일어나지 않는다. 예를 들어, 당신의 생각과 감정이 온통 분노에 사로잡혀 즐거움의 파동이 비집고 들어갈 틈이 없다면, 당신 안에 잠재되어 있는 즐거움은 효과를 발휘할 기회를 갖지 못한다. 즐거움의 진동이 시작되도록 줄을 튕겨 주지 못하기 때문에 동조 현상이 나타날 수 없다.

흔히 사람들이 "그 사람의 기분을 풀어 주려고 애써 봤는데 소용이 없어"라고 말할 때가 바로 이런 상태인 것이다. 그 말은 즉 이런 뜻이다. "그 사람 안에는 기쁨의 파동이 전혀 없어." 이럴 경우에는 아무리 상대방에게 기쁨의 에너지를 듬뿍 보내도 전혀 효과가 없다.

우리는 종종 이런 말로 상대방의 파동을 표현한다. "제발 날 좀 미치게 만들지 마!" 또는 "그녀는 나를 아주 기분 좋게 만든단 말이야." 그러나 대부분의 시간 동안 우리는 '중간적인' 파동을 지니고 살아간다. 의도적으로 생각이나 기분을 만들지 않고 그냥 흐르는 대로 맡기는 상태를 말한다. 바로 이런 이유 때문에 어떤 사람이나 상황이 당신의 기분을 특정한 방향으로 '끌어들일 수' 있다. 다시 말해서, 자신의 파동이 강력하지 않으면 다른 사람이나 상황의 파동에 동조될 가능성이 높다. 그들의 강력한 파동은 당신 안에 내재된 파동에 영향을 미친다. 따라서 그것이 아무리 미미하고 약할지라도 결국 강력한 파동에 반응해 동조하게 된다.

반면, 당신이 강력한 에너지로 파동을 발산할 경우, 만일 상대방이 저항하지 않는다면 당신의 에너지에 동조될 것이다. 우리가 흔히 듣는 '호의는 호의를 부른다' '가는 말이 고와야 오는 말이 곱다' '주는 대로 받는다'라는 말들은 이런 과학적인 사실을 반영하는 것이다. 우리는 진동 에너지로 가득 찬 우주에 살고 있다. 따라서 당신이 어떤 에너지를 발산하느냐에 따라 동일한 에너지가 되돌아온다.

'주는 대로 받는다'라는 진리를 확인하기 위해 피터 톰킨스 Peter Tompkins가 《식물의 신비한 생애(The Secret Life of Plants)》라는 책에서 실험했던 방법을 따라해 보자. 같은 식물을 세 개의 같은 화분과 흙에 나눠 심은 후 같은 장소에 나란히 놓는다. 물과 거름과 햇볕의 양도 동일하게 조절한다. 그러나 한 가지 다른 조건이 있다. 각 화분마다 다른 말을 건네며 기르는 것이다.

첫 번째 화분에는 칭찬만 한다. "넌 어쩌면 이렇게 아름답니! 이 앙증맞은 새잎 좀 봐. 뿌리도 땅속 깊이 튼튼하게 자라고 있구나." 두 번째 화분에는 아무 말도 하지 않는다. 세 번째 화분에는 비난과 불평을 늘어놓는다. "넌 정말 못생기고 볼품없구나. 너 같은 꽃은 공들여 가꿀 가치조차 없어."

어느 정도 시간이 흐른 후 비교했을 때 칭찬을 받은 식물은 튼튼하고 싱싱하게 자라며, 아무 말도 하지 않은 식물은 그저 그런 상태를 유지하는 반면, 비난을 받은 식물은 비실거리며 자라지 못했다. 호의는 호의를 끌어들인다는 진리가 확실히 증명된 셈이다.

우리가 사람이나 환경에 감사하는 마음으로 반응하면 긍정적인 동조 현상을 끌어들여 삶이 더욱 행복해질 수 있다. 마음이 행복해지면 감사하기 한결 쉬워진다. 특히 당신에게 행복을 가져다 준 것이 감사하는 마음이라는 사실을 깨닫게 되면 더욱 감사가 넘칠 수 있다.

감사 모임 회원인 그레그는 이렇게 지적했다.

"감사는 더 큰 감사를 불러오며 자꾸 감사할 요소를 끌어들이는 것 같아요. 저는 감사하면 할수록 더욱 감사하고 싶은 마음이 생기는 걸 직접 체험했어요. 그리고 감사할 기회도 점점 많아졌지요."

티베트의 위대한 지도자 달라이 라마는 《행복론(The Art of Happiness)》에서 이렇게 말했다.

"인생의 참 목표는 행복을 추구하는 것이라고 생각한다. 이건 분명한 사실이다. 종교를 가졌든 안 가졌든, 이 종교를 믿든 저 종교를 믿든, 우리는 모두 보다 나은 삶을 위해 노력한다. 따라서 나는 우리 삶의 진정한 동기는 행복해지기 위한 노력이라고 믿는다."

다음 3장에서는 행복을 추구하기 위해 감사의 에너지를 사용하는 방법을 다룰 것이며, 조건 없는 감사의 유익함과 그 유익함을 최대한 누릴 수 있는 효과적인 방법도 배우게 될 것이다.

3

장애물 극복하기 – 왜 감사할 수 없나?

The
Power of
Appreciation

감사하는 마음을 가로막는 괴물들
왜 내가 먼저 해야 하나?
당신은 감사받을 자격이 없어
상황이 더 나빠지는데도 감사하라고?
내가 나라서 고마워
부정적인 생각 습관을 정화하라

감사가 좀더 강력한 힘을 발휘하려면, 조건에 따라 감사하던 태도에서 벗어나 삶의 근본적인 자세가 '감사'로 바뀌어야 한다. 삶에서 일어나는 모든 사건을 '감사'라는 렌즈를 통해 바라보는 경지에 이르면, 감사의 모든 유익함이 당신의 삶을 풍성하게 만들 것이다.

우선 가장 먼저 할 일은 감사를 방해하는 요소들을 제거하는 것이다. "이렇게 어렵고 힘든 상황에서 어떻게 감사할 수 있단 말이야!" "감사한다고 상황이 달라지겠어?" "도대체 감사할 게 있어야 감사하지?" 그런데 이런 생각들에서 벗어나야 한다. 감사 모임 회원인 얼은 이렇게 고백했다.

"가장 힘들었던 일은, 제게 감사하지 않는 사람들에게 감사하는 마음을 갖는 것이었습니다. '그녀는 전혀 노력하지 않는데 왜 나만 혼자 힘들게 애써야 하지?' 이런 마음을 극복하는 데 많은 시간이 걸렸지요."

당신은 우선 사고방식과 감정을 감사하는 사람의 자세로 완전히 바꿔야 한다. "어떤 상황에서든 난 감사하면서 살겠어!"라는 결연한 각오로 매일 24시간 감사를 실천하겠다는 다짐이 필요하다. 이제는 필요할 때만 감사하던 태도에서 벗어나라.

물론 쉬운 일이 아니다. 우리는 감사와는 거리가 먼 사고방식에 너무 익숙해 있기 때문이다. 감사 대신 비난하고, 부정하고, 원망하고, 회피하는 것이 한결 쉽고 편하다. 감사 모임의 한 회원은 "처음에는 남을 증오하고 싶은 욕구를 극복하기가 정말 힘들었어요"라고 고백했다.

그러나 감사의 미덕을 풍성하게 누리고 싶다면 생각이나 감정의 부정적인 패턴을 하루빨리 지우고 그 자리에 감사의 프로그램을 입력시켜야 한다. 그것이 감사라는 고속도로로 들어설 수 있는 지름길이다.

＿＿＿＿ 감사하는 생활을 선택하라

감사하기 위해서는 담대한 용기와 결연한 각오가 필요하다. 누구나 갈 수 있는 고속도로가 아니다. 그러나 힘들다고 피하지 말고 도전하자. 당신이 소중함과 감사를 삶의 우선 목표로 삼는다면 앞길이 훤히 뚫린 고속도로로 들어서는 셈이다. 이 길로 들어서면 비난하고 원망하고 보복하거나 남을 비방하고, 강아지를 발로 차고, 사람들에게 거친 말을 일삼는 등의 난폭한 행동으로부터 등을 돌리게 된다. 또한 다른 사람을 희생양으로 삼거나, 책임을 전가하거나, 도마 위에 올려놓거나, 자신이나 다른 사람을 학대하는 행동에서도 멀어진다.

감사하는 생활을 택하면 당신은 자기도취에 빠진 이기적인 태도를 버리고 자신의 가장 충실한 친구가 되며, 다른 사람의 결점을 덮어 주고 장점을 볼 줄 알게 된다. 그리고 어떤 상황에 직면했을 때 유리한지 불리한지 따지던 약삭빠른 태도를 버리고, 모든 일이 잘될 거라는 긍정적인 자세를 가지게 된다. 또한 자신을 사랑하게 되며, 자신이나 자신의 삶은 물론이고 다른 사람에게 유익한 것을 파악해서 지원하려고 노력하게 된다.

감사하는 마음은 이해심과 너그러움을 갖춘 평범한 사람이면 누구나 실천할 수 있다. 사람은 누구나 이해하고, 가치를 발견하고, 고마워할 줄 아는 성품을 타고나기 때문이다.

지금 당장 주변을 돌아봐도 감사할 일은 얼마든지 있다. 내가 지금 감사해야 할 일은 과연 무엇일까? 당신이 얼마나 감사하면서 사는지를 파악하기 위해 다음 테스트를 해보라. 이 테스트는 심리학 박사인 로버트 A. 에몬스Robert A. Emmons와 남부 감리교 신학대학 연구원들이 발표한 〈감사하는 성격의 특징 :

개념적이고 경험적인 도표(The Grateful Disposition: A Conceptual and Empirical Topography)〉란 논문에 수록되어 있다.

_____ 나는 얼마나 감사하며 살고 있나?

다음 각 질문을 보고 자신에게 해당되는 번호에 동그라미를 하라(E와 F의 질문은 번호가 거꾸로 되어 있음에 유의하라).

1 강한 부정 / 2 부정 / 3 약한 부정 / 4 중간 / 5 약한 긍정 / 6 긍정 / 7 강한 긍정

  A. 나에게는 감사할 일이 매우 많다.

     (1   2   3   4   5   6   7)

  B. 만일 감사할 일의 목록을 모두 적는다면 매우 길 것이다.

     (1   2   3   4   5   6   7)

  C. 나는 여러 사람들에게 고마움을 느끼고 있다.

     (1   2   3   4   5   6   7)

  D. 나이가 들면서 내 인생의 한 부분을 장식했던 사람이나

사건, 상황에 대해 점점 감사한 마음이 들기 시작한다.

(1 2 3 4 5 6 7)

7 강한 부정 / 6 부정 / 5 약한 부정 / 4 중간 / 3 약한 긍정 / 2 긍정 / 1 강한 긍정

E. 주변을 둘러볼 때 감사할 일이 많지 않다.

(7 6 5 4 3 2 1)

F. 내가 누군가 혹은 무엇인가에 감사하게 되려면 많은 시간
이 지나야 할 것 같다.

(7 6 5 4 3 2 1)

이제 여섯 가지 질문에 대한 당신의 점수를 모두 합하라. 합계
점수는 6~42 사이가 될 것이다. 점수가 높을수록 당신은 감사
가 많은 사람이다.

에몬스 박사는 다음과 같이 지적했다. "감사가 많은 사람들
은 감사가 부족한 사람들에 비해 긍정적인 감정이나 삶에 대한
만족도가 높고, 우울증이나 근심, 질투심 같은 부정적인 감정이
적다는 것이 증명되었다. 그들은 또 이해심이 많고, 용서를 잘
하며, 협조적이고 도움을 베푸는 사회지향적인 성향을 지녔다."

하지만 현재의 점수에 관계없이 당신은 얼마든지 감사하는

마음을 키우고 개발할 수 있다. 그러면 3장 첫 부분에서 언급했던, 감사를 방해하는 요소를 살펴보자.

_____ 감사하는 마음을 가로막는 괴물들

감사를 실천하기로 단단히 각오했는데 왜 자꾸 감사할 수 없는 이유를 들먹이게 될까? 왜냐하면 '이런 상황에서 왜 반드시 감사해야 하지? 이건 도저히 감사할 수 없는 일이야'라는 생각과 계속 맞닥뜨려야 하기 때문이다. 그러나 '감사'라는 보물섬에 도착하려면 당신은 앞을 막아서는 많은 괴물들을 물리쳐야 한다.

감사 모임 회원인 테레사의 의견을 들어 보자.

"감사를 실천하는 동안 꿈이나 사랑, 비전 등 자신들이 갈망하던 것에 가까이 다가서면 처음에는 막강한 방해 요소에 부딪히게 되지요. 때로는 상태가 오히려 악화되는 기분이 들 수도 있어요. 처음 이 감사 모임에 들어왔을 때 저도 여러 형태의 방해 요소를 극복해야 했지요. 방해 요소를 만날 수 있다는 사실을 미리 알아두는 것이 매우 중요하다고 생각해요. 그래야 도중에 주저앉지 않을 테니까요."

대부분의 방해 요소는 다음 세 가지 항목에서 비롯한다.

- ◆ "당신이 먼저…."
- ◆ "당신은 감사받을 자격이 없어."
- ◆ "이런! 상황이 더 나빠지고 있잖아."

_____ 왜 내가 먼저 해야 하나?

만일 당신이 원리 원칙에 엄격하고 고집이 세서 조금도 양보하지 않는 유형이라면 '감사'라는 유익한 일을 실천해 나가기가 매우 힘들다. 이런 유형은 자신이 잘못하지 않은 일에 대해 상대방을 비난하지 않고 진심으로 감사를 표현하려면 대단한 훈련이 필요하기 때문이다. 당신은 이렇게 목소리를 높인다. "왜 내가 먼저 감사해야 하지? 잘못한 것은 그들이지 내가 아니잖아. 정의는 다 어디서 썩고 있는 거야? 먼저 감사해야 하는 건 그들이야. 그들이 먼저 내게 감사의 뜻을 표한다면 나도 생각해 보지."

세상이 원리 원칙대로 돌아가는 완벽한 곳이라면 그들이 먼저 사과하는 게 당연하다. 그러나 불완전하면서도 요지경 속인 세상에서 그들이 고집을 꺾고 자신의 행동에 책임을 느껴 당신에게 사과하길 바란다면 아마 평생을 기다려도 부족할 것이다.

이처럼 평생을 낭비하기 전에 "당신이 먼저…"라는 생각은 단지 하나의 방해 요소라는 사실을 깨닫자. 일단 이렇게 시야를 넓힌 다음, 자신의 원칙을 버리는 게 아니라 한 발 양보하면서 감사한 생각과 감정에 서서히 다가가야 한다.

중요한 것은 누가 옳으냐가 아니라 어떻게 하면 당신이 행복해질 수 있느냐는 것이다. 감사가 당신의 정당함을 증명해 주지는 않겠지만 행복을 듬뿍 안겨줄 수는 있을 것이다. 당신은 어떤 선택을 하겠는가.

_____ 당신은 감사받을 자격이 없어

감사의 또 다른 방해 요소는 "당신은 감사받을 자격이 없어"라는 생각이다. 달리 표현하면 "이건 매우 기분 나쁜 상황이야. 도저히 감사하는 마음을 느낄 수 없어!"라는 말이다.

물론 정말 참기 어려운 상황에 처할 수도 있지만 그렇다고 감사할 요소가 전혀 없는 것은 아니다. 역설적으로 말하면, 감사야말로 위기를 극복하게 만드는 가장 강력한 무기다.

당신의 앞길을 가로막는 이 장애물은 주로 당신의 감정이다. 당신은 분노나 굴욕감, 수치심, 충격, 두려움, 절망감 등의 포로가 되어 있거나 우울증, 의욕 상실에 사로잡혀 있는 것이다. 이런 감정들을 이겨 내는 것은 매우 힘든 일이다. 당신은 감정을 다스리기보다 상황이 먼저 변할 것을 기대할 수도 있다. 그러나 상황이 바뀌기를 기다리는 건 다른 사람이 먼저 감사하길 기다리는 것처럼 평생이 걸려도 불가능한 일이다.

그런 고통을 굳이 오랫동안 견디지 않아도 되는 방법이 있다. 매우 간단한 해결책이지만 상황에 따라서는 힘든 일일 수도 있다. 만일 당신이 아주 작은 것에라도 한 가닥 감사의 실마리를 찾을 수 있다면(당신의 감정을 부정하라는 의미가 아니다. 감사는 부정에서 비롯하는 것이 아니기 때문이다), 상황을 크게 변화시킬 수 있다. 물론 어려운 만큼 엄청난 수확이 확실히 보장되는 투자다.

_____ 상황이 더 나빠지는데도 감사하라고?

감사를 실천하는 초기에는 상황이 더 악화되거나 전혀 효과가 없는 것처럼 보일 수도 있다. 만일 서로 갈등을 겪고 있는 연인이 갑자기 감사를 표한다면 오히려 갈등을 고조시킬 수도 있다. 그러면 당신 입에서는 불평이 터져 나올 것이다. "뭐야, 감사 따위는 전혀 효과가 없잖아. 당장 때려치워야지!"

만일 이런 반응이 나타나면 다음 격언을 상기하라. "만일 상황이 힘들어지면 어려움이 해결되고 있는 중이다." 그리고 감사를 지속시키기 위해 앞으로 이 책에서 배우게 될 방법들을 이용하라. 갈등이 고조된다는 것은 문제를 해결할 기회가 커진다는 것을 의미한다. 한바탕 불꽃 튀는 격돌을 거치면서 두 사람의 갈등은 해결의 실마리를 찾게 될 것이다. 이런 과정을 거치면서 무조건 감사하겠다는 결심이 선다면 당신은 가장 막강한 장애물을 통과한 것이다.

이제 당신은 감사를 실천하면서 부딪히게 될 장애물에 관해 알게 되었다. 감사하는 사람이 되는 다음 단계는 무엇일까? 당신은 이 세상에 살아 있다는 것 자체에 먼저 감사해야 한다.

_____ 삶 자체에 감사하라

만일 당신이 '감사'라는 렌즈를 통해 사람이나 사물을 인식하고 해석할 수 있다면 당신 삶에 좋은 일이 생길 가능성이 크게 늘어날 것이다. 스티븐 코비Steven Covey가 《성공하는 사람들의 7가지 습관(The Seven Habits of Highly Effective People)》에서 지적했듯이, 당신은 '문제를 일으키는 마음가짐'에서 '기회를 만드는 마음가짐'으로 바뀌게 될 것이다. 일단 감사하는 삶을 살겠다고 마음먹으면 감사할 물건과 사람과 상황이 꼬리를 물고 이어진다. 오늘은 어제보다 좋고, 내일은 오늘보다 더 많은 기쁨을 누리게 된다. 에몬스 박사는 《감사의 기쁨(The Joy of Things)》에서 이렇게 묘사했다. "우리 연구팀은 감사하는 마음을 '삶에 대한 경외심, 기쁨, 고마움'이라고 정의했다. 이것은 단순히 즐거움을 초래하거나 고상한 인격을 반영하는 행동이 아니라 삶을 보다 행복하고, 건강하고, 충만하게 만들며 생명을 연장시키는 효과까지 지닌, 반드시 필요한 성향이다."

먼저 당신의 삶에 대한 감사 지수는 얼마나 되는지 평가해 보자. 누군가가 "안녕하세요? 오늘 기분이 어떠세요?"라고 질문했을 때 당신은 어떻게 대답하는가?

당신의 대답은 대강 이렇지 않을까. "그저 그래요. 매일 다람쥐 쳇바퀴 도는 생활이죠. 아까는 10분이면 갈 약속 장소에 가는 데 1시간이나 걸렸지 뭐예요. 지긋지긋한 교통 체증에서 언제나 벗어날는지. 더구나 오늘따라 고객이 엄청 짜증나게 굴더라고요. 이걸 보여 달라, 저걸 설명해 달라, 자기가 무슨 VIP라도 되는 것처럼 유세를 떨지 뭐예요."

아니면 이런 내용일까. "네, 덕분에 아주 잘 지내고 있습니다. 오늘은 운이 좋았어요. 교통 체증이 심했는데도 약속 시간에 늦지 않고 도착할 수 있었거든요. 아까 만났던 고객은 대단히 까다로운 사람이어서 아주 애를 먹었죠. 사소한 것까지 꼬치꼬치 묻는 통에 기운을 뺐답니다."

두 답변 모두 교통 체증과 바로 전에 만났던 '까다로운' 고객에 대해 전하고 있으나 보는 시각이 크게 다르다. 두 번째 대답은 낙천적이고 긍정적인 자세를 보여준다. 감사하는 마음을 가지고 있으면 현실을 부정하지 않고 긍정적인 태도로 이해하고 해석하려 노력한다. 또한 자신에게 일어난 사건이나 만난 사람에게서 유익한 점을 찾아내며 감사하는 마음을 갖는다. 이 말은 당신이 화를 내거나, 슬퍼하거나, 실망하지 않는다는 뜻이 아니다. 당신도 다른 사람과 마찬가지로 그런 감정에 사로잡힐 수 있지만 잘 극복해 내고 생각과 감정을 감사하는 쪽으로 돌리려고 노력한다는 의미다.

감사하는 마음을 연습하라

감사하는 마음과 비관적인 생각을 동시에 가질 수 있을까? 불가능할 것이다. 당신은 '내 삶은 행운으로 가득 찼어'라는 생각과 '빌어먹을 인생'이란 생각을 동시에 가질 수 없다. 그것은 상반되는 언어 이상의 의미가 있다. 파동이 전혀 다른 것이다.

당신이 낙천주의자라면 '삶은 근본적으로 행복한 것이며 살 만한 가치가 있다'고 생각할 것이다. 당신은 최상의 가능성을 기대하며, 어떤 상황이든 가장 긍정적인 방향으로 눈을 돌릴 것이다.

낙천적인 사람들은 성공할 가능성이 높다. 마틴 셀리그만 Martin Seligman은 《낙관성 학습(Learned Optimism)》이라는 책에서 낙천주의자들은 일, 학업, 스포츠에서 높은 성취도를 나타내며 보다 건강하고, 장수하며, 멋지게 늙어 간다는 연구 결과를 소개했다. 또 실패를 빨리 극복하며, 우울증에 걸릴 확률이 낮고, 적성 검사에서 나타난 소질보다 더 큰 능력을 발휘한다. 타고난 재능 이상으로 빛을 발휘할 수 있는 것이다. 낙천적인 사람들은 사업에서도 성공할 가능성이 높다.

따라서 낙천주의자가 감사하는 사고방식을 갖는다면 불에 기름을 더하는 격이다. 그래서 감사와 낙천주의가 만나면 최상의 효과를 발휘할 수 있다.

그러면 감사하는 마음가짐은 어디서부터 시작해야 할까? 가장 중요한 열쇠는 사람이나 상황을 소중히 여기는 마음을 항상 지속적으로 유지하는 것이다. 부정적이고 교만한 생각이 들어올 틈을 주지 말라. 감사를 시작하는 초기에는 대부분의 생각이 '감사'와는 거리가 멀 것이다. 오랜 습관을 버리는 건 쉬운 일이 아니다. 감사를 오랫동안 실천해 온 사람들도 과거의 습관을 버리는 데 어려움을 느낀다. 감사 모임 회원인 에린이 좋은 본보기다.

"저는 감사하는 마음을 충분히 오래 지속시키지 못합니다. 현재 전체 삶의 60퍼센트 정도만 감사한다고 할 수 있죠. 물론

제 목표는 100퍼센트 내내 감사하는 것입니다. 저는 삶의 모든 분야에서 감사해야 할 숙제를 안고 있습니다. 제게는 제2의 탄생만큼이나 힘든 일이죠."

그러나 감사하는 시간이 늘어나면서 감사를 실천하기가 한결 쉬워진다. 샌드라의 경험담을 들어 보자.

"저는 항상 짜증을 이마에 달고 살았습니다. 교통 체증이나 엄마와의 말다툼, 꽥꽥거리는 상관과의 갈등 등 모든 일이 불평과 불만으로 가득 찬 나날이었습니다. 그런데 남자친구가 저를 버리고 떠난 것이 감사하는 삶으로 들어서는 전환점이 되었습니다. 저는 모든 일에 감사하기 전까지는 그가 떠난 것이 제게 좋은 기회였다는 걸 깨닫지 못했습니다. 저를 위축시키던 관계에서 벗어날 수 있었던 거죠. 하지만 변화가 하루아침에 일어난 것은 아닙니다. 저는 아주 작은 일부터 실천하기 시작했습니다. 교통 체증으로 막힌 고속도로를 원망하던 시간을 유익한 오디오 북을 들으며 감사하는 시간으로 바꾸었습니다. 시간이 흐르면서 저는 '짜증' 대 '감사'의 비율을 99대 1에서 70대 30으로 조절할 수 있었습니다. 그 시점부터 저는 버림받은 것을 비관하며 우울한 나날을 보내는 대신, 아픈 기억을 홀홀 떨쳐 버리고 삶의 활기를 되찾기 시작했습니다. 제게는 새로운 삶의 목표가 생겼고 그 길을 가는 것이 행복하게 느껴졌습니다. 그리고 제 자신에 대해서도 사랑하는 마음을 갖게 되었습니다. 새로운 세계가 활짝 열린 것입니다."

또 다른 감사 모임 회원인 피트의 예를 들어 보자.

"저는 항상 자주 감사하는 편이었지만, 조건 없이 감사하는 경우는 없었어요. 무언가 좋은 일이 생길 때만 감사하곤 했죠. 따라서 아침에 마시는 커피 한잔, 출근길을 도와주는 자동차 함께 타기, 직장 상관(그녀의 기분이 좋든 나쁘든), 내 직업 등 모든 것에 감사하는 일이 제게는 매우 새로운 경험이었어요. 저는 감사하는 마음을 잊지 않기 위해 사방에 메모지를 붙여 놓았고 손목시계의 알람을 한 시간마다 울리도록 맞춰 놓았어요. 알람을 끌 때마다 무언가에 감사하기 위해서였죠. 나중에는 귀찮다는 생각이 들기도 했지만 점차 감사의 효과를 체험하게 되었어요. 제 삶은 점점 의욕적으로 변했고 모든 일에 행복한 징후가 나타났어요. 사람들이 제게 호의적으로 변했고 도움의 손길이 늘어났으며, 좋은 일들이 연달아 생기더군요. 저는 이런 변화를 낱낱이 일지에 기록했어요. 마음이 해이해지거나, 기분이 나빠지거나, 불만이 고개를 들 때마다 진정한 감사가 얼마나 큰 유익함을 가져다주는지 되새기기 위해서죠."

당신의 내면에 귀를 기울여 보라. 감사하는 마음을 막는 가장 큰 장애물은 무의식에 깔려 있는 불만과 걱정 그리고 '만일 ___라면'이라는 부정적인 생각이다. 이런 감정들은 당신이 아무 생각도 하지 않을 때 은연중에 머릿속을 떠돌고 있다. 예를 들어 보자.

'화장실 창문 닫는 걸 잊어버리다니, 이런 바보 멍청이 같으
니라고! 열린 창문을 통해 고양이가 도망갔으니 남편이 알면 난
리가 날 거야. 그건 그렇고 세탁소가 어디 있었지? 여기 어디쯤
있었던 것 같은데. 없어졌으면 어떡하지? 세탁소를 못 찾으면
어쩐담? 오, 이런! 조심해! 항상 휴대폰이 말썽이라니까. 그런
데 세탁소는 왜 안 보이는 거야? 이러다 회사에 늦겠네. 그 구두
점은 아직도 세일 중일까? 내게 맞는 사이즈는 더 이상 없을 거
야. 내 사이즈는 드물어서 구두를 싸게 살 수도 없어. 또다시 빨
간불에 걸렸네. 젠장!'

당신은 이런 생각이 머리를 스치고 지나간다는 사실조차 깨
닫지 못할 것이다. 그럼에도 불구하고 생각은 계속 흐른다. 결
국 밤이 되어 곯아떨어질 때까지 머릿속에는 여러 상념들이 꼬
리를 물고 이어진다. 잠자리에 든 이후에도 걱정거리들은 꿈으
로 나타나거나 잠을 설치는 원인이 되기도 한다.

부정적인 생각들을 감사하는 생각으로 바꾸려는 적극적인
노력 없이는 감사를 실천할 수 없다. 다음 보기들은 부정적인
생각을 어떻게 긍정적인 생각으로 바꾸는지를 보여줄 것이다.

⊘ 화장실 창문 닫는 걸 잊어버리다니, 이런 바보 멍청이 같으
   니라고! 열린 창문을 통해 고양이가….

✏️ 그래, 화장실 창문 한 번 안 닫았다고 바보 멍청이는 아니야. 고양이는 항상 밖으로 나가고 싶어 했어. 전에도 그런 적이 있잖아. 그리고 항상 다시 집으로 돌아왔으니까, 오늘도 저녁 때 집에 가면 와 있을 거야. 고양이에게는 집 찾는 능력이 있으니 얼마나 다행이야.

✅ 세탁소가 어디 있었지? 여기 어디쯤 있었던 것 같은데. 없어졌으면 어떡하지? 세탁소를 못 찾으면 어쩐담?

✏️ 그래, 세탁소가 이사 갔을 리가 없어. 만일 그렇더라도 친구들에게 다른 곳을 물어보면 돼. 물어볼 친구들이 있으니 얼마나 고마운 일이야. 한 블록 더 가 보고 없으면 나중에 다시 찾아보자.

✅ 오, 이런! 조심해! 항상 휴대폰이 말썽이라니까.

✏️ 휴, 위험한 고비를 잘 넘긴 걸 감사해야겠군. 휴대폰이 무슨 죄가 있어. 항상 도움이 되는 걸 고맙게 생각해야지.

✅ 그런데 세탁소는 왜 안 보이는 거야? 이러다 회사에 늦겠네.

✏️ 서둘러 가면 늦지는 않을 거야. 세탁소는 나중에 찾아보기로 결정하길 잘했어. 회사에 늦으면서까지 찾을 필요는 없는 일이야.

ⓥ 그 구두점은 아직도 세일 중일까?

🖛 하나라도 싸게 살 수 있었던 걸 감사해야지. 저녁 때 집에 오면서 다시 들러 봐야겠어.

ⓥ 또다시 빨간불에 걸렸네. 젠장!

🖛 빨간불이면 어때. 금방 신호가 바뀔 텐데.

감사한 마음을 갖기 위해서는 의식적인 노력이 필요하다. 이런 노력을 지속하다 보면 당신은 부정적인 생각이 매번 반복되고 있다는 사실을 파악하게 될 것이다. 그러나 아무리 자주 반복된다고 해도 본질만 파악하면 비교적 쉽게 변화시킬 수 있다.

감사는 생각에만 국한되지 않고 말에서도 표현되어야 한다. 당신은 불평이 너무 많지는 않은가? 당신의 불만은 무엇에 관한 것인가? 당신은 일이 안 풀리고, 기분 나쁘고, 불편하고, 걱정스러운 것에만 너무 집착하고 있지는 않은가? 당신은 일이 잘 풀리고, 즐겁고, 편안하고, 흐뭇한 일에 얼마나 관심을 돌리고 있는가?

모든 상황에는 긍정적인 면과 부정적인 면이 있다는 사실을 잊지 말라. 불평이 많고 나쁜 생각에만 사로잡힌 자신을 발견할 때마다 관심을 재빨리 감사할 일로 돌리도록 노력하라. 어떤 상황에 처하든지 가치 있고 감사한 면을 보고, 생각하며, 말하도록 부단히 노력하고 또 노력하라.

나쁜 생각을 버리라는 말은 당신의 삶에서 개선해야 할 부분을 회피하라는 뜻이 아니다. 만일 당신의 불만 중에 관심을 기울여야 할 부분이 있다면 잘 메모해 둔다. 이렇게 하면 감사하는 능력을 방해하지 않으면서 불만을 개선해 갈 수 있다.

＿＿＿ 감사 게임

감사란 반드시 "감사합니다" 또는 "대단히 고맙습니다"라는 말을 사용해야 하는 것은 아니다. '감사하는 삶'을 살아가기 위해서는 고맙다는 말을 많이 하는 것보다 '감사'에 마음을 집중하는 것이 더 중요하다. 어떤 상황에 처했을 때 가치 있는 점이나 감사할 요소를 찾는 자세를 갖추고 있다면 그 사람은 굳이 말로 표현하지 않더라도 감사를 실천하고 있는 셈이다.

이제 '감사 게임'의 실전에 들어가 보자. 어떤 상황에서든 감사할 요소를 찾아내는 데 최선을 다하라. 당신이 어디를 가든, 무엇을 하든, 감사할 일은 반드시 있다.

당신은 지금 교통 체증이 심한 고속도로 위에 있다. 이런 상황에서 감사할 점을 찾아보자.

◆ 길이 있는 게 얼마나 고마운 일인가. 이 길이 없다면 당신
은 A지점에서 B지점으로 가지 못할 것이다.

◆ 교통 체증이 아무리 심각해도 언젠가는 풀릴 것이고, 그러
면 다시 달릴 수 있으니 얼마나 고마운 일인가.

◆ 당신 차에는 라디오와 USB 장치가 있을 것이다. 당신은
음악이나 오디오북 또는 라디오에서 흘러나오는 다른 사람
의 의견을 즐길 수 있다. 만일 이런 장치들이 없더라도, 평
소에 미뤄둔 생각을 할 수 있는 절호의 기회다. '평소 꿈꾸
던 집을 어떻게 꾸밀 것인가' 혹은 '존재의 본질이란 무엇
일까' 같은 생각에 편안히 잠길 수 있다.

◆ 하늘을 우러러보자. 푸르고 청명한, 아니 구름이 짙게 깔린
회색빛 하늘이어도 좋다. 얼마 만에 바라보는 아름다운 하
늘인가!

◆ 주변을 돌아보면 나무들, 빌딩 숲 등 감사한 마음으로 감상
할 것들이 얼마든지 있다. 고속도로 옆에 늘어선 가로수나
형형색색으로 자라고 있는 꽃과 풀들을 바라보며 감사할
수도 있다.

다른 예를 들어 보자. 당신은 식품점 계산대 앞에 줄서 있다. 당
신 차례가 되려면 아직 멀었다. 다리도 아프고 빨리 집에 가고
싶은데, 신참내기 계산원은 한없이 시간을 끌고 있다. 이런 상

황에서 감사할 일이 무엇일까?

- ◆ 집 가까이에 훌륭한 식품점이 있다는 게 얼마나 다행인가. 비록 줄을 서서 기다려야 하지만 덕분에 오늘 저녁 반찬거리를 손쉽게 구입할 수 있지 않은가.
- ◆ 따뜻하고 안전한 장소(또는 시원하고 비를 맞지 않는)에서 기다릴 수 있는 것도 감사한 일이다.
- ◆ 지루하면 앞뒤 사람과 얘기를 나눌 수도 있다. 운이 좋으면 그들과 재미있는 시간을 보낼 수도 있다.
- ◆ 혼자만의 오붓한 상념에 잠길 수도 있고, 잠시 눈을 감고 번거로운 일상에서 벗어나 한가로움을 즐길 수도 있다.

'감사 게임'은 바로 이렇게 하는 것이다. 뻐근한 다리를 불평하며 서 있는 것보다 얼마나 유익한 시간인가. 불평한다고 해서 다리가 덜 아픈 것도 아니다. 일상생활에서 감사할 기회를 찾는 일은 당신이 그것에 눈을 돌릴 때만 가능하다.

_____ 내가 나라서 고마워

당신이 감사를 실천하는 중이라면 삶의 여러 분야와 마찬가지로 자기 자신에게도 감사해야 한다. 자신에게 감사하면 당신 안에 잠재된 능력을 최대한 발휘할 수 있다. 감사 모임 회원인 댄의 경험담이다.

"저는 감사를 통해 그동안 몰랐던 진정한 제 모습을 발견할 수 있었습니다. 말로 형언하기 힘든 기쁨이었죠. 저는 보다 강해졌고 자신감을 갖게 되었습니다. 그 힘은 제 자신을 재발견한 데서부터 비롯했습니다."

당신보다 자신에게 더 잘 감사할 수 있는 사람이 있을까? 누군가가 당신에게 와서 먼저 감사할 때까지 기다리지 말라('당신이 먼저'라는 방해요소를 기억하는가?). 그런 일은 당신이 자신에게 감사할 때까지 결코 일어나지 않을 것이다. 자신의 가치를 찾아내고 그 가치에 감사하며 발전시키자.

단순히 "나는 나 자신을 사랑해"라고 말하는 것만으로는 부족하다. 행동이 뒤따라야 한다. 자아를 형성하고 있는 개성과 특성을 파악해서 그것들을 소중하게 여기고 깊이 감사하는 마음을 가져야 한다. 여기, 자신에게 의식적으로 감사하는 간단한 방법을 소개한다.

종이 한 장을 반으로 접었다 편 다음, 왼쪽에 자신의 장점이나 특성이라고 생각되는 점을 적는다. 그리고 오른쪽에는 각 장점이나 특성에 감사하는 이유를 적는다.

종이를 앞에 두고 막막해질 수 있다. 왜냐하면 자신에게 감사할 점이 많지 않다고 생각하기 때문이다. 그러나 이건 잘못된 생각이다. 우리는 자신에게 감사할 많은 요소들을 지니고 있다. 만일 감사할 점을 도무지 찾지 못하겠거든 친구나 가족들의 칭찬을 떠올려 보라. 당신의 장점은 무엇이며 그로 인해 빛을 발하는 내면의 특성은 무엇인가? 함께 일하는 동료들이 당신을 좋아하는 이유는 무엇인가? 또 당신이 가까운 친구에게 감사하게 생각하는 자질은 무엇인가? 그런 자질을 당신도 가지고 있을 수 있다.

당신의 감사할 점은 무엇인가? 자신이 잘생겼다고 생각하는가? 그 점을 적어라. 유머감각은 어떤가? 다른 사람들과 잘 어울리는 편인가? 그렇다면 그 점도 적어라. 미적 감각이 뛰어나다고 생각하는가? 또는 동물을 좋아하고 잘 돌보는가? 상식이 풍부한가? 무엇이든 망가진 물건을 잘 고치는가? 예술성이 뛰어난가? 운동을 좋아하는가? 가족에게 자상하고 친절하게 대하는가? 세상 돌아가는 일을 잘 알고 있는가? 비디오 게임이나 기계를 만지는 일에 남보다 뛰어난가?

이제 종이의 오른편을 채워야 할 차례다. 왼쪽에 적힌 각 특성을 하나씩 짚어 가며 왜 감사하게 생각하는지 반문해 보라. 예를 들면, "나는 왜 내 지성에 감사하지?" 되도록 상세하게 이유를 적어라. 당신의 지성이 생계를 유지하는 데 도움이 되기 때문에 감사할 수도 있다. 또는 어떤 문제에 맞닥뜨렸을 때 효과적으로 해결하는 능력을 제공하기 때문일 수도 있다. 아니면 축구 시합이나 외국 영화를 이해하는 데 도움을 주는 것도 이유가 될 수 있다.

당신 고유의 능력과 특성이 자신에게 왜 중요한지를 구체적으로 적어야 한다. 그 이유를 파악해야만 자신에게 충분히 그리고 진심으로 감사할 수 있기 때문이다.

당신은 자신의 특성을 소중히 여기고 감사하는 과정을 통해 자신의 진정한 가치를 인식하게 될 것이다. 자신에 대한 감사가 많아진다는 건 진정한 자신의 모습에 다가가는 걸 의미한다. 활기차고 열정적이며 자신감에 넘치는 진정한 자아를 되찾는 것이다.

_____부정적인 생각 습관을 정화하라

자신에게 감사하는 마음을 교만함과 혼동하지 말라. 교만한 사람들은 자신을 다른 사람과 비교하고, 누구보다도 자신이 낫다는 것을 증명하기 위해 다른 사람의 부족함을 찾는 일로 시간을 낭비한다. 그러나 자신에게 감사하는 일은 다른 사람과는 아무 상관이 없다. 오로지 당신 자신만이 관계된 일이다. 자신의 고유한 재능을 진심으로 칭찬하고 감사하는 마음을 갖는 것은 교만함도 자만심도 아니다. 단지 자기 고유의 파동을 깨끗이 청소해서 바로잡는 것뿐이다. 다락방이나 양말 서랍을 정리하는 것, 골치 썩이는 증권을 처분하는 것과 같은 작업이다.

파동을 정화한다는 것은 자신에 대한 부정적인 생각들을 제거하는 것을 의미한다. 감사의 파동이 번져 나가는 것을 방해하는 부정적인 생각들은 세 범주로 나눌 수 있다.

- **자신을 비하하는 태도** : 나는 아무 재주도 없어. 나는 잘하는 일이 없어. 나는 무슨 일을 해도 성공하지 못해.

- **자신을 불쌍하게 여기고 희생양으로 삼는 태도** : 난 그렇게 좋은 걸 가질 자격이 없어. 아무도 날 사랑하지 않아. 아무도 나를 소중하게 여기지 않아.

- **자신에게 지나치게 비판적인 태도. 또는 자신의 이미지를 왜곡함으로써 자신의 결점을 있는 그대로 인정하는 게 아니라 과장하는 태도** : 나는 따분한(어리석은, 게으른, 창조력이 부족한 등등) 사람이야.

자신의 특성을 탐구해서 그 가치를 인정하고 감사하게 되면 자신에 대한 부정적인 생각이나 편견은 저절로 사라진다. 만일 자기 비난을 일삼고 있는 자신을 발견한다면, 당장 멈추고 부정적인 생각을 긍정적인 평가로 바꾸는 시간을 갖도록 하라. 다음 도표는 당신이 불쾌한 상황에서도 의식적으로 감사할 요소를 찾음으로써 사고방식을 바꾸는 방법을 소개한 것이다.

주어진 상황	부정적인 생각	긍정적인 생각
해고를 당했다.	나는 무능한 사람이야.	회사 형편이 무척 어려워서 규모를 축소할 수밖에 없었어. 이번 기회에 더 좋은 직장을 구하게 될지 어떻게 알아.
연인이 떠났다.	아무도 날 사랑하지 않아. 난 사랑스럽지 않은가 봐.	우리는 '영원한 커플'이 될 만큼 잘 어울리는 사람들이 아니었어. 마음은 아프지만 함께 했던 아름다운 시간을 추억으로 간직할 수 있어서 행복해.
회사에서 당신이 제안한 아이디어가 무시되었다.	나는 창의성이 없어. 나는 어리석은 사람이야.	내가 회사의 욕구나 목표를 잘 파악하지 못했던 거야. 과거에 어떤 종류의 아이디어가 채택되었는지 좀더 연구해 볼 필요가 있어.

자신에 대한 감사는 불행을 해독시키는 강력한 힘이 있다. 부정적인 사고방식에 묶여 불행한 당신을 긍정적으로 만들며 보다

만족스러운 삶을 누리도록 이끈다. 감사 모임의 회원인 릭의 말을 들어 보자.

"우리 부부는 집을 사기 위해 저축을 해 왔습니다. 아이들이 점점 자라 아파트가 비좁게 느껴지자 마침내 우리는 의논 끝에 집을 사기로 결정했죠. 그러나 좋은 동네에 멋진 집을 발견했지만 돈이 부족했습니다. 은행에 융자를 신청했지요. 하지만 우리는 각자 자영업을 하고 있었고, 많은 돈을 융자받을 만큼 신용 상태가 좋지 않았기에 거절당했습니다. 저는 낙심했습니다. 사랑하는 가족을 위해 좋은 집을 장만할 능력도 없는 못난 남편이고 무능한 아빠라는 생각이 들었습니다. 아이들을 기죽게 만들고 아내에게 실망을 안겨 줬으니까요. 자존심이 구겨지는 것은 물론이요 인생의 낙오자라는 생각이 들었습니다. 그러던 어느 날 아내가 이런 제안을 했습니다. '이럴 때 열심히 배워 두었던 감사인가 뭔가 하는 방법을 한번 시도해 보지 그래요?' 그 말을 듣자마자 제 입에서는 이런 말이 튀어나왔습니다. '감사하면 우리가 융자를 받게 될까?' 아내는 그 말은 들은 척도 안 하고 제가 요즘 얼마나 스스로를 못살게 굴고 있는지를 지적하더군요. 저는 결심했습니다. 그래, 감사를 통해 땅에 떨어진 자부심을 회복해 보자. 저는 종이에 제 자신에 대해 어떻게 생각하고 있는지를 적기 시작했습니다. 그런 다음 감사할 일을 찾기 위해 노력했지요. '융자를 거절당한 사람이 어디 나뿐이겠어. 그런 일을 당했다고 인생의 패배자는 아니야. 단지 융자를 받지 못한 사람일 뿐이지.' 저는 여전히 일자리를 갖고 있고, 돈을 벌고 있으며, 집세를 낼 능력도 있다는 사실을 깨달았습니다. 아이들이 여전히 절 사랑하는 한 저는 나쁜 아빠도 아니었어요. 또 늘 곁을 떠나지 않고 동고동락하며 격려해 주는 아내도 있었습니다. 저는 이 모든 것에 대해 자신에게 감사하면서 감사 요소들을 종이에 적어 놓고 매일 읽었지요. 그리고 더 감사할 일이 무엇인지 찾아내려고 노력했습니다. 시간이 흐르자 저는 점차 자신감을 회복하기 시작했습니다. 융자를 못 받았다고 세상이 끝난 건 아니며 저는 여전히 능력 있는 남자라는 생각이 들었죠. 이제 얼마든지 상황을 헤쳐 나갈 자신이 있었습니다. 그때 우연히 라디오에서 흘러나오는 광고를 들었습니다. '당신의 신용 상태를 회복시켜 드립니다.' 저는 '그래, 밑져야 본전인데 전화 한번 걸어 보자'라는 생각이 들었습니다. 전화를 건 뒤 용기를 내어 다시 은행을 찾아갔습니다. 그런데 놀랍게도 이번에는 은행이 호의적인 자세를 보였습니다. 그리고 우리는 마침내 융자를 받아 형편에 맞는 다른 집을 살 수 있었습니다. 저는 이것이 운이 좋았거나 우연히 이루어진 게 아니라는 것을 알고 있습니다. 제가 '실패자'라는 함정에서 빠져나올 수 있었던 건 '감사'라는 탈출구 덕분이었지요. 그리고 그 감사가 모든 상황을 새롭게 만들어 갔습니다. 그 후 저는 감사를 생활화하고 있습니다."

자신에 대해 감사하기 시작하면 다른 사람의 행동을 이해하고 해석하는 태도도 바뀐다. 이런 감사하는 태도는 다른 사람으로부터 긍정적인 반응을 이끌어 낸다. "내가 그것을 잘할까 못할까?" "그들이 나를 좋아할까 싫어할까?" "그들이 나를 받아들일까 아닐까" 등등의 걱정 대신 그것들을 보다 객관적으로 바라보고 판단하게 된다. 이런 태도는 당신의 행동 범위를 크게 확대시킨다. 다른 사람의 인정을 받기 위해 연연하지 않기 때문에 어떤 사람이나 상황에 대해 더 많은 것을 베풀 수 있게 된다. 사람은 누구나 남들에게 인정받는 걸 좋아하지만, 당신이 자신에게 감사할 줄 알게 되면 다른 사람의 평판 따위는 그다지 중요하지 않게 여겨진다. 다른 사람의 인정을 통해 자부심을 느낄 필요가 없기 때문이다.

그리고 어떤 문제가 발생했을 때도 자신에게 감사할 줄 아는 사람은 누군가를 비난하거나 책임을 전가하는 대신, 문제 해결에 도움이 될 만한 사람을 생각해 낸다. 당신은 곤란한 상황에서 벗어날 해답이나 해결책을 찾아내는 능력이 커지게 된다.

당신이 자신에게 감사하면 다른 사람들도 당신의 자신감과 자부심에 긍정적인 반응을 보인다. 회사에서도 신임을 받아 중요한 프로젝트나 책임을 맡을 수도 있다. 따라서 삶의 모든 분야에서 성공할 가능성이 커진다.

감사 모임 회원인 앨린의 경험담을 들어 보자.

"저는 직장에서 승진하는 게 소원이었습니다. 매일 마음속으로 간절히 기도했고, 승진한 후의 제 모습을 상상하며 즐거워했지요. 밤낮없이 일에 몰두했고, 무엇이든 시키는 대로 최선을 다했으며, 승진에 도움이 될 만한 사람들과 좋은 관계를 맺는 일에도 소홀하지 않았습니다. 그러던 어느 날, '만세!' 드디어 승진을 하게 되었습니다. 그런데 기쁨도 잠시. 저는 근심에 사로잡혔습니다. 새로 맡은 업무를 잘 해내지 못하면 어쩌지? 능력과 기술이 모자라서 사람들의 기대에 못 미치면? 저는 새로 맡은 직책에 대한 두려움으로 전전긍긍했습니다. 그러다가 갑자기 이런 생각이 들었지요. '가만, 그들이 나를 승진시켰을 때는 그만한 능력이 있다고 여겼기 때문일 거야. 내 안에는 충분한 능력이 잠재되어 있어.' 그날부터 저는 진심으로 제 자신에게 감사하기 시작했습니다. 새로운 지위에 올라서게 해준 제 능력과 기술에 감사했고, 저의 풍부한 잠재력과 창의성, 솔직함, 인내심, 일에 대한 열정 등을 감사했습니다. 자신에 대한 감사는 제 마음가짐을 새롭게 만들었습니다. '그래, 모든 일을 혼자처리하려고 애쓸 필요는 없어. 다른 사람의 도움을 구하자.' 저는 부서의 책임자에게 찾아가서 이렇게 부탁했습니다. '저는 당신을 위해 일을 멋지게 해내고 싶어요. 새로운 업무에 관해 가르쳐 주시겠어요?' 그녀는 제가 기대했던 것 이상으로 도움을 주었고, 제가 업무에 익숙해질 때까지 6개월 동안 자상하게 이

끌어 주었습니다. 나중에 말하기를, 자기에게 와서 도움을 청한 제 용기에 놀랐으며 깊은 인상을 받았다고 하더군요. 제 자신에 대한 감사는 큰 효과가 있었을 뿐 아니라 제게 또다시 감사할 일을 만들어 주었습니다."

_____ 타인에게 감사하라

자신에게 감사할 줄 아는 사람은 다음 단계로 나아가기가 한결 수월하다. 바로 다른 사람에게 감사하는 것이다. 감사란 소중히 여기는 마음과 고마운 마음이 합쳐진 것이다. 따라서 다른 사람에게 감사하는 마음을 가지려면 의식적으로 상대방의 가치를 인정하려는 노력과 고맙게 생각하는 구체적인 이유를 알아야 한다.

다른 사람을 가치 있게 여기기 위해 다음 요소들을 생각해 보자. 그들의 어떤 면을 소중하고 사랑스럽게 생각하는가? 그들이 당신에게 왜 중요한가? 다른 사람에게 고마움을 느끼려면 먼저 그들이 세상에 존재하며, 당신과 함께 살아가고 있다는 사실부터 감사해야 한다. 배우자나 절친한 친구처럼 사랑하는 사람에게는 왜 무조건 소중하고 고마운 마음이 드는지 이유를 생각해 보는 것도 도움이 된다. 저절로 감사하는 마음이 드는 이유를 안다면 다른 사람에게도 그대로 실천할 수 있기 때문이다.

감사는 행복하다

당신은 절친한 친구를 얼마나 소중하게 생각하는가? 그 친구가
당신에게 그렇게 중요한 이유는 무엇인가? 당신이 친구에게 고
맙게 생각하는 점들을 모두 적어 보라.

　당신은 감사하는 순간의 기분을 아는가? 얼마나 마음이 편
안하고 기쁜지 느껴 보았는가? 얼굴에 저절로 미소가 번지는 걸
경험했는가? 감사하는 즐거움을 만끽해 보았는가? 당신 자신을
이런 기분에 익숙해지도록 훈련하라. 당신이 다른 사람에게 진
심으로 감사하는지 아닌지를 깨닫게 해줄 것이다. 감정은 당신
내면에서 일어나는 일을 있는 그대로 비추는 거울이다. 그러나
다른 사람들이 당신의 감사를 직접 피부로 느끼려면 감사하는
감정을 갖는 것만으로는 충분하지 않다. 감사를 말로 그리고 행
동으로 직접 표현해야 한다.

감사하는 말

어떤 사람에게는 감사를 표현하는 것이 자연스럽고 쉬운 일이
지만 어떤 사람에게는 매우 어색한 일일 수 있다. 적당한 말을
찾아내기가 쉽지 않은 것이다. 만일 당신이 이런 경우라면 다음

에 소개하는 예들이 도움이 될 것이다.

- 제 말에 귀를 기울여 줘서 고마워요. 당신이 항상 옆에 있다는 게 얼마나 감사한지 몰라요.
- 제가 매운 음식을 좋아하는 걸 기억해 주시니 정말 감사합니다.
- 당신은 제 삶의 중요한 요소들을 일깨워 주셨어요. 뭐라고 감사해야 할지….
- 가장 도움이 필요한 순간에 전화해줘서 정말 고마워요.
- 당신 생각과 감정을 솔직하게 말씀해 주신 데 대해 깊이 감사합니다.
- 오늘 저녁 즐거웠습니다. 좋은 시간 만들어 주셔서 감사합니다.

만일 당신이 감사를 표현하는 것에 익숙하지 않다면 처음에는 이런 말을 하는 것이 매우 어색할 것이다. 다음은 카라의 경험담이다.

"저는 감사하다는 말을 하는 것이 처음에는 매우 서툴고 어색했어요. 마치 구호를 외치듯이 '＿＿해 주셔서 고맙습니다'라는 말만 되풀이했죠. '친구가 되어 줘서 고마워.' '제 문제를 같이 의논해 주셔서 감사합니다.' '네가 본 영화 얘기를 재미있게 해 줘서 고마워.' 마치 녹음기가 된 기분이었어요. 진심으로 감사하고 싶고 대단히 소중하게 생각하는 경우에도 더 이상 적절한 말이 떠오르지 않더군요. 답답하고 속이 상했죠. 하지만 감사하는 기술을 꼭 배우고 싶었어요. 저는 가장 친한 친구와 있을 때 적어도 세 번 이상 감사를 표현하기로 제 자신과 약속했어요. 그런데 친구와 사이가 좋을 때는 그렇다 치더라도, 사이가 좋지 않을 때 세 번이나 감사할 일을 찾아낸다는 것은 정말 힘들었어요. 진심으로 고맙고 소중한 친구인데도 말이에요. 감격할 정도로 감사한 마음이 들 때조차 적당한 말이 생각나지 않았죠. 지금은 물론 감사를 표현하는 일이 전혀 어렵지 않고 거의 생활화되었어요. 그러나 처음에 진땀을 뺐던 순간들은 결코 잊혀지질 않아요!"

_____ 감사하는 몸짓

새로 태어난 아기를 바라보는 엄마의 얼굴을 본 적이 있는가? 아기의 손가락, 머리카락, 옹알이를 하는 모습 등을 바라보는 엄마의 눈에는 기쁨과 경이로움이 가득 담겨 있다. 엄마는 갓 태어난 연약한 아기를 소중하고 조심스럽게 팔에 안는다. 바로 이런 모습이 말 이외의 방법으로 감사를 표현하는 최고의 경지라고 할 수 있다.

　다른 사람에게 감사를 표현할 때는 감사함이 배어나는 목소리를 사용하라. 그리고 당신이 얼마나 상대방을 귀중하게 생각하는지 표정에서도 나타나도록 노력하라. 온몸과 마음으로 감사를 표현한다면 당신의 감사는 한층 효과적으로 빛날 것이다.

_____ 마음이 가는 데까지만 감사하라

누군가에게 감사를 표현하는 것은 멋진 일이지만 잘못하면 말로만 때우는 사탕발림이 되기 쉽다. 당신을 자주 도와 준 일도 없는 사람에게 "항상 많은 도움을 주셔서 감사합니다"라고 말했다고 가정해 보자. 이런 말은 감사 파동의 힘을 오히려 약화시키는 위험을 초래한다. 감사는 반드시 순수한 마음에서 우러나와야지만 힘을 발휘한다. 감사의 파동은 억지로 만들 수 없다. 만일 진심으로 감사한 생각이나 감정을 갖지 않는다면 당신은 그 특유의 파동을 발산할 수 없다.

　친구와 저녁식사를 하고 극장에 갔다고 가정해 보자. 당신은 평소 맛있는 음식이나 대화는 좋아하지만 영화 구경은 별로 즐기지 않기 때문에 영화평을 장황하게 늘어놓는 친구에게 짜증이 났다. 그런데 "정말 멋진 저녁이었어. 즐거운 시간을 갖게 해

줘서 고마워"라고 말할 경우 당신은 마음이 켕길 것이다. 그 말의 일부만 사실이기 때문에 거짓말쟁이가 된 기분이 들 것이다. 따라서 말 이외의 감사 표현도 약화될 수밖에 없다. 당신이 발산하는 파동이 진정한 감사가 아니기 때문에 친구 또한 그 느낌을 충분히 받지 못한다. 파동에 관한 한 '주는 대로 받는다'는 진리가 반드시 지켜진다.

거짓된 감사를 표현하지 말라. 대신 그날 저녁 당신이 진심으로 감사할 수 있는 구체적인 요소를 찾도록 하라. 예를 들어, "저녁을 먹으면서 나눈 대화는 정말 좋았어. 우리가 어떤 일에 관해 함께 아이디어를 나누고 의논할 수 있다는 게 너무 감사해."라고 말하면 어떨까. 당신의 감사는 진정한 감사의 파동을 발산하기 때문에 긍정적인 효과를 발휘하게 될 것이다.

누구에게나, 모든 것에 다 감사하려고 애쓰지 말라! 진심에서 우러난 감사라면 어떤 사람이나 상황에 대해 일부만 감사해도 충분히 효과가 있다는 점을 기억하라.

_____ '감사의 파동' 통합하기

당신의 감사 레퍼토리에 다른 사람에 대한 감사를 추가했다면 확실하고 효과적인 감사의 삼박자가 모두 갖춰진 셈이다. 곧 삶과 자신과 다른 사람에 대한 감사다. 당신의 가슴과 머리(감정과 생각)가 감사로 잘 무장되어 있다면 파동의 힘은 막강해진다. 당신의 파동은 이제 온전한 통합을 이룬 것이며 통합은 곧 '힘'을 의미한다.

칠드리와 마틴 박사는 《심장공식의 해법》에서 통합에 대해 '시스템의 구성 요소가 체계적으로 연결되고 내적인 질서 안에서 조화를 이루는 상태'라고 설명했다. 이것은 매우 이상적인 상태로, 모든 것이 원활하고 효과적으로 작용하는 것을 의미한다. 이 연구는 또 당신이 진심으로 감사나 사랑을 느낄 때는 심장 박동이 규칙적이고 균형을 이루며 통합적으로 변한다는 것도 입증했다. 심장 박동과 더불어 뇌파도 안정을 찾아 신체의 모든 기관이 조화롭고 통합적인 상태가 된다.

칠드리와 마틴 박사에 따르면, 모든 기관이 조화를 이루는 상태는 마치 백열전구가 레이저빔으로 바뀌는 것과 같다고 한다. 백열전구에서 나오는 빛은 사방으로 흩어진다. 그것들은 '통합되지 않은(조절되지 않은)' 상태이기 때문에 빛이 여러 방향으로 분산된다. 반면 레이저 빔의 빛 입자는 모아지거나 통합된 형태이기 때문에 한곳으로 강하게 집중된다. 따라서 강철도 통과할 수 있는 매우 강한 힘을 발휘한다.

이와 마찬가지로, 당신의 감사 파동이 통합적인 수준에 이르면 강한 집중력을 발휘한다. 감사는 당신의 일상이 되며, 감정과 정신과 본질의 밑바탕이 된다. 당신이 추구하는 삶의 주된 가치관으로 자리 잡는 것이다.

_____ '감사의 근육' 강화하기

감사의 파동을 통합적이고 강렬하게 집중할 수 있게 되면 당신의 능력은 더욱더 커지며 원하는 일들을 끌어들이는 강력한 힘을 갖게 된다.

하지만 능력을 키우고 끌어들이는 힘을 갖추려면 '의식적으로 감사하기 위해 노력하는 상태'에 이르러야 한다. 이것은 감사하는 마음을 가지려는 열정이나 갈망이 적극적이고 강력하며 간절한 상태를 의미한다. 이런 상태에 보다 쉽게 이를 수 있도록 돕기 위해서, 우리는 바이오도트를 이용한 집중적이고 강력한 훈련을 개발했다(이 책의 앞부분에 나오는 [사진6]을 참조하라). 바이오도트란 온도에 신속하게 반응하는 체온계처럼, 수정으로 만들어진 작은 공을 말한다.

바이오도트는 주로 스트레스를 낮추는 바이오피드백(생체자기제어. 뇌파, 혈압, 맥박, 근육 긴장도 등을 조정) 치료에 이용했다. 바이오도트는 피부의 온도 차이를 반영하는데, 이것을 통해 혈액의 흐름을 파악할 수 있다. 예를 들어, 당신이 스트레스를 많이 받는 상태라면 혈액은 생명 유지 기관인 심장이나 뇌로 흘러든다. 그 결과 손과 발 같은 외부 기관의 온도는 낮아지게 된다. 반면, 긴장이 완화된 상태에서는 혈액이 온몸의 모든 기관을 원활하게 순환하기 때문에 손의 온도도 올라간다.

바이오도트를 이용해서 스트레스를 낮추는 방법을 배우려면 우선 스트레스의 색깔부터 파악해야 한다. 스트레스를 많이 받게 되면 바이오도트가 검정색이나 짙은 갈색으로 변한다. 그러면 심호흡을 하면서, 혈액을 손으로 보내기 위해 '손이 따뜻해진다'라는 생각에 몰두하라. 혈액의 흐름이 바뀌면 스트레스 정도도 낮아져서 기분이 한결 좋아질 것이다. 스트레스를 감소시키려는 시도가 성공했는지는 눈으로 직접 확인할 수 있다. 바이오도트의 색깔이 검정과 갈색에서 초록색과 청색 또는 보라색(보라색은 긴장이 가장 완화된 상태를 나타낸다)으로 바뀌기 때문이다.

바이오도트는 감사의 기술을 발전시키거나 집중력을 키우고 지속하는 능력을 강화하는 데도 매우 효과적인 도구다. 감사가 충만한 상태, 즉 소중히 여기고 고맙게 생각하는 마음이 간절한 상태에서는 바이오도트가 초록색이나 청록색으로 변한다. 어떤 색깔에서 시작했든 결과는 마찬가지다. 바이오도트가 초록색이나 청록색으로 변했다는 것은 부교감신경계와 교감신경계가 균형 있게 그리고 원활하게 진행되는 상태임을 반영한다. 긴장하지도 크게 이완되지도 않은 상태다. 에너지는 긴장과 이완이 적당히 균형 잡힌 상태에서 활발하게 작동한다. 이 상태에 이르기 위해서는 '감사의 근육'을 훈련시킬 필요가 있다.

바이오도트를 이용해 감사의 근육을 훈련시키는 방법을 살펴보자. 조용한 장소에 자리를 잡고 앉은 다음, 유선 전화나 휴대폰을 모두 끄고 최소한 10분 정도는 방해받지 않는 환경을 조성한다. 아래 그림처럼 바이오도트를 엄지와 검지 사이의 우묵한 골에 놓는다. 1~2분이 지나면 바이오도트의 색깔이 변하면서 당신의 스트레스 정도를 나타낼 것이다.

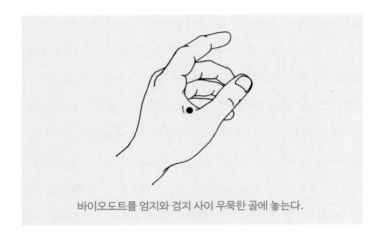

바이오도트를 엄지와 검지 사이 우묵한 골에 놓는다.

당신의 목표는, 감사하는 마음을 가짐으로써 바이오도트가 초록색이나 청록색으로(처음 색깔과 관계없이) 변하도록 만드는 것이다. 그런 다음 바이오도트 색깔이 유지되도록 3~5분 동안 감사한 생각과 느낌에 집중한다.

모래시계나 자명종 등을 사용하면 시계를 보려고 집중력을 분산시키지 않아도 된다. 그러나 시선을 계속 바이오도트에 고정시키는 것은 좋지 않다. 눈을 뜨는 것보다 감는 게 한결 집중하기 쉬우므로, 눈을 감고 감사한 생각에 마음을 모은다. 그리고 가끔 눈을 뜨고 바이오도트 색깔을 점검해 본다.

만일 바이오도트의 색깔이 자주색으로 변하거나 그 색에 가까워지면, 당신은 감사에 집중하고 있다기보다 긴장이 완화된 고요한 상태로 들어간 것이다. 이럴 경우 평온한 기분에서 벗어나 다시 '감사가 원활하게 진행되는 상태'로 돌아가도록 노력해야 한다. 감사에 집중하면 바이오도트의 색깔은 다시 초록색이나 청록색으로 변한다.

그러나 색깔은 사람에 따라 차이가 있을 수 있다. 만일 당신이 적극적이고 강력하게 감사에 집중하고 있음에도 불구하고 도트 색깔이 주황색이나 자주색으로 변하더라도 크게 신경 쓰지 말라. 중요한 것은 바이오도트의 색깔이 아니다. 당신이 감사에 집중할 때 몸이 어떤 기분을 느끼는지를 체험함으로써 의식적으로 그런 느낌을 갖도록 노력하는 것이 더욱 중요하다.

감사에 몰입하려면 상당한 에너지가 필요하기 때문에 5분이 매우 길게 느껴질 것이다. 5분만 견딜 수 있어도 매우 성공적이다. 비결 하나를 소개하면, 첫째 날에는 1분을 버티는 것으로 시작해서 둘째, 셋째 날에는 2분으로 늘린다. 그런 다음 점차적으로 강력한 감사 상태를 5분 동안 유지하도록 노력하라. 5분이란 시간을 채우려면 당신은 엄청난 양의 감사한 일들을 생각해야 할 것이다.

당신은 이미 자신과 자신의 삶에 감사하면 그 효과가 바로 나타난다는 사실을 알고 있을 것이다. 자신을 소중하고 감사하게 여기면 '감사의 근육'이 강화되기 때문에 자부심과 자신감을 키울 수 있다.

만일 당신이 한 달 동안 매일 하루에 5분씩만 간절하게 감사에 집중할 수 있다면, 감사의 강력한 파동을 발산하고 유지하는 능력이 놀랍도록 강해질 것이다. 일단 이 기술을 한번 익히면 당신은 바이오도트의 도움 없이도 '감사가 원활하게 진행되는 상태'에 이르러 강력하고 확실한 감사의 파동을 발산할 수 있다. 그러면 가끔 자신의 능력을 점검하거나 당신의 파동이 원하는 만큼 강력한지를 확인하고 싶을 때만 바이오도트를 이용하면 된다.

4

감사의 힘, 이렇게 활용하라

The
Power of
Appreciation

감사의 파동을 일으켜라
감사는 협력을 촉진한다
에너지는 서로 통한다

나는 앞에서 감사의 강력한 파동을 개발하고 강화하는 방법을 설명했다. 이제부터는 그 감사의 에너지를 이용해 상황을 바꾸고, 원하는 사람이나 물건을 끌어들이는 방법을 이야기하려고 한다.

_____ 감사의 파동을 일으켜라

당신의 삶에 원하는 일을 끌어들이기 위해 감사를 활용하는 것은 어떤 작전이나 계략이 아니다. 사람이나 물건을 마음대로 조종하기 위해 감사의 에너지를 사용할 수는 없다. 당신이 할 수 있는 일은 소망을 향하여 감사의 파동을 발산하는 것뿐이다. 당신이 발산하는 강력한 파동은 거기에 동조하는 파동을 가진 일들을 실현시키는 힘이 있다. 그것은 마법과도 같은 힘이다.

감사는 잘 다듬으면 우주에 리듬을 발산한다. 그 리듬을 전달받은 여러 파동들은 그것과 어울리는 특별한 소리를 내기 위해 모여든다. 그리고 그 결과로 당신이 원하는 일들을 이룰 수 있다.

우리는 이 과정을 '끌어들인다'라고 표현한다. 동조 현상에 따르면, 가장 힘차고 강력한 파동이 다른 파동을 끌어들여 자신과 어울리게 만든다. 즉, 당신의 파동이 다른 파동에게로 다가가 그들을 보다 막강한 파동으로 바꿔놓는 것이다.

당신의 파동이 선명하면 할수록 끌어들이는 힘이 강해진다. 이 끌어당김과 조절 작업은 파동의 주파수 차원에서 이루어진다. 이 차원에서는 모든 사물과 존재와 경험이 같은 선상에 놓여 있어 무엇이든 끌어들일 수 있다.

_____ 감사는 협력을 촉진한다

감사가 원하는 결과를 끌어들이는 이유는 협력을 촉진하기 때문이다. 예를 들어, 당신이 누군가에게 감사하는 마음을 가질 때 그 사람이 당신에게 협조적으로 되는 것은 당연하다. 이 협조적인 마음은 당신이 원하는 결과를 촉진하는 필수 요소다.

당신을 진심으로 소중하고 고맙게 생각하는 사람을 머릿속에 떠올려 보라. 그리고 그 사람이 당신의 존재에 감사함을 표현한다고 가정해 보자. 당신의 기분이 어떻겠는가? 긴장되었던 마음이 평온해지는 걸 느낄 수 있는가? 당신에게 감사한 마음을 갖고 있는 사람에게 당신의 모든 것이 이해되고 받아들여지는 것을 느낄 수 있는가?

다음에는, 그 사람이 당신에게 무언가를 요구한다고 상상해 보라. 그때 당신은 그 사람을 돕기 위해 얼마나 적극적으로 변할까?

반대로, 당신이 소중한 대접을 받지 못하는 경우를 가정해 보자. 누군가 당신에게 화를 내고 원망한다면 당신의 기분은 어떻겠는가? 몸이 뻣뻣하게 굳어지는 걸 느끼는가? 그 사람이 당신에게 분노와 원망을 표현할 때마다 마음의 문이 닫히는 걸 느낄 수 있는가?

다음에는, 그 사람이 당신에게 무언가를 요구한다고 상상해 보라. 그 사람을 돕고 싶은 마음이 생길까?

감사는 당신의 파동과 당신이 원하는 것의 파동 사이에 협조적인 에너지를 창조함으로써 원하는 결과를 끌어들인다.

_____ 에너지는 서로 통한다

우리가 앞서 언급한 내용을 가장 잘 증명해준 것은 PEAR (Princeton Engineering Anomalies Research)에서 실시한 실험이다. 이 연구소는 1979년 프린스턴 대학 엔지니어링 스쿨의 전임 학장이었던 로버트 G. 존Robert G. Jahn이 설립했다. PEAR은 '인간의 의식과 오늘날 엔지니어링 분야에서 널리 이용되는 예민한 기계나 설비 혹은 작업 과정 사이의 상호 작용에 관한 엄밀한 과학적 연구'에 크게 공헌했다고 평가받는다. 이 연구소는 '사물의 본질을 형성하는 데 인간의 의식이 어떤 역할을 하는지 이해를 돕기 위한' 취지로 설립되었다.

PEAR에서 실시한 실험 중, 컴퓨터의 화면에 같은 수의 플러스(+)와 마이너스(-)가 임의로 나타나도록 하는 실험이 있다. 컴퓨터 모니터 앞에 앉은 실험 대상자는 화면에 줄줄이 나타나는 플러스와 마이너스를 특별한 생각 없이 주시한다. 다음 단계로, 실험 대상자는 컴퓨터를 향해 플러스나 마이너스 중 한쪽을 더 많이 골라낼 것을 지시한다. 그 결과, 놀랍게도 실험 대상자가 바랐던 것과 마찬가지로 컴퓨터 화면에는 플러스나 마이너스가 더 많이 나타났다.

임의로 배열되었던 플러스와 마이너스가 인간 의지의 영향을 받아 새롭게 정렬된 것이다. 래리 도시에 따르면, 이런 결과가 우연히 일어날 확률은 0.02퍼센트(2/10,000)에 불과하다는 것이다.

그렇다면 PEAR 실험에 감사를 대입하면 어떻게 될까? 연구원들은 컴퓨터에 강력한 영향을 미친 사람들은 컴퓨터와 '하나가 되려고' 노력했다는 사실을 발견했다. 실제로 그들은 기계에 특별한 애정을 갖고 있는 사람들이었다.

우리는 앞에서 '감사란 소중히 여기고 고맙게 생각하는 마음'이라고 정의했다. 이렇듯 감사는 사랑의 핵심 요소를 모두 포함한다. 만일 당신이 사랑에 빠졌다면, 상대방을 대단히 소중하게 여기며 동시에 그가 있음을 진심으로 감사할 것이다.

'하나가 된다'는 것은 파동의 측면에서 보면 '동조'되거나 또는 '파동이 일치'하는 상태다. 컴퓨터의 파동과 그것에 영향을 미치려고 노력하는 실험 대상자의 파동이 서로 협력함으로써 플러스나 마이너스 중 원하는 쪽을 많이 생산할 수 있었던 것이다. 다시 말해서, 컴퓨터의 파동이 간절한 염원을 담고 있는 실험 대상자의 파동에 기꺼이 동조한 결과다. 이런 협력은 파동이 정확히 일치되거나 조화를 이룰 때 가능한 일이다.

우리는 주변의 사물을 인식하는 데 주로 신체의 오감을 사용해 왔기 때문에 감사의 파동처럼 눈으로 확인할 수 없는 힘을, 그것이 원하는 일을 실현시킨다는 사실을 잘 이해하지 못한다. 그러나 에너지(파동으로 측정할 수 있는)는 물질에 선행한다. 모든 사물은 눈에 보이는 물질로 탄생하기 이전에는 에너지의 형태로 존재한다.

에너지와 에너지는 서로 자유롭게 지속적으로 교류하며 시간과 공간에 얽매이지 않는다.

PEAR 연구원들은 실험을 진행하면서, 실험 대상자가 컴퓨터와 같은 방에 있든지 또는 지구 반대편에 있든지 결과에 전혀 관계가 없다는 사실도 발견했다. 또한 컴퓨터 스위치가 켜지거나 꺼진 것과도 전혀 관계가 없었다. 심지어 컴퓨터가 미리 작동했거나 화면을 볼 수 없었어도 기록만 남아 있으면 영향을 미칠 수 있었다. 실험 대상자들은 자신들이 얻고 싶은 결과에 의식을 집중하는 것만으로도 플러스나 마이너스를 생산하는 컴퓨터의 작용에 영향을 미칠 수 있었다. 과거, 현재, 미래라는 시공간을 뛰어넘는 능력이었다.

실험 결과 연구원들은 다음과 같은 놀라운 결론을 얻었다. "인간의 의식은 외부 세계의 사건이나 경험들을 변화시키는 힘이 있다." 실제로 당신은 주변 세계를 변화시킬 수 있다. 그 열쇠는 '감사하는 마음'이다. 감사 모임 회원인 바바라의 사례를 살펴보자.

"제 하우스메이트는 좋은 사람이지만 우리는 성격이 너무 달랐어요. 저는 즐겁고 평화롭고 행복한 걸 좋아하는 반면, 그녀는 매우 부정적인 성격이었죠. 항상 모든 일을 적극적으로 해결하는 법이 없고 '될 대로 되라'는 식이었어요. 저는 그녀와 부딪히지 않기 위해 점점 직장에서 시간을 때우는 일이 많아졌어요. 그러다가 그녀에게 제 기분이 어떤지를 설명하고 보다 긍정적인 자세를 보여주길 부탁했죠. 그러나 그녀는 저를 속물로 취급하며 이렇게 충고하더군요. '넌 지나치게 낙천적이야, 좀 더 진지해질 필요가 있어!' 마침내 저는 그녀에게서 감사할 일을 찾아보기로 결심했지만 쉽지 않았어요. 하지만 온갖 수단과 방법을 동원해서 감사할 점을 찾아내려고 노력했죠. 저는 우선 그녀의 장점을 찾아내 감사하기로 했습니다. 그녀는 집세를 제때 꼬박꼬박 잘 냈어요. 저는 그것을 매우 소중하고 고맙게 생각하기로 했죠. 그녀는 또 고장 난 걸 잘 고치는 재주가 있었어요. 물이 새는 수도꼭지나 고장 난 변기 등을 뚝딱 고쳐 놓곤 했죠. 저는 그 점에도 감사하며 그녀에게 표현했어요. 또 그녀가 하는 말 중에는 비록 긍정적인 말투는 아니었지만 배울 점이 많았죠. 저는 그것도 감사하게 생각했어요. 그밖의 것들에 대해서는 신경을 끄기로 했어요. 그냥 무시하고 문제 삼지 않기로 마음먹었죠. 그러던 어느 날, 정말 놀랍게도 그녀가 다가와 저와 함께 지내게 되어 기쁘며 제가 좋은 사람이라고 말하는 게 아니겠어요? 저는 날아갈 듯이 기뻤죠. 그 후 그녀의 말투는 한결 덜 비판적으로 변했고 이런 말까지 하기 시작했어요. "모든 일이 잘 될 거야" 또는 "음, 회사에서 곧 급여를 올려줄 테니까 걱정하지 마." 저는 정말 놀랐어요. 감사의 효과가 이렇게 확실하게 나타난 게 믿어지지 않았죠. 하지만 실제로 제 눈으로 확인할 수 있었어요. 제가 확인한 사실은 또 있어요. 제가 그녀에게 감사하는 마음을 멈추고 그녀의 부정적인 면을 불평하면 그녀의 말투나 행동이 금세 부정적으로 변하고 긍정적인 면이 사라져요. 그리고 제가 다시 감사하기 시작하면 그녀의 태도도 달라지죠. 무슨 마법에 걸린 기분이에요. 요즘 우리 집 분위기는 끝내주게 좋답니다. 저는 그것에 깊이 감사하고 있고요!"

감사가 원하는 결과를 끌어들인다는 사실을 깨닫는 것은 유익한 일이다. 그리고 그것을 위해 감사의 에너지를 어떻게 사용하는지를 아는 것은 더욱 유익하다. 이제부터는 원하는 결과를 끌어들이고 변화시키기 위해 '감사의 힘을 사용하는 5단계'를 설명하겠다.

1단계 - 변화시키거나 끌어들이고 싶은 일을 선택하라.
2단계 - 소망을 뒷받침하는 감정을 확인하라.
3단계 - 갈등을 일으키는 생각이나 믿음을 뿌리 뽑아라.
4단계 - 감사의 파동을 발산하라.
5단계 - 감사의 힘이 작용하도록 만들어라.

많은 사람들이 감사를 활용하고자 하는 문제는 더 많은 돈을 갖고 싶다는 욕망이다. 그러나 경제적으로 풍족해지고 싶은 사람들의 욕망 속에는 감사와 거리가 먼 생각과 사고방식이 가득 차 있다. '나는 부자가 될 가치와 자격이 있을까?' '부자가 된다는 게 가능할까?' '부자는 능력과 재주가 뛰어난 사람이나 불법으로 돈을 버는 사람들이 아닐까?' '행운이 따라야 하는 일이 아닐까?' '영적인 성장과는 거리가 멀거나 속임수를 써야 가능하지 않을까?' 이렇듯 어디에도 감사하는 요소는 찾아볼 수 없다.

우리는 앞으로 감사하기 가장 힘든 부분인, 더 많은 돈을 버는 일에 대한 감사가 얼마나 아름다운 모습으로 작용하는지 보게 될 것이다.

_____ 1단계 - 변화시키거나 끌어들이고 싶은 일을 선택하라

당신이 가장 먼저 할 일은 자신이 원하는 게 무엇인지를 분명히 확인하는 것이다. 이와 더불어 그 소망이 반드시 이루어지리라는 굳은 믿음이 필요하다. 만일 자신이 정한 목표가 이루어지리라는 확신이 없으면, 감사의 파동을 집중시킬 수 있는 것으로 재조정해야 한다.

우선 당신이 변화시키거나 끌어들이고 싶은 일을 적어라. 만일 경제적 풍요를 원한다면 '나는 많은 돈을 원한다'라고 적은 다음 소망의 구체적인 규모나 형태를 선택하라. 당신의 마음을 집중시킬 확실한 대상을 만들 필요가 있다. 그 대상은 현재의 삶과 원하는 소망을 연결시켜서 결정한다. 예를 들면 '지금 받는 급여의 두 배를 받고 싶다' '현재 고객의 다섯 배를 확보하고 싶다' '지금 벌고 있는 판매 수당을 열 배로 늘리고 싶다' '모든 지출이나 청구서를 처리할 수 있을 정도의 돈을 벌고 싶다.'

이제 당신은 현실과 연결된 소망을 갖게 되었다. 이것은 매우 중요하다. 만일 당신의 소망이 구체적인 형태를 갖지 못한다면 그것은 강력한 감사의 파동을 발산할 대상이 없기 때문이다.

일단 원하는 것에 구체적인 형태를 부여했으면, 다음 단계로 그 소망이 반드시 이루어지리라고 굳게 믿어야 한다. 잠시 조용히 눈을 감고 당신이 원하는 소망을 생각하며 질문해 보라. '내가 정말 판매 수당을 열 배나 늘릴 수 있을까?' 당신은 열 배 늘어난 판매 수당을 은행에 입금하는 자신의 모습을 상상할 수 있는가? 만일 당신이 '그래, 나는 지금보다 판매 수당을 열 배 늘릴 수 있다고 확신해. 어쩌다 한 번이 아니라 정기적으로 그 정도 액수를 내 것으로 만들 자신이 있어'라는 느낌을 갖는다면 그것으로 충분하다. 당신은 그 소망을 위해 감사의 파동을 강하고 분명하게 집중시킬 수 있을 것이다. 그러나 많은 사람들이 백만장자가 되길 바라면서도, 자신이 실제로 백만 달러를 벌 수 있으리라고 진심으로 믿는 사람은 소수에 불과하다. 하지만 소망을 끌어들이기 위해서는 자신에게 구체적인 소망을 충분히 전달함과 동시에 반드시 이루어지리라고 굳게 믿어야 한다.

만일 그렇지 못하다면 당신의 소망을 현실에 맞게 조정해야 한다. 당신이 '그래, 판매를 열 배나 늘린다는 건 사실 무리야. 하지만 세 배 정도는 충분히 늘릴 수 있어'라고 생각한다면 그것도 나름대로 가치가 있다. 당신이 실제로 성취할 수 있는 소망이 그것이라면 판매를 세 배 늘리겠다는 소망으로 재조정하라.

소망은 언제든지 재조정할 수 있다. 최후로 조정 작업을 마친 소망을 상세하게 적는 것은 그것을 보다 잘 끌어들일 수 있는 방법이다. 그러나 소망이 능력을 지나치게 초과할 경우 진정한 감사의 파동을 발산할 수 없다. 파동이 약하면 원하는 것을 끌어들이지 못한다.

_____ 2단계 - 소망을 뒷받침하는 감정을 확인하라

이 단계는 소망의 의미와 가치를 자신에게 반문해 보고 그것에 대한 느낌을 확인하는 과정이다. 그래야만 그 소망을 당신의 삶으로 끌어들이는 데 성공했을 때 어떤 감정을 느낄지 확실히 예측할 수 있다.

감정은 감사에서 매우 중요한 부분을 차지한다. 감사는 소중히 여김과 고마워하는 마음으로 이루어지는데, 둘 다 감정에서 비롯하는 것들이다. 소망에 대한 감사의 파동을 발산하는 순간 최대한의 감정을 실어 간절하게 실천해야 한다. 그러기 위해서는 소망에 대한 당신의 감정을 확실히 파악할 필요가 있다.

당신은 자신의 소망에 어떤 의미를 부여하는가. 그 소망이 당신에게 진정한 의미가 있을 때만 그것을 소중하게 여길 수 있다. 아이가 빨강과 주황색 크레용으로 멋대로 그린 첫 작품을 당신에게 건네며 자랑스럽게 "해님이야!"라고 말할 때, 당신은 그 그림의 작품성을 떠나서 소중한 보물처럼 여길 것이다. 당신에게 커다란 의미가 있기 때문이다. 그것은 아이의 성장과 발전과 활력을 확인시켜 주는 증거이자, 아이야말로 당신 삶에 기쁨을 주는 존재이며 서로 사랑한다는 사실을 상징하기 때문이다.

다시 우리의 주제로 돌아가서 '나는 판매 수당을 세 배 늘려 한 달에 1만5천 달러를 벌고 싶다'라는 소망에 관해 생각해 보자. 한 달에 1만 5천 달러는 당신에게 어떤 의미인가? "나는 부자가 될 것입니다!" 당신은 흥분해 소리칠 것이다. 그렇다면 지금 기분은 어떤가? "끝내주는군요!" 그밖에 다른 의미는? "그건…." 여기서 당신은 잠시 머뭇거린다. 당연한 반응이다. 우리는 어떤 것에 무슨 의미가 있는지 확실히 파악하지 못하는 경우가 많다. 그러나 자신의 소망에 대한 의미를 분명하게 이해하지 못하면 강력하고 집중적인 감사를 발산하기가 힘들다.

소망의 의미를 파악하는 좋은 방법은 원하는 결과가 실현되었을 때 당신이 할 수 있고, 될 수 있고, 가질 수 있는 것을 생각해 보는 것이다. 당신의 삶은 어떻게 달라질 것인가? 그것이 당신의 주변에 어떤 영향을 미칠 것인가? 당신의 직업은? 당신의 취미나 다른 활동들은 어떻게 변할 것인가?

당신에게 1만5천 달러는 다달이 날아오는 모든 청구서에 신경 쓰지 않고 편안히 지낼 수 있다는 것을 의미할 수 있다. 그러면 당신 기분이 어떨지 반문해 보라. 안정감과 평온함과 안락함이 떠오를 것이다.

그밖에 1만5천 달러가 의미하는 것은? 아이들이나 배우자 또는 부모님께 삶을 즐길 여윳돈을 넉넉히 줄 수도 있다. 그러면 어떤 기분이 들겠는가? 사랑하는 사람들이 기뻐하는 모습을 보는 즐거움을 상상하면 얼굴에 미소가 떠오를 것이다.

또 다른 의미는? 저축을 할 수도 있다. 자동차나 보트, 꿈꾸던 휴가를 위해 허리띠를 졸라매지 않아도 된다. 통장에 돈이 두둑하다고 생각하면 기분이 어떻겠는가? 마음이 흥분되고 신날 것이다. 이제 당신에게 1만5천 달러가 꼭 필요한 이유가 생겼다.

이제까지 생각해 낸 것 이외에 또 다른 의미가 있을까? 당신은 교육 기관이나 사회 봉사 단체에 기부금을 낼 수도 있다. 얼

마나 마음 뿌듯한 일인가! 당신은 세상을 보다 좋은 곳으로 만
드는 데 일조했다는 생각에 흐뭇하고 행복할 것이다. 이런 생각
들은 1만5천 달러를 보다 열렬히 원하는 동기가 된다.

감사는 자신이 가치를 두고 있는 것을 따라가기 마련이다.
당신의 소망이 어떤 의미가 있는지를 깨닫고 그것이 실현되었
을 때 찾아올 감정을 확인한다면, 소망의 감사함과 소중함을 더
욱 간절히 느낄 수 있다. 당신은 이제 강력한 감사의 파동을 발
산할 바탕이 되는 '소중함'과 '감사함'을 마음에 품게 되었다. 그
런 감정은 당신이 확실한 의미를 깨닫고 부여한 것이기 때문에
한결 분명하고 집중적이며 강하게 느껴질 것이다.

_____3단계 - 갈등을 일으키는 생각이나 믿음을
　　　　　뿌리 뽑아라

자신에게 이렇게 반문해 보라. "내가 원하는 소망에 대해 나는
어떤 생각을 갖고 있는가? 그것이 성취될 가능성과 그것을 성취
할 내 능력을 얼마나 확신하는가? 내 소망에 가장 큰 영향을 미
치는 생각은 무엇인가?"

감사의 파동이 강력한 힘을 발휘하기 위해서는 생각이나 믿
음이 당신의 소망을 확실히 뒷받침해야 한다. 예를 들어 '그래,

나는 돈을 좋아해. 열심히 벌어 보자!'라고 각오를 다지다가 잠시 후 주머니에 1달러밖에 없다는 걸 확인하고는 '겨우 1달러밖에 없잖아? 1달러 가지고 무얼 하겠어? 이 돈은 아무 짝에도 쓸모없어'라고 생각한다고 가정해 보자. 이런 모순된 생각은 당신의 파동을 혼란스럽게 만들 것이다.

모순된 생각은 서로의 파동을 상쇄시켜 아무 힘도 발휘하지 못하게 만든다. 부를 추구하면서 돈을 모욕하는 생각을 가지고 있다면 교착 상태에 빠지게 된다. 당신은 돈에 집중하고 분명한 파동을 갖는 대신 혼란스럽고 흐릿한 파동을 갖게 되어 원하는 돈을 끌어들이지 못한다. 파동이 최대한의 힘을 발휘하는 데 필수 요소인 '집중력'이 부족하기 때문이다.

그러나 염려할 필요는 없다. 우리는 누구나 자신이 원하는 일에 대해 모순된 생각이나 믿음을 가지고 있다. 우리에게 필요한 일은 그런 생각과 믿음을 파악해서 적절하게 처리하는 것이다. 그 방법을 소개한다.

돈에 대한 당신의 생각과 믿음을 종이에 적어라. 자신의 믿음을 확인하는 일은 매우 중요하다. 우리는 가끔 믿음과 현실을 혼동하기 때문이다. 그러나 믿음은 당신이 오랫동안 간직해 온 생각의 집합체일 뿐이다. 따라서 다른 생각들과 마찬가지로 얼마든지 바뀔 수 있다. 당신은 자신이 돈 자체와 돈의 장점, 또는 돈을 가진 사람들에 대해 얼마나 부정적인 생각과 믿음을 가지고 있는지 확인하고 놀랄 것이다.

이번에는 당신의 소망에 대해 얼마나 확신이 있는지 점검해 보라. 다시 돈을 예로 들면, 당신은 혹시 '나한테 돌아올 눈먼 돈이 어디 있겠어?'라는 생각을 갖고 있지는 않은가? '돌고 도는 게 돈'이라는 말처럼, 돈은 모든 사람에게 갈 수 있다. 그런데 왜 굳이 당신만 피해 가겠는가? 돈이 많으면 도둑맞을까봐 걱정되는가? 아니면 사람들에게 헤프게 써버릴까봐 염려되는가?

이런 부정적인 생각과 믿음이 소망을 향한 감사의 파동을 산만하게 만든다. 당신의 부정적인 생각과 믿음을 소망과 부합하도록 바꾸어라. 다음 표가 도움이 될 것이다.

돈의 역할에 대한 부정적인 생각을 이상적인 관념으로 바꾸라는 의미가 아니다. '세상에 돈은 항상 부족하다'라는 생각이 하루아침에 '세상에 돈은 항상 풍성하다'라고 바뀔 수는 없다. 당신이 결코 그 사실을 믿지 않기 때문이다. 그러나 '풍족함을 누리는 사람들도 많아. 나도 더 많은 돈을 끌어들이는 법을 배울 수 있어'라고 바뀔 수는 있다. 진정한 믿음은 진정한 감사의 파동을 뒷받침한다.

삶에 대한 당신의 핵심적인 가치관은 무엇인가? 이 가치관은 당신의 믿음에 영향을 미칠 수 있다. 핵심적인 가치관이란 여러 가지 가치관의 밑바탕에 깔려 있는 근본적인 사고방식을 말한다. '삶이란 고달픈 거야. 죽는 게 속 편하지.' '나는 행운아

현재의 믿음	변화된 믿음
돈은 모든 악의 온상이다.	돈이 있으면 좋은 일을 많이 할 수 있다.
1달러는 아무것도 할 수 없는 쓸모없는 것이다.	1달러도 모이면 큰 돈이 된다.
나는 언제나 적자 인생이다.	어쨌든 나는 근근이 꾸려 나가고 있다.
세금 때문에 살 수가 없다.	세금을 많이 낸다는 말은 그만큼 내가 많은 돈을 벌었다는 얘기다.
부자들은 비정하다.	비정한 것은 인간성의 문제지 돈의 문제가 아니다. 많은 부자들이 병원이나 자선단체에 기부금을 내고, 장학금을 지급하며, 선행을 베푼다.
돈이 많으면 사람들에게 이용당하기 쉽다.	가난한 사람들도 이용당하거나 강탈당할 수 있다.
세상에 돈은 항상 부족하다.	풍족함을 누리는 사람들도 많다. 나도 더 많은 돈을 끌어들이는 법을 배울 수 있다.
내가 돈을 얼마나 벌든 곧 낭비하게 될 것이다.	돈은 버는 것보다 관리하는 게 중요하다. 나도 돈을 잘 관리할 수 있다.

야.' '세상에 공짜는 없어. 무언가를 얻으려면 고달프게 일하는 수밖에 없지.' '나는 항상 일이 잘 풀리는 편이야.'

만일 당신이 '삶이란 고달픈 거야. 죽는 게 속 편하지' '세상에 공짜는 없어. 무언가를 얻으려면 고달프게 일하는 수밖에 없지'라는 식의 부정적인 생각을 가지고 있다면, 돈을 많이 벌고 싶은 소망은 이런 가치관의 방해를 받게 된다. 따라서 결과는 뻔하다. 당신 생각대로 돈이 당신에게 오도록 만들려면 힘이 많이 들 것이다.

발산되는 소망의 파동이 약한데 어떻게 돈이 쉽게 올 수 있겠는가. 돈을 소망하는 파동을 발산하면서 "나는 힘든 걸 즐기는 편이야. 그러니까 돈을 벌려면 힘들게 땀을 흘려야 한다는 걸 직접 체험하고 싶어"라고 말하는 사람이 있겠는가. 그러나 당신이 핵심적인 가치관을 확인하고 올바른 조정 과정을 거치지 않는다면 이런 경우가 발생할 수도 있다. 소망에 상반되는 생각과 적절하게 조정된 핵심적인 가치관을 비교한 예를 다음 도표에 소개한다.

현재의 믿음	변화된 믿음
삶이란 고달픈 거야. 죽는 게 속 편하지.	삶에는 굴곡이 있게 마련이야. 나는 지금 점점 상승 곡선을 타고 있는 중이지.
세상에 공짜는 없어. 무언가를 얻으려면 고달프게 일하는 수밖에 없지.	힘들게 일해서 얻어야 하는 것도 있고, 편하게 일하면서 얻는 것도 있지만, 어떤 때는 행운이 하늘에서 뚝 떨어지기도 하지.
내가 아는 것은 그게 전부야.	그것은 내가 어떻게 생각하고, 느끼고, 파동을 보내느냐에 관한 문제야.

일단 당신의 생각이나 믿음을 탐구하는 과정을 거쳤으면, 돈에 대한 긍정적인 생각이나 믿음의 목록을 작성하라. 그리고 이 목록을 돈을 끌어들이는 다짐의 말로 사용하라. 어떤 것을 말로 단언하는 가운데 그것에 현실성이 생겨난다. 이것을 매일 자신에게 되풀이하라. 돈을 지지하는 다짐들은 대개 이런 것들이다.

- ◆ 돈은 좋은 것이다.
- ◆ 돈은 모든 좋은 일을 할 수 있는 밑거름이 된다.
- ◆ 나는 속물이 되지 않고도 부자가 될 수 있다.
- ◆ 돈은 쉽고 즐겁게 내게 올 것이다.
- ◆ 나는 돈을 끌어들이는 자석이다.
- ◆ 내 삶은 점점 나아지고 있다.
- ◆ 나는 항상 일이 잘 풀리는 편이다.

무언가를 되풀이해서 다짐하는 것은 현재의 생각이나 믿음에 힘을 실어 준다. 돈을 지지하는 새로운 생각이나 믿음은 새로운 파동을 발산함으로써 그에 부합하는 일들을 끌어들인다. 돈을 거부하는 생각이나 믿음이 그와 상응하는 일들을 끌어들이는 것과 같은 이치다. '호의는 호의를 끌어들인다'는 사실을 잊지 말라. 매일 다짐을 되풀이한다면 감사의 집중력을 보다 강력하고 견고하게 만들 수 있을 것이다.

_____ 4단계 - 감사의 파동을 발산하라

우리는 이제 모든 기초 공사를 마친 셈이다. 당신은 변화시키거나 끌어들이고 싶은 것들을 이미 선택했다. 그리고 그 소망을 이룬 후에 맛보게 될 감정도 확인했다. 갈등을 일으키는 부정적인 생각이나 믿음도 뿌리 뽑았다. 이제 드디어 감사의 파동을 발산할 시점이 된 것이다.

이 단계는 당신이 현재 가지고 있는 것을 소중하고 고맙게 생각하는 데서부터 시작한다. 그런 다음 방해가 되는 부정적인 생각들을 긍정적으로 바꿈으로써 선명하고, 집중적이고, 강렬한 소망의 파동을 발산할 수 있다.

원하는 것보다 적게 가졌을 경우, 현재 있는 것을 지나치게 무시하는 경향이 있다. 만일 당신이 '청구서 금액이 왜 이렇게 많아'라고 생각한다면 현재의 수입에 불만족하는 것이다. 지금 가지고 있는 돈에 감사하지 않고 써야 할 돈, 갖지 못한 돈에만 초점을 맞추고 있다. 이것은 현재의 상황을 불평하는 자세다.

이런 자세는 뭔가 좋은 것을 끌어들이는 데 방해가 된다. 예를 들어, 돈에 대한 당신의 파동이 비판적이고 불만투성이라면 보다 많은 돈을 끌어들이기 위해 발산하는 파동도 비판적이고 불만투성이일 수밖에 없다. 이미 가지고 있는 돈에 감사하지 못한다면 당신은 더 많은 돈을 끌어들이지 못한다. 이런 부정적인 사고방식 대신에 '나는 현재의 수입으로 청구서를 모두 해결할 수 있는 걸 감사하게 생각해'라는 믿음을 갖자. 이런 믿음은 돈에 대해 긍정적인 파동을 발산하게 만든다. 현재 가지고 있는 돈에 진심으로 감사하는 것은 보다 많은 돈을 끌어들이는 밑거름이다. 만일 통장에 1센트밖에 남아 있지 않더라도 그것을 보물처럼 생각하라. 지금도 많은 재산을 가지고 있지만 더 갖길 원한다면, 현재 있는 것에 깊이 감사하라. 당신이 가지고 있는 돈이 많든 적든 그것을 소중하고 고맙게 여기는 마음을 발전시켜라.

"잠깐만요!" 당신은 이렇게 말할 수도 있다. "만일 제가 1센트에 만족한다면 저는 1센트 인생밖에 될 수 없는 거 아닌가요?" 물론 보다 많은 돈을 위한 소망의 파동을 발산시키지 않는다면 그럴 것이다. 당신이 발산하는 특정한 소망의 파동과 돈에 대한 일반적인 감사를 혼동하지 말라. 지금 가진 돈에 감사하는 것은 원하는 돈을 끌어들이는 밑거름일 뿐이다. 당신의 목표는 현재의 돈이 아니다.

만일 당신이 현재 아무것도 가진 게 없어서 원점에서부터 출발해야 할 입장이라면, 원하는 것에 대한 감사는 더욱 중요한 의미를 지닌다. 돈을 한 푼도 가지고 있지 않다고 해서 돈을 소중하고 고맙게 생각하는 데 장애가 되는 건 아니다. 따라서 '나는 돈이 한 푼도 없어. 나는 무능한 사람이야'라는 생각에서 벗어나 '다른 사람들은 풍족하게 지내고 있잖아. 나라고 못 할 게 뭐가 있어?' 또는 '돈은 좋은 거야. 나도 그 달콤함을 맛보고 싶어'라는 다짐을 되풀이하라. 당신의 다짐은 소망의 주변에 긍정적인 파동을 발산할 것이다.

이미 가지고 있는 것을 소중히 여기고 감사하는 마음을 충분히 갖추었다면, 이제 소망의 파동을 발산시켜야 할 때다. 방해받거나 마음이 산란해지지 않을 장소를 택해 편안한 자세로 앉은 다음 눈을 감아라. 당신이 끌어들이기를 원하는 소망의 가치를 모두 생각해 보라. 그리고 그것이 당신에게 주는 유익한 점을 열거해 보라. 당신에게 진정한 의미를 줄 수 있는, 개인적이고 친숙한 단어를 사용해 생각하라.

돈을 예로 들면, '여행을 갈 수 있게 해줄 거야'라는 식의 일반적인 단어 말고 보다 개인적이고 구체적인 말을 사용하라. '가족들과 디즈니랜드로 크루즈 여행을 갈 수 있게 해줄 거야.' 당신의 소망이 가져다줄 멋진 일들을 그려 보며 진심으로 감사하라. '보다 많은 돈'이 보장해 주는 안락함과 평온함을 소중하고 고맙게 생각하라. 강한 열정을 가지고 감사하는 마음을 소망에 집중하라.

소중하고, 귀하고, 고맙고, 보물처럼 여기는 '감사의 마음'을 3~5분 정도 지속하라. 필요하다면 바이오도트의 도움을 받아 색깔의 변화를 살피며 긴장을 풀어라. 나머지는 파동에 맡겨라.

당신의 감사 파동은 이제 발산되었고 그 파동과 부합하는 파동을 찾아 나설 것이다. 감사는 보다 많은 감사할 일을 끌어들이는 힘이 있다.

만일 당신이 선명하고 집중적인 감사의 파동을 가지고 있다면 당신의 소망은 놀라운 속도로 감사할 일들을 끌어들인다. 그러나 감사와는 거리가 먼 '만일 ___라면'이라는 생각이 끼어들면 파동은 힘을 잃는다. "만일 이게 먹히지 않으면 어쩌지?" "만일 아무 일도 일어나지 않는다면?" "만일 내가 지금 제대로 하고 있는 게 아니라면?"

목록을 대자면 한이 없다. 이런 '만일 ___라면'은 걱정, 두려움, 의심 또는 이 세 가지 모두를 반영한다. 걱정, 두려움, 의심은 감사와는 잘 어울리지 못한다. 당신이 걱정하거나, 두려워하거나, 의심하는 일을 진심으로 소중하고 고맙게 여기기는 힘들기 때문이다. 당신의 파동은 혼란스러워질 테고 그런 파동으로는 당신이 추구하는 것을 끌어오지 못한다.

만일 감사의 파동에 걱정과 두려움과 의심을 허락한다면 당신의 노력은 자기만족으로 끝나게 될 것이다. 당신의 파동은 집중력이 부족해 원하는 소망을 끌어들이지 못한다. 소망의 파동을 발산하려는 순간 걱정이나 두려움, 의심이 머리를 스치거든 이렇게 말하라. "지금은 그런 생각을 할 필요가 없어." 그리고 당신의 소망에 소중함과 감사함을 싣는 일에 전념하라.

그런 걱정, 두려움, 의심은 나중에 점검함으로써 오히려 감사를 지원해 주는 긍정적인 생각으로 바꿀 수도 있다. 다음 도표에 몇 가지 예를 소개한다.

걱정, 두려움, 의심	보다 긍정적인 생각
만일 효과가 없으면 어떻게 하지? 나는 원점으로 되돌아가야 할 거야.	만일 효과가 없다고 해도 다시 시도해 볼 수 있어. 한번 경험이 있으니까 더 잘할 수 있을 거야.
오히려 나쁜 일을 끌어들이게 되면 어쩌지?	나는 매우 특별한 파동을 내보냈어. 호의는 호의를 끌어들인다는 법칙이 작용할 거라고 믿어.
내가 파동을 제대로 발산하지 못해서 아무것도 끌어들이지 못한다면?	나는 소중하게 여기고 가치 있게 생각하는 일에 최선을 다했어. 그리고 강력하고 집중적인 감사의 파동을 발산했기 때문에 원하는 것을 끌어들일 수 있을 거야.
내 파동이 너무 약하지 않았을까?	노력하면 보다 강력한 파동을 발산할 수 있을 거야.
내가 원하는 것이 나를 원하지 않는다면?	파동은 비슷한 파동을 찾아가게 되어 있어. 내가 확신을 가지고 소망을 발산하는 한 내 감사의 파동은 반드시 효과를 가져올 거라고 믿어.
내 방법이 틀리지 않았을까?	완벽하게 하지 못했어도 괜찮을 거야. 나는 최선을 다했고 자꾸 연습하면 점점 나아지겠지.

소망을 발산하게 된 걸 진심으로 축하한다! 이제 당신은 소망을 이룰 준비 작업을 마친 것이다. 다음 단계는 감사의 힘이 올바로 작용했는지 확인하는 과정이다.

_____ 5단계 – 감사의 힘이 작용하도록 만들어라

일단 소망에 대한 감사의 파동을 발산했으면 기쁨과 흥분 속에서 기대감을 갖고 삶에 그 징조가 나타나는지 주의를 기울여라. 베개 밑에 1만5천 달러가 들어 있기를 기대하거나, 내일 아침 직장 상사가 당신에게 미소를 지으며 다가와 급여를 세 배 올려주겠다고 말하길 기다려 보라는 뜻이 아니다.

감사의 파동이 소망을 이룰 수 있도록 도와줄 사람이나 경험, 상황을 끌어들이기 시작한다는 의미다. 당신의 임무는 감사의 힘이 '작용하도록 만드는 것'이다. 소망이 이루어지는 징조를 예민하게 포착하고, 더 많이 감사하며, 당신이 끌어들일 놀라운 파동을 향해 문을 활짝 열고, 소망을 뒷받침하는 태도와 느낌을 의식적으로 갖는 것이다.

예를 들어, '세 배의 판매' 파동은 일상생활 안에서 시작될 것이다. 당신은 보다 많은 고객을 끌어들일 아이디어를 우연히 귀동냥해서 듣게 될 수도 있고, 회사 게시판에서 고객용 판촉물에 관한 정보를 얻을 수도 있다. 또는 상사가 골칫거리 고객의 명단을 넘겨줄 수도 있다.

이것이 바로 감사가 작용하기 시작하는 출발점이다. 소망을 단번에 충족시켜 주는 일이 아닐지라도 감사하고 귀하게 여겨라. 아무리 사소한 일에도 주의를 기울이고 그냥 지나쳐 버리지 말라.

예를 들어, 고객을 끌어들일 아이디어를 우연히 얻어 들었을 경우, '좋은 아이디어'라는 생각으로만 그치지 말고 그 아이디어가 1만5천 달러라는 소망의 길로 이끌어줄 수도 있다는 사실을 명심하고 적절한 행동을 취하라.

게시판에서 고객용 판촉물에 관한 정보를 얻었으면 바로 고객에게 전화를 걸어 전해 주라.

그리고 상사가 "스미스 씨, 아무도 이 골칫거리 고객을 맡으려고 하질 않아. 어때, 자네가 맡아 보겠나?"라고 말할 때 '젠장, 재수 없게 또 골치 아픈 고객이야'라고 생각하지 말고 새로운 기회에 감사하라. '그래, 그 늙은 스크루지 영감님의 마음을 돌려놓을 수 있을지도 몰라. 혹시 알아? 한번 도전해볼 가치가 있는 일이야.'

감사의 파동이 당신의 소망을 실현시키기 위해 만들어 내는 여러 징조들에 항상 신경을 곤두세워라. 그리고 당신에게 찾아오는 기회와 아이디어들을 소중하고 고맙게 생각하라. 물론 그에 따른 적절한 행동을 취하는 것도 잊지 말라.

감사의 파동이 일단 발산된 후에는 결코 감사하기를 중단해서는 안 된다. 강렬한 감사의 파동을 발산하는 과정에서 지속적인 감사는 최초의 행동이자 최후의 목표다. 그러나 감사하는 것만이 전부가 아니다.

당신의 소망은 그것을 채워 가기 위해 일련의 사건들을 끌어들이고 그것을 통해 성취된다. 초기에 찾아오는 기회는 소망의 파동이 끌어들인 싹이 움트기 시작한 결과다. 이 초기 기회를 놓치지 말고 적절한 행동을 취하는 것이 매우 중요하다. 어떤 현상을 현실로 바꿔 놓으려면 행동이 필요하다. 분별력과 냉철한 판단력을 이용해 당신에게 찾아온 기회를 살릴지 말지 결정하라. 모든 기회에 다 반응할 수는 없기 때문이다.

또한 감사의 파동을 발산할 때 파동이 어떤 방향으로든 갈 수 있도록 열린 마음을 가져라. 전혀 기대하지 않았던 사건이나 놀라운 상황도 기꺼이 받아들일 자세를 갖추어라. 당신이 파동의 범위를 넓히면 넓힐수록 파동은 당신이 원하는 것과 쉽게 조화를 이룰 수 있기 때문에 보다 빨리 그것을 삶으로 끌어들이게 된다.

물론 소망이 충족되기 위해서는 적절한 선택을 해야 하는 마지막 관문이 남아 있다. 적절한 선택을 하는 훈련은 매우 중요하다. 아무리 강력한 감사의 파동을 보낸다 해도 스미스 씨가

스크루지 영감님에 대한 부정적인 생각을 버리지 못한다면 아무것도 이루어지지 않는다.

만일 당신이 부주의한 탓에 슈퍼마켓에서 미끄러져 넘어졌다고 가정하자. 누군가가 "이봐요, 바닥에 있는 물 때문에 넘어졌으니 슈퍼마켓을 상대로 고소하면 1만5천 달러는 받을 수 있을 거요"라고 부추긴다고 그 말에 따를 것인가? 다시 말해서, 당신의 감사 파동은 많은 일들을 끌어들이지만 그것을 취할지 말지 선택해야 한다. 자신의 핵심적인 가치관에 부합되는 파동을 선택하고, 그것을 소중하고 고맙게 생각하거나 적절한 행동을 취하는 등의 모든 판단은 당신에게 달려 있다.

그러나 모든 가능성에 마음의 문을 열어 놓아야 한다. 전혀 예상하지 못했던 결과가 찾아올 수도 있기 때문이다. 예를 들어, 당신이 '슈퍼마켓을 고소하지 않는' 신사다운 태도를 누군가가 목격하고 그 정직성을 높이 평가해서 보다 많은 돈을 벌 수 있는 직업을 제공할지 누가 알겠는가. 감사의 파동은 당신의 소망을 실현시켜 줄 온갖 기발하고 놀라운 방법들을 끌어들이는 힘이 있다.

이런 놀라운 기회들은 초기에는 불행한 일을 초래할 수도 있다. 예를 들어, 당신이 세 배의 수입을 위한 감사의 파동을 발산한 지 며칠 지나지 않아 해고를 당했다고 가정해 보자. 당신은 이렇게 소리칠 것이다. "젠장, 이건 내가 원하던 게 아냐!" 그러나 현재 직장에서는 아무리 노력해도 '세 배의 수입'을 올리기가 힘들었을지도 모른다. 감사의 파동을 발산하는 동안 충격적이거나 심지어 고통스러운 경험을 하게 되더라도 절망하지 말라. 당신은 다음 기회를 기다리는 동안 새로운 기술을 습득하고, 능력을 강화하고, 단점을 보강할 수 있다.

이런 준비 과정을 거치는 동안 '세 배의 수입'을 위한 감사의 파동은 그 소망을 실현시키는 데 도움이 되는 사람이나 상황을 끌어들일 것이다. 당신은 다가오는 결과에 감사하며 앞으로 나아가기만 하면 된다.

감사를 작동시킬 때는 마음 자세를 새롭게 가다듬어라. 당신의 소망이 충족되길 간절히 기대하며 인내심을 발휘하라. 조바심을 내며 파동을 테스트하려고 들지 말라. 어린아이처럼 "아직 돈이 안 생기잖아" "왜 아직 안 나타나는 거야"라고 보챈다고 원하는 결과를 빨리 얻는 것이 아니다.

믿음을 갖고 인내하며 기다려라. 강렬한 파동을 발산시켰으면 그 파동이 자신과 일치하는 파동을 끌어 오리라는 확신을 가져라. 이것은 과학적인 현상이므로 반드시 이루어진다! 당신의 소망에 정기적으로 소중함과 진심 어린 감사를 보내며, 현재 가진 것에 감사하는 마음도 잊지 말라. 소망이 충족되길 기다리는 동안 어떤 징조가 나타나든 지속적으로 소중함과 감사를 표현하라. 당신의 감사 파동은 힘이 더욱 커져 보다 빠르고 쉽게 소망을 끌어올 것이다.

당신은 행복한 기대감으로 충만한가? 크고 작은 징조들을 통해 소망이 충족되고 있는 것을 느낄 수 있는가?

소망에 대한 행복한 기대감을 잃지 않는 것이 매우 중요하다. 그것은 당신이 열망에 빠지는 것을 방지해 준다. '열망'에는 원하는 것을 못 가진 데 대한 불만이 포함되어 있다. 따라서 열망은 감사와 공존할 수 없다. 어떤 것을 소중하고 감사하게 생각하는 동시에 열망하도록 노력해 보라. 그러면 그것이 불가능하다는 걸 깨닫게 될 것이다. 소망하는 것을 열망하기보다 감사하는 쪽을 택하라. 그러면 보다 쉽게 그것을 끌어들일 수 있다.

이제 감사의 힘을 사용하는 5단계를 모두 살펴보았다. 이 5단계를 차근차근 실천하다 보면 감사가 만들어 내는 마법 같은 세계를 경험하게 될 것이다. 당신이 손쉽게 가지고 다니면서 실천할 수 있도록 5단계를 간단하게 요약해 놓았다. 어떤 소망이든 이 단계를 적용해 보라. 계모가 당신을 존중하도록 해달라는 것이든, 건강을 증진시키거나 사랑하는 사람과의 관계를 변화시키는 것이든, 원하는 직장을 얻는 것이든 무엇에나 효과를 발휘할 것이다.

다음 5장에서는 인간관계와 직업에 대해 5단계를 적용시키는 방법을 다루겠다.

감사의 힘을 적용하는 5단계

1단계 - 변화시키거나 끌어들이고 싶은 일을 선택하라

♦ 당신이 원하는 것을 구체적으로 확인하라.
♦ 당신의 소망이 이루어질 가능성이 있는지 판단하라.
♦ 필요하다면 가능성이 있는 것으로 재조정하라.

2단계 - 소망을 뒷받침하는 감정을 확인하라

♦ 당신의 소망이 어떤 의미가 있는지, 그리고 당신에게 얼마나 가치 있는지 반문해 보라.
♦ 당신이 소망에 대해 기대하는 감정들을 탐구해 보라.
♦ 소중하고 고마운 감정을 갖도록 노력하라.

3단계 - 갈등을 일으키는 생각이나 믿음을 뿌리 뽑아라

♦ 당신의 소망에 대해 어떤 믿음을 가지고 있는지 확인하라.
♦ 그것이 성취될 가능성과 성취할 수 있는 당신의 능력에 대해 어떤 믿음을 가지고 있는지 점검해 보라.
♦ 부정적이고 방해가 되는 믿음을 긍정적인 것으로 바꾸어라.
♦ 삶에 대한 핵심적인 가치관 중 부정적인 것을 찾아내어 변화시켜라.
♦ 새로 변화된 믿음을 뒷받침해 주는 다짐을 되풀이하라.

4단계-감사의 파동을 발산하라

◆ 이미 가지고 있는 것에 감사하라.
◆ 당신의 소망을 집중적이고 강렬한 감사의 파동에 실어 발산하라.
◆ 감사를 가로막는 걱정이나 두려움, 의심을 제거하라.

5단계-감사의 힘이 작용하도록 만들어라

◆ 당신의 소망이 실현되는 징조에 예민해져라.
◆ 적절한 행동을 취하라.
◆ 파동이 끌어들일 여러 가능성에 문을 열어두라.
◆ 신뢰와 희망과 행복한 기대감을 가져라.

5

감사는 관계를 치유한다

The
Power of
Appreciation

당신의 삶에서 중요한 인간관계 즉 배우자나 파트너, 친구, 가
족 등은 행복에 가장 큰 영향을 미친다. 감사는 이런 인간관계
에서 느끼는 행복의 수준을 변화시키는 놀라운 힘이 있다. 여기
서는 주로 파트너와의 관계를 변화시키고 끌어들이는 방법에
초점을 맞췄지만, 여기에 소개하는 개념과 기술은 모든 인간관
계에 적용할 수 있다.

_____ 관계는 이렇게 시작된다

결혼을 하면서 "앞으로 5년 안에 우리는 서로를 미워하게 될 거
고 결국 이혼하게 될 거야"라고 말하는 사람은 아무도 없을 것
이다.

또한 중요한 인간관계를 시작하면서 이렇게 생각하는 사람
도 없을 것이다.

'3년 안에 나는 불행해질 거야.' '6개월만 지나면 나는 이 사
람을 바라보며 이렇게 생각할 텐데. 내가 눈에 뭔가 씌었던 게
틀림없어. 우리는 전혀 공통점이 없다구.' '8개월 정도 지나면
나는 이 사람에게 싫증이 날 게 틀림없어.' '2년이 지나면 이 사
람 목소리만 들어도 소름이 끼치겠지.' '4년이 지나면 나는 학대
의 희생양이 되어 있을 거야.' '7년을 함께 살면 나는 이 사람을
때려죽이고 싶은 마음이 들지도 몰라.'

처음 사랑에 빠지거나 인간관계를 맺을 때 "이 사람과 있으
면 천국에 있는 기분이야. 우리는 행복하게 오래오래 살 거야"
라고 말하며 희망과 기대에 차게 된다. 그런데 막상 어떤 일이
생기는가? 왜 처음에는 멋지게 시작된 관계가 시간이 흐르면서
시들해지는가? 우리는 모두 어리석었고, 너무 순진했으며, 뭔가
잘못 생각했던 걸까?

그게 아니다. 우리는 단지 감사하는 마음을 잃은 것뿐이다.

_____ 사랑에 빠지면 모든 일에 감사하게 된다

사랑에 빠졌을 때 사랑하는 사람에게 감사하는 것은 호흡을 하

듯이 자연스러운 일이다. 당신은 사랑하는 사람의 모든 말이나 행동에 도취된다. 그리고 보물찾기를 하듯 상대방에게서 소중한 것들을 찾으려고 애쓴다. 함께 있는 모든 시간이 너무 황홀하다. 사랑하는 사람의 입술에서 나오는 말 한마디 한마디가 보석처럼 귀하다. 밤늦게 주고받는 전화와 사랑이 담긴 이메일이 너무 행복하다. 당신을 바라보는 그 사람의 눈길 또한 그렇게 소중할 수가 없다. 이 모든 것에 당신은 진심으로 감사한 마음을 갖는다.

당신은 배우자가 태어난 날에 감사하며, 또 당신과 처음 만난 날을 잊지 못할 것이다. 그 사람으로 인해 달라진 자신의 모습에 놀라며 고마워할 것이다. 그 사람을 만나기 전에는 삶이 얼마나 지루하고 따분했던가. 그러나 지금은 활력이 넘치며 빛나고 있다. 당신은 그 사람을 만난 걸 행운으로 생각할 것이다. 처음 만나던 순간을 되새기며 소중한 만남과 그 후 함께 지내온 시간들에 진심으로 감사하는 마음을 가질 것이다. 당신은 지금 모든 것에 끊임없이 진심으로 감사하는 상태다.

그로부터 2년 후, 당신은 배우자가 현관문을 열고 들어와도 눈길조차 보내지 않는다. "오늘 어땠어?"라고 건성으로 물어보고, 하던 일에 다시 집중한다. 그리고 상대방이 어떻게 지냈는지 얘기해도 귀담아듣지 않다가 "오늘 저녁 식사는 뭐야?"라는 말에 신경질적으로 반응한다.

'혼자 차려 먹으면 어디가 덧나나?' 당신은 속으로 투덜거리면서 목소리를 가다듬고 "먹고 싶은 게 뭔데?" 하고 묻는다. "그 말은 또 시켜 먹자는 뜻으로 들리는군." 상대방은 침실 문을 꽝 닫으면서 대꾸한다. 당신은 한숨을 내쉬며 한탄한다. "오, 내 결혼 생활이 이렇게 비참할 줄은 몰랐어."

_____ 감사가 없는 사랑은 빛을 잃는다

앞서 예로 든 시나리오에서는 티끌만큼의 감사도 찾아볼 수 없다. 소중함은 그림자도 없고 감사의 속삭임도 들리지 않는다. 그러나 끊임없이 넘쳐나는 감사가 없다면 사랑은 빛을 잃는다. 감사가 없는 사랑은 서로의 마음에 상처만 주다가, 결국 습관적으로 함께 있는 것 외에는 아무것도 남지 않는다.

서로의 관계에서 사랑이 사라지면 먼저 상대방에 대한 불만이 터져 나온다. "당신은 더 이상 나한테 관심이 없어!" "당신이 나한테 해준 게 뭐야?"

우리는 흔히 이런 비난을 일삼지만, 항의하는 자신 또한 파트너에게 관심이 없기는 마찬가지다. 관심이 없다는 말은 예전처럼 상대방이나 서로의 관계를 소중하게 여기지 않으며, 파트너가 자신의 삶 속에 존재하는 걸 감사하지 않는다는 뜻이다.

감사는 사랑을 회복시킨다

다행히도 감사는 가장 쉽게 재생되는 에너지다. 비판적이거나 부정적인 생각 대신에 감사하는 마음을 먹으면 모든 것이 곧바로 달라질 수 있다. 당신이 파트너나 서로의 관계에 대한 생각을 바꾸면 감정도 따라서 달라진다. 일단 관계 속에서 감사를 회복하면 사랑은 다시 넘치게 된다.

감사 모임 회원인 에린은 자신의 경험을 이렇게 털어놓았다.

"저는 남편을 소중하게 여기기보다 남편이 저를 속상하게 만드는 일에만 초점을 맞추고 살았어요. 심지어 남편보다 신문을 배달해 주는 소년에게 더 고마움을 느낄 정도였죠. 하지만 지금은 달라졌어요. 저는 창문 밖에 서 있거나 전화를 받는 남편을 바라볼 때마다 얼마나 감사한 마음이 드는지 몰라요. 그리고 그동안 소원했던 부부관계도 너무 달콤하게 변했어요."

그러나 감사만으로 금이 간 사랑이 저절로 회복되는 경우는 드물고, 다른 기술과 테크닉이 필요하다. 대화를 나누는 기술, 서로 의견을 조정하고 타협하는 기술, 상대방을 즐겁게 해주려는 자세를 비롯해서 서로 믿고 의지하며 자상한 관심과 적극적인 도움을 베풀어야 한다. 감사는 이런 방법들이 효과적이고 성공적인 결과를 얻도록 후원하고 촉진한다. 감사는 그 위에 튼튼하고 행복한 사랑의 관계를 건설해 나갈 수 있는 군건한 반석이라고 할 수 있다.

그렇다면 처음에는 기쁨이 넘쳤던 감사가 '넌 말해라, 난 듣지 않는다'는 태도로 변하기까지 어떤 과정을 거쳤을까?

_____ 비판, 경멸, 변명, 회피 – 사랑을 죽이는 괴물들

20년 이상 커플들의 행동을 연구해온 워싱턴 대학의 심리학 교수 존 고트만John Gottman 박사는 저서《결혼이 성공하거나 실패하는 원인(Why Marriages Succeed or Fail)》에서 결혼 생활의 역학 관계를 증명하는, 놀랍도록 정확한 도표를 제시했다. 여기에는 성공과 실패의 원인이 상세하게 드러나 있다.

고트만 박사는 효과적인 대화를 방해하는 네 가지 요인을 '〈요한계시록〉의 말 탄 네 명의 기사(각각 다른 재앙을 불러오는 흰말, 붉은 말, 검은 말, 청황색 말을 탄 기사)'라고 명명했다. 이 네 가지 요인은 반드시 불행을 몰고 온다.

비판, 경멸, 변명, 회피라는 요인은 크든 작든 간에 위험 요소로 작용한다. 이런 행동들이 늘어날수록 좋은 감정은 뒷전으로 밀려나기 때문에 두 사람은 서로의 장점 또는 관계의 좋은 점을 찾아내기가 점점 더 어려워진다. 비판과 경멸은 상대방을 변명과 회피로 몰고 간다. 고트만 박사는 상대방에 대한 모욕을 파괴력이 강한 무기에 비유하면서 '경멸은 결혼 생활을 좀먹는 가장 큰 요인'이라고 강조했다.

＿＿＿＿＿ 비판과 경멸의 해독제는 감사

고트만 박사가 제시한 '비판과 경멸에 대한 처방'은 사랑과 존경이다. 감사는 이 사랑과 존경을 실천하게 만드는 원동력이다. 비판과 경멸의 강력한 해독제인 감사는 서로 상처를 주는 관계를 사랑이 충만한 관계로 변화시키는 힘이 있다. 그리고 이제 막 움트기 시작한 인간관계가 피할 수 없는 갈등과 불화의 성장기를 잘 극복하고 기쁨이 충만한 완성 단계에 이르도록 이끌어 준다. 그 과정에서 비판과 경멸이라는 골짜기로 떨어지지 않도록 보호해 준다.

그러면 어디서부터 시작해야 할까? 감사를 이용해 두 사람의 관계에 그 마법 같은 힘이 작용하도록 만들려면 어떻게 해야 할까?

_____ 천생연분이 따로 있는 게 아니다

사람들은 흔히 좋은 인간관계를 유지하려면 '잘 맞는 사람'을 만나야 한다고 생각한다. 그러나 그것은 하나의 조건일 뿐이다. 아주 극단적인 경우를 제외하고 대부분의 사람들은 '잘 맞는 사람'이 될 수 있다. 인간관계의 행복은 누구를 만나느냐 하는 것보다 상대방을 어떤 눈으로 바라보느냐에 달려 있다.

예를 들면, 처음 사랑에 빠졌을 때 당신은 자신의 냉정하고 경직된 태도와 잘 조화를 이루는 상대방의 부드러움과 여유 있는 태도에 반했을 것이다. 그러나 6개월 정도 지나 당신이 원했던 것처럼 환상적인 조화가 이루어지지 않을 때 상대방의 부드러움은 게으름으로 재평가된다.

파트너는 항상 그대로인데 당신의 시각이 바뀐 것이다. 상대방의 입장에서 봤을 때, 별로 의욕이 없는(부드러운 성격이므로) 파트너에게 무언가를 열심히 해주길 기대하며 잔소리를 해대기 전까지 당신의 단호함은 칭송의 대상이었다. 그러나 이 시점에서 당신의 단호함은 '상대방을 지배하려는 태도'로 여겨지며, 당신은 '심술 맞은 아내'로 변하게 된다. 당신은 변한 것이 없는데 파트너의 인식이 달라진 것이다.

이런 인식은 또한 순간적인 감정에도 영향을 받는다. 부당한 대우를 받거나, 화가 나거나, 파트너에게 상처받은 상태라면 당신은 상대방이 잘해준 일은 잊어버리고 속상하게 했던 일에만 초점을 맞추게 된다.

예를 들어, 당신은 파트너가 아이들을 얼마나 사랑하는지를 무시한 채 그의 무능한 면에만 초점을 맞출 수 있다. 물론 둘 다 사실이다. 또 파트너는 생활을 잘 꾸려가는 당신의 능력에는 관심이 없고 자기가 좋아하는 스포츠를 경멸했던 태도에만 초점을 맞추게 된다. 이것도 둘 다 사실이다.

그러나 당신이 싫어하고, 소중히 여기지 않고, 가치를 인정하지 않는 파트너의 단점에만 초점을 맞춘다면 분노에 휩싸일 수밖에 없다. 반면 당신이 좋아하고, 소중하게 여기고, 가치를 인정하는 장점을 보려고 한다면 마음속에 사랑이 충만하게 차오를 것이다. 사랑이 차고 넘치느냐 부족하냐 하는 것은 모두 어디에 초점을 맞추느냐에 달려 있다.

당신이 파트너에 대해 불안해 하고 안달하며, 화를 내고 염려한다면 상대방의 행동을 부정적으로 해석할 가능성이 커진다. 당신은 파트너가 양말을 아무 데나 벗어 놓는 행동을 보며 자신이 무시당한다고 생각한다. 또 당신이 차갑게 식은 피자를 저녁 식사라고 식탁에 던질 때, 상대방은 당신이 자기를 차가운 피자도 감지덕지하는 얼간이로 여긴다고 생각한다.

당신이 상대방의 행동에 대해 느끼는 모든 감정은 행동 그 자체보다 당신의 해석에 따라 달라진다.

우리는 모든 행동을 관심이 있는 것과 없는 것, 존경하는 것과 존경하지 않는 것처럼 흑백논리로만 해석하려고 든다. 그러나 파트너는 당신과 사고방식이 다를 수 있다. 만일 파트너가 집을 나서면서 "사랑해"라고 말하지 않았을 때 당신은 이것을 "그는 더 이상 나한테 관심이 없어"라고 해석할 것이다. 그러나 파트너는 단지 "늦어서 바빠 서두르느라고 다른 것을 생각할 틈이 없었어"라고 말할 수도 있다. 또 파트너가 동료 앞에서 당신을 "우리 땅딸보 마나님"이라고 불렀을 때 당신은 이것을 존중하지 않는 태도로 해석하는 반면, 파트너는 사랑스럽게 표현한 것일 수도 있다.

대부분의 경우 우리는 파트너의 행동에 부여된 의미를 물어보려고 하지 않는다. 만일 물어본다고 해도 싸움의 원인만 될 뿐이다. 예를 들어, 파트너가 너무 바빠서 "사랑해"라고 말하지 못했다고 하면, 당신은 "하지만 당신이 진정 나를 사랑한다면 '사랑해'라고 말하는 걸 잊지는 않았을 거야. 내게 정말 관심이 없는 게 분명해"라고 몰아붙인다.

인지요법의 창시자인 아에론 T. 벡Aaron T. Beck 박사는 수백 명의 커플들을 상대로 연구한 결과를 《사랑은 결코 충분하지 않다(Love Is Never Enough)》라는 저서에 설명해 놓았다. 일단 어떤 행동을 관심이나 존경이 부족한 것으로 규정 지은 파트너는 다른 행동에 대해서도 계속 이런 생각을 적용한다는 것이다. 마치 눈덩이를 굴리면 점점 커지는 것과 같은 이치다. 이럴 경우 상대방의 소중한 특성(예민함, 사려 깊음, 자상함)이 그와 정반대로 대치되는 특성(둔감함, 경솔함, 자상하지 않음)으로 바뀐다. 벡 박사는 이것을 '대 반전(Grand Reversal)'이라고 명명했다. 이런 사고방식은 인간관계를 파괴한다.

반면, 감사는 파트너의 행동을 긍정적인 시선으로 바라보게 만들며 그 행동을 소중하고 고맙게 여기도록 인도한다. 파트너의 말과 행동을 감사의 눈으로 해석하다 보면 마음속에 사랑의 감정이 점차 쌓여 간다.

테리는 남자친구의 행동에 대한 평가를 중단하고 감사하기 시작했을 때 전체적인 시각이 어떻게 변했는지를 이렇게 회상했다.

"저는 남자친구가 '설거지해 줘서 고마워'라고 말할 때마다 '혹시 다음번에도 설거지를 해 주길 바라고 하는 말이 아닐까?'라고 생각했어요. 그리고 다른 한편으로는 '그럼 어때. 의도적이라고 해도 최소한 그는 감사하고 있잖아'라고도 생각했지요. 하지만 그런 제 추측은 잘못된 것이었어요. 그는 제가 무슨 일을 대신 해 주길 바라고 한 말이 아니었으며, 제가 도와주면 그것에 대해 매우 고맙게 생각했어요!"

당신이 파트너에게 감사하면 할수록 감사할 일을 더 많이 발견하게 된다. 서로 관계가 좋을 때 파트너에게 많이 감사하고 그것을 비축해 두면 어려운 시기에 큰 도움이 된다. 많이 감사한다고 해서 힘든 시기가 오지 않는 건 아니다. 그러나 감사는 그런 시기를 큰 상처나 손상 없이 잘 넘기게 해 주며 관계를 오히려 풍성하고 밀접하게 만들어 주기도 한다. 감사 모임 회원인 토마스의 경험이다.

"저는 부정적인 생각에 빠져 에너지를 낭비하면서 살아왔습니다. 그런데 어느 날 그 힘을 긍정적인 생각에 사용해 보자는 깨달음이 오더군요. 저는 바로 행동으로 옮겼고, 모든 일을 긍정적인 방향으로 생각하게 되었습니다."

이런 긍정적인 생각은 서로의 관계를 보다 밀접하게 만드는 힘이 있다.

_____ 감사 리스트를 작성하라

파트너에 대해 감사할 점을 찾아 모두 종이에 적어 보라. 크든 작든, 중요한 일이든 사소한 일이든 생각나는 모든 것을 빼놓지 말라. 만일 발가락 하나하나를 수건으로 정성들여 닦는 상대방의 모습을 좋아한다면 그것도 적는다. 그 옆에 그가 항상 당신을 얼마나 즐겁게 해주는지도 기록하라. 이 목록은 오직 당신만을 위한 것이므로 다른 사람은 염두에 두지 말고 소신껏 적어

라. 여러 날에 걸쳐 목록을 작성하면서 파트너에게 고마운 일이나 소중한 점이 생각나면 첨가하라. 되도록 감사할 일을 많이 찾도록 적극 노력하라. 당신이 그에게 많이 감사하면 할수록 사랑의 감정이 더 커지기 때문이다.

다음에는, 좋아하거나 소중히 여길 수 없는 점을 적어라. 그리고 각 목록에서 감사할 일을 찾아보라. 예를 들어, 스포츠에 열중하는 그를 싫어하지만 스포츠가 그를 행복하게 해준다는 점은 감사할 수 있다. 감사할 일을 구체적으로 기록하라. 그가 팀에서 적극적이고 헌신적으로 활동하는 모습에 감사할 수 있다. 당신에게 헌신하는 태도와 같은 맥락이기 때문이다. 당신은 스포츠가 그에게 활기와 생동감을 안겨 주는 것에도 감사할 수 있다. 또 그가 회사 동료들과 스포츠에 관해 대화를 나눌 수 있는 것에도 감사할 수 있다. 이런 감사들은 당신의 부정적인 파동을 정화시키는 데 도움이 된다. '그가 스포츠에 빠지는 게 싫어'라는 부정적인 생각을 버린다면 당신의 감사 파동은 보다 강력해져서 파트너에게 풍성한 사랑을 보낼 것이다.

하지만 여기에는 훈련이 필요하다. 다음에 파트너가 축구 경기를 즐기기 위해 TV 앞에 앉았을 때 '또 축구 경기야?'라는, 관계를 악화시키는 생각을 중단하고 대신에 그의 행동에서 감사할 점을 찾아내라. "그래, 그가 행복해 하잖아. 그러면 됐지!" 또는 "항상 팀을 위해 저렇게 헌신하다니 정말 성실한 사람이야." "이런 행동이 그를 동료들 사이에서 인기 있는 사람으로 만들어 줄 거야."

그러나 순수하게 감사하는 마음에서 끝내라. 만일 '항상 팀을 위해 저렇게 헌신하다니 정말 성실한 사람이야'라는 생각에 이어 '그런데 왜 나한테는 헌신적이지 않지?'라고 불평한다면 그것은 감사하는 자세가 아니다. 단지 자신이 얼마나 많은 관심을 받고 있느냐에만 초점이 맞춰져 있다. 파트너의 취미에 대해 진심으로 감사할 수 있으려면 먼저 이런 생각을 버려야 한다. 만일 그가 마음은 몰라도 최소한 몸이라도 집에 있어야만 감사할 수 있다면 그것부터 실천하도록 노력하라.

파동은 자기와 비슷한 파동과 조화를 이루며 그에 부합하는 일을 끌어들인다. 당신이 파트너의 행동을 소중히 여기고 감사할수록 그에 대한 감사가 늘어난다. 그러면 사랑도 함께 커진다.

_____ 감사하면 말이 잘 통한다

효과적인 대화는 성공적인 관계의 밑바탕이라고 할 수 있는데, 감사는 바로 그 대화의 장을 넓혀 주는 구실을 한다.

파트너를 어떻게 인식하고 있는지는 그를 대하는 행동이나 반응에 영향을 미친다. 상대방에게 적극적으로 감사하는 마음이 생기면 그의 행동이나 말에서 소중한 것을 찾아내려고 노력하게 된다. 이런 감사하는 시각은 당신의 대화법을 변화시킨다. 파트너의 말이나 행동을 최대한 이해하고 그 안에서 소중한 점을 발견하려고 애쓰며, 또 상대방의 의심스러운 점을 선의로 해석하려고 든다. 그리고 부족함이나 단점을 추궁하지 않기 때문에 바로 부정적인 결론으로 뛰어넘기보다 문제를 하나씩 차분히 해결해 나간다.

예를 들어, 당신이 파트너에게서 소중한 점을 찾아내고 감사하길 원한다면 그녀가 "피곤해 보이네요"라고 말할 때 그 말을 건강이나 웰빙에 관한 관심이라고 생각한다. 따라서 "고마워, 여보. 당신이 잘 봤어. 지금 몹시 피곤하거든"이라고 대답하게 된다. 반면, 상대방에 대한 감사가 부족하다면 "그래서 뭘 어쩌란 말이야!"라고 대꾸한다. 그녀의 말을 비판적으로 받아들인 결과다. 이런 식의 해석은 서로의 기분을 망치는 원인이 된다.

고트만 박사에 따르면, 커플마다 부정적인 대화와 긍정적인 대화를 하는 일정한 비율이 있다고 한다. 사이가 좋은 커플의 경우 긍정적인 대화 대 부정적인 대화의 비율이 5 : 1인 것으로 나타났다. 만일 당신이 고트만 박사의 5 : 1 비율을 선택하고 싶다면 파트너에게 얼마나 많이, 자주 감사하는지 점검해 보라.

파트너에게 감사하는 것이 습관이 되도록 노력하라. 그러면 때로 감사하는 것을 잊어버리더라도 이미 두 사람의 관계에 축

적되어 있는 풍부한 감사의 유익함을 누리게 될 것이다.

_____ 무조건적으로 동의하는 게 감사라고?

당신 자신에 대한 감사와 파트너에 대한 감사의 균형을 유지하는 것 또한 중요한 일이다. 자신의 입장이나 한계, 소망을 소중하게 생각하는 동시에 파트너의 입장과 한계, 소망의 가치도 충분히 인정해 줘야 한다.

감사하는 마음이 자동적으로 "그래요, 여보. 당신 말이 모두 옳아요"라는 태도를 갖게 하는 건 아니다. 감사는 항상 파트너의 말에 동의해야 한다는 의미가 아니다. 자신과 파트너에 대한 감사의 균형을 맞춘다는 의미는 자신의 가치와 소망, 기호가 소중한 것처럼 상대방의 것도 소중하게 여겨야 한다는 뜻이다. 어느 한쪽도 희생되어서는 안 된다.

만일 당신이 아이들의 대학 자금 마련을 위해 돈을 저축하길 원한다고 가정하자. 반면, 남편은 돈을 모아 새 차를 사고 싶어 한다. 두 사람의 견해 차이를 감사를 통해 해결하는 방법은 두 가지 소망을 모두 존중하는 것이다. 어느 한쪽에 더 가치를 두지 말라. 당신의 관심과 남편의 관심을 똑같이 귀하게 여기며 둘 다 만족시킬 수 있는 방법을 궁리해 보라. 당신이 자신과 남편을 모두 존중한다면 결국 각자에게는 물론 서로의 관계에도 매우 유익할 것이다.

_____ 감정의 주체가 돼라

당신은 파트너와의 관계에서 사랑의 희생양이 된 기분을 느끼는가? 항상 자신의 감정이 상대방의 기분이나 감정에 좌우된다고 생각하는가? 그의 기분이 좋으면 당신의 기분도 좋아지고, 그녀가 화가 났으면 당신도 불쾌해지는가? 이럴 경우 당신은 독자적인 감정 상태를 유지하지 못한 채 감정적으로 파트너에게 종속되어 있는 것이다. 감사는 파트너의 감정 상태에 관계없이 자신의 독자적인 감정을 지속하도록 돕는다.

　만일 파트너의 기분이 좋지 않다면 지금 불편한 마음을 다스리는 중이라고 이해하며 혼자 내버려두라. 그리고 파트너와의 관계, 자신에 대해 감사할 점을 생각하며 감정이 흔들리지 않도록 노력하라. 기분이 좋아질 만한 것으로 관심을 돌리고, 그 좋은 기분이 감사의 파동을 강화하고 새롭게 만들도록 하라. 당신이 파트너의 좋지 않은 기분에 동조하지 않았기 때문에 분위기는 악화되지 않았고, 덕분에 그의 나쁜 파동은 보다 빨리 사라질 것이다.

파트너의 기분이 좋지 않을 때 그것을 불평하거나 자신의 탓으로 돌리며 괴로워하는 것은 스스로 파동을 죽이는 행위다. 자기 연민적인 당신의 불만은 그의 화를 부추길 것이고, 따라서 사방에 부정적인 파동이 발산되어 부정적인 결과를 끌어들이게 될 것이다.

파트너의 나쁜 기분을 무시하고 당신의 감사 파동을 유지함으로써 부정적인 파동의 힘을 약화시켜라. 쉬운 일은 아니지만 반드시 필요한 일이다. 카렌의 말을 들어 보자.

"제가 가장 힘들었던 점은 부정적인 파동에 직면했을 때 그것을 무시할 만큼 제 감정 상태가 굳건하지 못한 것이었어요. 한 발 물러서서 여유 있게 기다려 주지 못하고 발끈해서 대립하곤 했지요. 그런데 감사하는 법을 배운 후부터는 전혀 다른 곳에 초점을 돌릴 수 있었고 같이 화를 내지 않게 되었어요. 덕분에 저는 상대방의 기분이 풀릴 때까지 감사하며 충분히 기다려 줄 힘과 의지를 갖추게 되었지요."

감사를 우선순위로 사용하라는 말은 심각한 문제점을 무시하라는 뜻이 아니다. 만일 파트너가 술에 만취해 가구를 때려 부수고 폭행을 일삼는다면 즉각 자신의 웰빙을 추구하는 것이 감사하는 자세다. 필요하다면 파트너와 헤어져라. 위험한 행동에 자신을 내맡기는 것은 진정한 감사의 자세가 아니다. 이런 극단적인 상황에서도 파트너의 부당한 행동이 당신의 감사 파동을 방해하지 않도록 유의하라. 감사의 초점을 자신과 자신의 웰빙, 자신을 돌보는 일에만 맞추어라.

_____ 내 생각도 옳고 당신 생각도 옳아

아무리 사이가 좋은 관계도 의견과 기호가 다르고 뚜렷이 갈등을 느끼는 부분이 있게 마련이다. 우리는 논쟁을 할 때 항상 이렇게 몰고 간다. "내가 옳고 당신이 틀렸어." 그리고 목소리가 큰 사람이 이기게 된다.

그러나 자신과 파트너에게 동등하게 감사하는 자세를 갖게 되면 갈등은 더 이상 "내가 옳고 당신이 틀렸어"를 표현하는 게 아니라 "내 생각도 옳고 당신 생각도 옳아"로 바뀌게 된다. 둘 다 옳다는 걸 인정하는 것이다. 감사는 이런 마음 자세를 갖게 함으로써 보다 쉽게 문제를 해결할 수 있도록 한다. 당신은 더 이상 자신의 입장만 고집하지 않는다. 대신 둘의 입장을 모두 존중하고 서로의 소망을 충족시킬 최선책을 찾는 쪽으로 문을 활짝 열어 놓는다.

감사 모임 회원인 베스의 경험담이다.

"아기가 생기기 전까지 우리 부부는 꿈처럼 행복하게 지냈어요. 남편은 성격이 느긋하고 부드러운 사람이었죠. 그러나 아기를 갖자는 그의 아이디어 뒤에는 기저귀를 갈고, 보채는 아기를 달래고, 아기랑 놀아 주는 일들이 따라왔어요. 저는 아기에게서 한시도 눈을 뗄 수 없었죠. 수시로 아기에게 무언가를 교육시키고, 지능 발달에 도움이 되는 장난감들을 한 아름씩 사들이곤 했어요. 그래요, 이런 일들로 우리는 점차 말다툼이 잦아졌죠. 남편은 제가 아기에게 너무 스트레스를 많이 준다고 비난했고, 저는 여러 연구 자료들을 들이밀며 아기에게 자극적이고 교육적인 환경을 제공하는 것이 얼마나 중요한지를 주장했어요. 우리는 둘 다 자기 입장을 굽히지 않았고 집안 분위기는 점점 험악해졌죠. 그런데 감사에 대해 배우기 시작하면서 저는 '갈등을 해결할 수 있는 방법이 없을까?'라는 생각에 골몰했어요. 저는 남편의 생각을 무조건 소중하게 받아들일 수가 없었기 때문에 먼저 그가 그런 식으로 생각하는 이유를 물었어요. 저는 그의 말에 진심으로 귀를 기울였고 그 견해를 존중하려고 노력했지요. 마침내 저는 그의 생각에도 타당성이 있다는 걸 깨달았어요. 우리 아기에게는 교육적인 시간과 동시에 아무것도 하지 않는 시간, 체계적으로 노력하는 시간과 동시에 한가한 시간이 필요했어요. 일단 남편의 생각에서 가치를 발견하게 되자 저는 그의 주장에 감사하기가 한결 쉬웠고 그도 마찬가지였어요. 우리는 서로의 의견을 절충해서 아기를 키우기 시작했고 그것은 아기에게도 훨씬 도움이 되었어요. 물론 우리 사이에는 여전히 의견 충돌과 갈등이 있지만, 이제 가능하면 싸움을 빨리 멈추고 서로의 입장에서 감사할 점을 찾아내려고 노력하곤 해요. 따라서 우리의 말다툼은 길어지지 않게 되었고, 문제를 해결해 갈 타협점을 쉽게 찾게 되었지요."

_____ '내 입장' 말고 '우리의 입장'을 찾아라

감사는 협력을 촉진한다. 당신의 관심사와 기호만 강력하게 주장하는 대신 두 사람의 방식에 모두 감사하게 되면, 둘 다에게 도움이 되는 방법을 모색할 수 있다. 당신은 '내 입장'을 고수하기 위해 서로 경쟁하는 태도를 중단하고, 함께 협력할 수 있는 '우리의 입장'을 찾게 된다.

반면, 경쟁은 관계를 파괴한다. 서로 맞서 싸우면 둘 다 기분이 나빠지고 어느 누구도 만족하지 못하게 된다. 하지만 파트너와 자신의 입장에 모두 감사하면 둘 다에게 만족스러운 방법을 찾을 수 있다. 두 사람이 목표를 향해 함께 노력할 때 각자의 만족감은 배가될 수 있다. 각자의 만족감이 커지면 함께 노력하는 능력도 증가한다. 따라서 두 사람의 유대감은 더욱 강화되어 서로의 관계에 감사가 넘치게 된다.

감사 모임 회원인 웨인의 경험담이다.

"이상하게 들릴지 모르지만, 저는 이제 우리의 논쟁을 기쁘게 받아들이게 되었습니다. 왜냐하면 예전처럼 우리 관계를 악화시키는 게 아니라 더 가깝게 만들어 주기 때문입니다. 실제로 우리는 대화를 통해 각자가 원하는 것을 더 많이 얻을 수 있게 되었습니다. 작년에 아내가 프리랜서로 일하고 싶다고 말했을 때, 솔직히 저는 아내의 수입이 가장으로서의 제 위치를 손상시킬까봐 염려되었습니다. 하지만 늘어난 지출 때문에 경제적으로 부담스러울 거라는 사실을 인정하고 진지하게 대화를 나누었습니다. 저는 아내가 제 염려를 존중하리라는 것을 알았고, 아내 또한 자신의 바람을 내가 최대한 인정하리라는 것을 알고 있었죠. 우리는 둘 다 서로의 소망을 존중하고 우리 관계를 감사하기로 다짐한 상태였거든요. 불필요한 지출을 줄이고 그녀가 원하는 시간을 택해 시간제 근무를 할 수 있다면, 둘 다 서로의 소망에 만족할 수 있을 거라는 데 생각이 미쳤습니다. 내가 그녀의 새로운 목표를 지원해줄 수 있고 또 그녀도 나의 중요한 부분을 인정해 준다고 생각하니 마음이 뿌듯했습니다. 대단치 않은 얘기처럼 들리겠지만, 만일 우리가 자신과 서로에게 감사하는 훈련이 되어 있지 않았더라면 우리 관계가 크게 손상될 수도 있는 문제였습니다. 감사를 배우기 전에는 우리도 둘 다 만족할 수 있는 길을 의논하기보다 각자의 소망을 만족시키기 위해 싸움을 벌이곤 했거든요."

_____ 그냥 내 곁에 있어준다는 것만으로도

우리가 맺고 있는 관계 자체도 감사할 일 중의 하나다. 모든 인
간관계는 여러 가지 경험을 제공하는 소중한 기회다. 다른 사람
의 눈을 통해 자신을 바라보게 되고, 때로 괴로운 순간도 있지
만 자기를 새롭게 인식하고 성장할 좋은 계기가 되기도 한다.
인간관계는 동료의식, 애정, 즐거움, 후원, 보살핌 같은 것들을
제공한다. 또한 책임감을 느끼게 하고 정신적 · 육체적 · 감정
적 · 경제적 능력을 통합하도록 만든다. 인간관계의 이런 모든
특성들은 그 가치를 인정받고 존중되어야 한다. 당신이 사랑을
키우고 싶다면 인간관계 자체에 대한 감사가 먼저 뒷받침되어
야 한다.

감사할 예를 들어 보자. 누군가의 팔에 안겨 새로운 아침을
맞이할 수 있다는 건 얼마나 행복한 일인가. 잠이 덜 깬 몽롱한
기분으로 지난밤에 꾸었던 꿈을 기꺼이 들어 줄 사람이 곁에 있
다는 것 또한 얼마나 소중한 일인가. 당신이 하루를 어떻게 보
냈는지 관심을 가져 주는 사람과 함께 저녁 식사를 나눌 수 있
다는 게 얼마나 귀한 일인지 생각해본 적이 있는가. 당신의 관
계가 베풀어 주는 이런 특별한 일들과 그밖의 유익함에 대해 진
심으로 감사한 마음을 가져야 한다.

호의는 호의를 끌어들인다. 당신이 관계에 대한 감사의 파동

을 증가시키면 시킬수록 감사할 일이 더 많이 생길 것이다.

관계 그 자체에 대해 감사하려면 우선 그것을 보는 시각부터 달라져야 한다. 관계에 대해 보다 많은 의미와 중요성을 부여할 필요가 있다. 그리고 그것을 성장시키기 위해 더욱 열심히 노력하려는 마음을 가져야 한다. 만일 당신이 결혼이나 관계에 대해 부정적인 자세를 갖고 있다면 먼저 그런 사고방식을 뿌리 뽑아라. 농담으로라도 '족쇄'니 '사슬'이니 하는 표현을 쓰지 말라. 그것은 감사하는 사람이 사용할 말들이 아니다. 부정적인 자세는 관계를 감사하는 당신의 긍정적인 파동을 방해한다. 교묘한 방법으로 관계의 가치를 손상시키고 불행의 파동을 발산하게 만든다.

때로는 감정을 표현하지 않는 것도 부정적인 자세로 볼 수 있다. 긍정적인 말들로 표현하지 않음으로써 감사를 전달하지 못하는 것이다. 킴의 말을 들어 보자.

"20년 동안 결혼 생활을 해온 한 여성의 얘기입니다. 그녀가 남편에게 자기를 사랑하느냐고 묻자 남편은 '사랑하지 않았으면 왜 결혼했겠어?'라고 말했답니다. 남편은 결혼 후 한 번도 '사랑한다'는 말을 하지 않았고, 오히려 결혼해서 함께 살아 주고 있는 자기에게 감사해야 한다고 생각했죠."

이런 태도는 서로의 관계를 격려하거나 강화하지 못한다. 감사는 마음속으로 느끼는 것과 동시에 분명하게 표현될 때 가장 큰 힘을 발휘한다.

매일 당신의 관계에 감사하는 시간을 가져라. 관계 가운데 당신에게 중요한 의미가 되는 점들을 귀하게 여기고 감사하게 생각하라. 단 1분을 감사하더라도 온 마음과 정성을 다하라. 정기적으로 되풀이되는 강력한 감사의 순간들은 두 사람의 사랑을 놀라울 정도로 풍성하게 만들 것이다. 이런 감정은 중독성이 있다. 감사 모임 회원인 댄의 말을 들어 보자.

"저는 아내를 소중히 여기고 그녀의 존재를 진심으로 감사하게 되었습니다. 그것은 하면 할수록 깊이 빠지는 마약 같은 효과가 있었습니다. 그녀가 내 옆에 있다는 것을 진심으로 감사할 기회를 가진 제가 행운아라는 생각이 들더군요. 그 느낌은 우리 관계에서 가장 중요한 것이었습니다."

_____ 파트너의 외도, 위기이자 기회다

파트너와의 관계에서 심각한 일이 발생했을 때는 어떤 태도로 대처해야 할까? 파트너가 외도를 했는데 "당신이 바람피운 걸 고맙게 생각해요"라고 말할 수는 없지 않은가. 결혼서약을 깨뜨린 그의 행동을 소중하게 여기거나 고맙게 생각할 수는 없다. 오히려 그의 머리 위로 지붕이 무너지거나, 벼락을 맞거나, 하다못해 프라이팬이라도 떨어진다면 그걸 더 감사할 것이다.

그러나 이런 경우에도 감사는 여전히 중요한 역할을 한다. 만일 당신이 관계를 유지하길 원한다면 파트너의 외도를 '결혼 생활에 대한 경고의 종'이나 '부족함을 되돌아볼 수 있는 기회'로 여기며 감사할 수 있다. 또는 두 사람의 욕구나 소망이 달라지지 않았는지, 대화가 부족하지는 않았는지 점검해볼 좋은 기회다. 외도의 원인을 잘 되짚어 보는 것은 왜곡되었던 관계를 보다 밀접하고 행복한 관계로 만드는 계기가 될 수 있다.

반면, 외도가 여러 문제점에 뒤이은 최후의 불행이라면 더이상 견딜 수 없을 것이다. 이럴 경우 당신은 결혼 생활을 청산하려는 결심에 감사할 수 있다. 또한 이 관계를 통해 배운 것을 가치 있고 고맙게 생각할 수 있다. 앞으로 새롭게 펼쳐질 자신의 삶에도 감사할 수 있다.

앞서 예로 든 두 사례나 이와 유사한 여러 경우에도 감사는 불행한 상황을 보는 당신의 시각과 그에 대한 반응 태도를 변화시킬 수 있다. 감사는 문제를 해결하는 동안 원망에 빠지거나 서로의 잘못을 탓하는 부정적인 태도를 피하도록 해준다. 또한 오래 지속된 자기 연민이나 희생양의 함정에 빠지지 않도록 붙잡아 준다. 이런 부정적인 생각들은 해결책을 모색하기보다 문제에 더 빠져들게 만든다. 그러나 감사는 해결책을 찾아내는 능력을 강화하는 힘이 있다.

_____ 힘겨루기에서 벗어나라

힘겨루기는 "내 길이 아니면 안 간다"는 사고방식에서 비롯한다. 상대방의 방식을 받아들이지 못하고 완강하게 거부하는 태도를 보이는 것이다. 당신은 밤에 창문을 열길 원하고 그녀는 닫기를 원한다. 당신이 창문을 열면 그녀가 닫고, 당신이 다시 열면 그녀가 또 닫기를 밤새 반복하면서 갈등은 더욱 고조된다. 만일 당신이 전면전을 선포하면 싸움은 극적으로 악화되어 고함과 비명이 난무하게 된다. 반면, 냉전을 선택하면 싸움은 수동적인 공격 형태로 발전한다. 당신이 화장실을 다녀오면서 창문을 열면 그녀는 당신이 잠들자마자 다시 닫는다. 잠을 깬 당신이 다시 열면 그녀는 어느새 알아채고 당신이 잠든 기미가 보이면 얼른 일어나서 다시 닫는다. 둘 다 집요하게 '내 길'만 고집하는 것이다.

감사는 힘겨루기의 원인을 용해시켜 싸움 자체를 무의미하게 만든다. 당신이 파트너의 소망을 귀하게 여긴다면 공공연히 혹은 은밀하게 그것을 억제하려고 들지 않을 것이다. 마찬가지로 당신이 자신의 소망을 소중하게 여긴다면 파트너가 그것을 억제하게 내버려두지 않을 것이다. 결국 당신이 자신이나 파트너의 소망을 모두 귀하게 여긴다면 "내 소망이 소중하듯 당신의 소망도 소중해요. 우리 함께 좋은 방법을 생각해 봐요. 우리가 서로의 소망을 얼마나 환상적으로 조화시키는지 감상할 기회를 갖자고요"라고 말할 것이다. 그러면 더 이상 힘겨루기는 존재하지 않는다. 오직 서로 해결하려고 노력해야 할 문제점이 있을 뿐이다.

신시아는 남편과 여러 해 동안 힘겨루기를 벌인 경험담을 공개했다.

"우리는 밤마다 TV 리모컨 때문에 싸움을 벌였어요. 누가 리모컨을 차지하느냐에 따라 상대방은 보고 싶지도 않은 프로그램을 봐야만 하는 거죠. 사소한 문제 같지만 우리는 밤마다 신경전을 벌였고, 두 사람 중 하나가 방에서 나가거나 보기 싫은 쇼를 보면서 내내 투덜거리곤 했어요. 이 문제에 대해 감사하는 마음을 갖기로 결정했지만 우리는 당장 벽에 부딪혔습니다. 남편이 열광해 마지않는 프로 레슬링을 보면서 저는 도저히 감사할 수 없었고, 남편 또한 제가 그렇게 보고 싶어 하는 집 꾸미기 프로를 보면서 감사할 수 없었습니다. 그래서 우리는 서로 다른 취미를 인정하고, 자신의 취미가 소중한 만큼 상대방의 취미도 소중하다는 것을 존중하기로 했습니다. 심호흡이 필요한 일이었죠. 우리는 몇 번의 말다툼 끝에 마침내 서로의 취미를 인정할 수 있게 되었습니다. 그러다 보니 서서히 서로의 취미가 다르다는 사실이 감사하게 느껴지기 시작했습니다. 저는 '좋아하는 프로그램을 고수하는 스타일'이고 남편은 '채널을 끊임없이 바꾸는 스타일'이었어요. 우리가 서로 함께 즐길 수 있는 프로그램은 많지 않았죠. 그렇지만 최소한 그 시간만큼은 '채널 고정 시간'으로 정했어요. 만일 함께 즐기는 프로그램이 동시에 방영될 경우 채널을 왔다 갔다 하지 않고, 하나는 생방송으로 보고 나머지는 녹화를 했다가 보기로 합의했죠. 나머지 프로그램은 서로 하루씩 번갈아 가며 리모컨을 갖기로 했어요. 복잡하고 웃기는 시스템이었지만, 우리에게는 매우 효과적이었답니다. 이것을 가능하게 만들었던 단 한 가지 요소는 자신의 선택과 상대방의 선택에 모두 감사하기로 단호하게 결심한 덕이었음을 강조하고 싶어요. 물론 그 약속이 지켜지지 않을 때도 있었죠. 얼마 전에는 시트콤 '사인펠드Seinfeld(미국의 유명한 코믹 시트콤)'의 재방송을 다른 세 가지 쇼와 번갈아 가며 본 적이 있었어요. 도저히 감사하는 마음을 가질 수 없더군요. 더욱 재미있는 사실은, 우리 둘 다 TV를 보는 시간이 줄었다는 사실이에요. 대신 책을 읽거나 얘기에 더 몰두하게 되었으며, 함께 즐거운 시간을 보내는 일이 많아졌지요. 힘겨루기가 균형을 찾게 되자 TV가 별로 중요하지 않게 된 거예요. 그렇게 될 줄 누가 상상이나 했겠어요?"

지배와 종속 관계가 해소된다

힘겨루기의 또 다른 형태는, 엄밀히 말해 다툼이 아닌 한쪽이 일방적으로 상대방을 지배하는 경우다. 한쪽이 상대방에게 자신의 의도를 강요하며 절대적인 복종 외에는 용납하지 않는 것이다. 통제와 강압은 감정적·정신적·육체적 학대를 포함한다.

그러나 감사가 우세한 곳에서는 지배가 존재할 수 없다. 만일 파트너가 당신의 존재와 존엄성을 귀하게 여기고 감사한다면 당신을 통제하려 들지 않을 것이다. 자신만의 독특한 소망과 한계와 위치를 침해하는 행위이기 때문이다.

만일 당신이 누군가에게 감사하는 마음을 가졌다면 당신의 의도를 그 사람에게 강요하고 싶지는 않을 것이다. 마찬가지로 당신이 자신의 소망, 한계, 위치에 대해 감사한다면 다른 사람의 지배를 받아들이려고 하지 않을 것이다. 그것은 당신의 자아를 침해하는 것이기 때문이다. 또한 자신에게 감사한다면 어쩌다 지배적인 관계에 빠졌더라도 계속 머물러 있지 않을 것이다.

불필요한 소유욕이 정화된다

학대보다 강도가 조금 낮은 통제는 질투심과 소유욕이다. 당신이 누군가를 사랑할 때 그 사람은 당신에게 소중하고 가치가 있다. 따라서 상대방을 잃을까봐 두려워하게 되고 그 두려움이 질투심이나 소유욕이라는 극단적인 형태로 나타난다. 이것은 사랑의 자연스러운 결과이기 때문에 문제점이라고 볼 수는 없다.

그러나 상대방을 잃는 데 대한 두려움이 지나친 행동으로 나타나는 것은 문제다. 예를 들어, 파트너가 특정한 사람을 만나는 걸 금지하거나 일일이 점검하는 것이다. 어디에서 누구와 얼마나 오래 있었는지 꼬치꼬치 캐묻는다. 심지어 한눈을 팔지 못하도록 항상 배우자와 동행하는 경우도 있다. 그러나 이런 행동은 당신이 원하는 것과 정반대의 결과를 초래한다. 파트너를 지나치게 구속하거나 통제하려는 시도는 자유에 대한 욕망을 더욱 자극하게 된다. 따라서 그는 자유가 구속당하는 것을 답답해하고 괴로워하거나, 자유를 찾아 떠날 것이다.

그러나 파트너에게 감사하는 마음을 갖는다면 그 감사가 파트너로 하여금 당신과 더 함께 있고 싶도록 만들 것이다. 한번 생각해 보라. 누군가가 당신을 귀하게 여기고, 당신의 진정한 가치를 알아주고, 당신의 지성, 개성, 유머감각, 기발함, 아름다운 미소에 감사하는데 그를 떠나고 싶겠는가? 반대의 경우도 마찬가지다. 누군가가 당신을 구속하지 않으려고 노력하면 할수록 당신은 한결 자유롭게 상대방의 애정과 배려를 즐기게 되고 더욱 그의 곁에 남고 싶어 할 것이다.

_____ 관계를 치유하는 '감사의 5단계'

인간관계를 변화시키는 경우에는 두 가지가 있다. 삐걱거리는 관계를 바로잡거나 새로운 인간관계를 끌어들이는 것이다. 감사의 5단계는 모든 인간관계에도 매우 효과적이다.

♯ 삐걱거리는 관계를 바로잡는 법

당신은 불만에 가득 차 있는가? 처음에는 오로지 당신에게만 관심을 쏟던 파트너가 지금은 TV나 컴퓨터, 동료들에게 정신이 팔려 있는가? 그가 당신과 보다 많은 시간을 보내 주길 바라면서 잔소리를 해대고, 화를 내거나 위협도 해보지만 전혀 먹혀들지 않는다. 이것저것 다 시도하다가 결국은 지쳐서 포기했지만, 그가 좋은 사람이고 그를 사랑하기 때문에 마지막으로 감사를 통해 관계가 회복되길 원한다.

1단계_ 변화시키거나 끌어들이고 싶은 일을 선택하라

당신은 파트너와 보다 많은 시간을 함께하길 원한다. 출발점은 분명히 정해졌다. 원하는 걸 확실히 선택하는 건 좋은 출발이다. 이제 자신에게 그것이 어떤 의미가 있는지를 반문해 보라. 당신이 원하는 것에 모양과 형태를 부여하라. 당신이 말하는 '함께 시간을 보내는 것'이 파트너와 함께 저녁 식사를 준비하는 일인가, 아니면 당신과 의미 있는 대화를 나누면서 시간을 보내는 것인가? 같이 산책을 하거나 쇼핑을 가자는 뜻인가? 심지어 함께 있으면서 싸우는 시간이 필요하다는 말인가? 당신은 '이 모든 것'을 원할지도 모르지만 스스로 반문해 보라. '이 모든 것을 해달라는 요구가 과연 먹힐까?' 물론 아니다. 한꺼번에 이 모든 것을 바랄 수는 없다.

되지도 않을 일에 힘을 낭비하지 말고 가능하다고 생각되는 일을 선택하라. 예를 들어, 의미 있는 대화는 무리겠지만 함께 요리를 하거나 산책하는 일은 가능할 수 있다. 다른 일은 나중에 다시 시도해볼 수 있다.

2단계_ 소망을 뒷받침하는 감정을 확인하라

파트너가 당신과 보다 많은 시간을 함께하는 것이 당신에게 어떤 의미가 있는가? "사랑받는다는 기분이 들겠죠." 다음 질문은 "그러면 사랑받을 때의 기분은 어떤가?" 평화롭고, 안정되고, 푸근하고, 행복할 것이다. 그밖의 다른 의미는? 파트너와 보다 많은 시간을 보내면 당신의 삶이 어떻게 달라질까? 그것이 어떤 결과를 불러올까?

소망이 실현되면 삶이 어떻게 달라질까를 생각하면, 파트너와 보다 많은 시간을 함께 보내는 가치를 평가할 수 있을 것이다. 파트너와 더욱 밀접하게 연결된 기분이 들 것이며 평생을 함께할 '반려자'라는 느낌이 더 커질 것이다. 이런 기분을 느낄 때마다 감사하는 마음을 가져라. 파트너와 함께 시간을 보낼 때 느끼게 될 고마움을 충분히 상상해 보라.

3단계_ 갈등을 일으키는 생각이나 믿음을 뿌리 뽑아라

당신은 이런 생각을 할 수도 있다. "하지만 그런 일은 일어나지 않을 거야. 늙은 개에게 새로운 기술을 가르칠 수는 없어. 그는 매너리즘에 빠져 있고 이기적이라서 자기의 시간을 결코 나에게 할애하지 않을 거야." 당신이 이런 부정적인 믿음에 빠져 있는 한 원하는 일은 결코 일어나지 않는다. 당신의 믿음이 당신의 소망과 완전히 상반되어 있기 때문이다.

파트너가 더 많은 시간을 할애해 주길 바라는 소망에 대한 자신의 믿음을 점검해 보라. "나는 진심으로 그가 더 많은 시간을 나에게 할애할 것이라고 믿는가?" 그런 다음 도표에서처럼 부정적인 믿음(현재의 믿음)과 긍정적인 믿음(달라진 믿음)을 대비시켜 보라.

이미 언급했듯이, 믿음을 바꾸려고 할 때는 너무 성급하게 굴어서는 안 된다. 새로운 믿음은 당신이 그것을 전적으로 믿게 될 때까지 효과를 발휘하지 못한다. '그는 항상 나보다 다른 일을 우선으로 생각하고 있어'라는 생각이 당장 바뀔 수는 없다. 이미 그의 이기적인 면을 충분히 경험했기 때문이다.

현재의 믿음	달라진 믿음
그는 틀에 박힌 생활을 하고 있다.	틀에 박힌 생활은 일종의 습관일 뿐이다. 습관은 바뀔 수 있다. 그는 예전에 온갖 핑계를 대고 운동을 하지 않았지만 지금은 정기적으로 운동을 하고 있지 않은가. 그것이 그가 바꾼 습관이다.
그는 너무 이기적이라서 자기의 시간을 결코 나에게 할애하지 않을 것이다.	그는 항상 커피도 자기 혼자만 타서 마시고 나한테 한 잔도 건네준 적이 없다. 신문도 혼자만 보고, 내가 읽었는지 물어보지도 않은 채 버리곤 했다. 그런데 그런 습관을 바꿨다. 그런 걸 보면 그는 이기적인 게 아니라 행동을 바꿀 '정당한 이유'를 찾지 못했던 것 같다.
늙은 개에게 새로운 기술을 가르칠 수 없다.	꼭 그렇지만은 않다. 우리 엄마는 연로하셨지만 작년에 인터넷을 배웠다. 많은 사람들이 50대에 직업을 바꾼다는 기사를 읽은 적이 있다. 따라서 당신도 늙은 개에게 새로운 기술을 가르칠 수 있을 것이다.

'늙은 개에게 새로운 기술을 가르칠 수는 없다'는 믿음은 당신 삶의 핵심적인 사고방식이다. 이런 믿음은 인간관계뿐 아니라 삶의 전반적인 분야에 악영향을 미친다. 부정적인 믿음을 긍정적인 방향으로 돌리도록 노력하라.

긍정적인 생각과 다짐을 매일 되풀이하면서 새로운 믿음을 굳게 만들어라. 예를 들면 다음과 같다.

♦ 사람들은 평생 새로운 습관을 습득할 수 있다.

♦ 내 남편도 새로운 습관을 익힐 수 있다. 예전에도 성공한 적이 있으므로 이번에도 성공할 것이다.

♦ 늙은 개들도 새로운 기술을 배울 수 있다.

♦ 불가능이란 없다.

4단계_ 감사의 파동을 발산하라

이미 가지고 있는 것에 대한 감사부터 시작하라. 남편이 당신과 함께 보내는 시간이 비록 적더라도 그것에 감사하라. 둘이서 함께 욕실에서 이를 닦고 있다고 가정해 보자. 그 순간을 함께 나누는 것을 소중히 여기고 그의 존재가 편안하게 느껴지는 것을 고맙게 생각하라. '내가 누릴 수 있는 건 겨우 이 정도야!'라는 부정적인 생각이 끼어들지 않도록 하라. 파트너가 당신과 함께 있는 모든 순간을 소홀히 여기지 말고 진심으로 그 시간에 대해 감사하라. 그가 당신과 함께 보내지 않는 시간은 의식적으로 무시하고, 당신의 관심을 지금 파트너와 보내고 있는 시간에 지속적으로 강력하게 집중하라.

이제 당신은 그렇게 바라던 '보다 많은 시간'에 감사의 파동을 발산할 준비를 마쳤다. 자신의 내면으로 깊이 들어가서 '보다 많은 시간'이 가져다줄 행복한 순간들을 상상해 보라. 그리고 그때의 기분을 소중하고 감사하게 여겨라. 3~5분 동안 '보다 많은 시간'에 최대한의 감사를 집중시켜라. 그런 다음 파동에 내맡기고 긴장을 풀어라.

'과연 이것이 작용할까?' 혹은 '그가 과연 바뀔까? 그는 결코 TV를 포기하지 않을 거야'라는 의심이나 걱정은 버리고 당신의 집중력을 선명하고 강력하게 만들어라. 당신이 발산한 파동이 '더 많은 시간'을 끌어들이는 소망을 해결하도록 믿고 맡겨라.

5단계_ 감사의 힘이 작용하도록 만들어라

감사의 효과를 실제로 체험하는 것은 정말 신나는 일이다. 당신의 소망이 이루어지는 징조에 예민해져라. 당신이 다른 방에 있을 때 남편이 갑자기 TV를 보면서 "여보, 당신 이런 거 본 적 있어?"라고 부르는 소리를 소홀히 지나치지 말라.

그의 변화를 부정적으로 받아들이지 말라. "저 남자는 TV 얘기밖에 할 말이 없나?" 그의 관심을 사로잡은 것에 대해 대화를 나누는 것도 당신과 '보다 많은 시간'을 보내는 출발점이 될 수 있다. 이런 사소한 변화를 놓치지 말라.

어느 날 남편이 당신에게 다가와서 "나는 이제 리모컨을 집어던지고, 인터넷도 중단하고, 친구들도 버리기로 했어. 이제부터 당신과 둘이서만 시간을 보낼 거야, 여보"라고 말하길 바라는가? 그보다는 크든 작든 여러 가지 방법으로 시간을 함께 보낼 기회가 생길 가능성이 더 많다.

파트너와 함께 보내는 모든 시간에 감사하는 마음을 잃지 않는다면 당신은 점차 파트너의 달라진 말과 행동을 감지할 수 있게 된다. 어느 날 "화창한 날씨야. 강가에 있는 오래된 집을 둘러보고 싶은데, 당신 같이 안 갈래?"라는 감격적인 말을 듣게 될 것이다. 또 남편에게 새로 산 소프트웨어 사용법을 가르쳐 달라고 부탁하고 싶은 마음이 드는가? 그렇다면 행동으로 옮겨라! 당신 마음속에 떠오르는 영감에 따르라. 이것이 바로 감사의 파동이 당신의 소망을 실현해 나가는 방법이다.

'보다 많은 시간'에 대한 감사에 희망과 기대와 열정을 품어라. 당신의 믿음을 키우고 감사를 강화하라. 머잖아 '보다 많은 시간'이 실현될 것이다. 그러나 파트너가 진심으로 당신과 보내는 시간을 원치 않는다면 당신이 아무리 강력한 감사를 발산해도 효과가 없다. 다시 말해서 '보다 많은 시간'에 대한 당신의 파동이 끌어들일 대상을 찾지 못하는 것이다. 이런 경우에는 두 사람의 관계를 재고해볼 필요가 있으므로 전문가(카운슬러나 정신과 의사)의 도움을 받는 것이 좋다.

_____ 관계를 창조하는 '감사의 5단계'

당신에겐 지금 파트너가 없는가? 그렇다면 누군가를 만나 새로운 관계를 만들어 나가길 갈망하고 있을 것이다. 그러나 만나는 사람은 모두 별 볼 일 없고 그나마 새로운 사람을 만날 기회도 별로 없다. 모든 영화나 광고 또는 결혼한 친구들은 당신을 향해 "사랑하는 사람을 만나세요!"라고 소리치는 것처럼 느껴진다. "내 차례는 언제 오는 걸까?" 당신 입에서는 이런 푸념이 떠날 날이 없다. 당신이 그렇게 고대하는 관계를 끌어들이기 위해 감사를 어떻게 활용해야 할까?

1단계_ 변화시키거나 끌어들이고 싶은 일을 선택하라

당신은 '키가 크고 건장하고 핸섬한 사람'을 원할 것이다. 그러나 '키가 크고 건장하고 핸섬한 사람'이라고 해서 당신이 원하는 점만 갖추고 있는 건 아니다. 멋진 외모 뒤에 속임수와 교활함과 이기심을 숨기고 있기도 하고 또는 지나치게 정신적인 면에만 치중하는 경우(육체적 욕망도 중요하다)도 있다. 반면, 정직함과 헌신 또는 다른 사람의 장점을 잘 찾아내는 능력을 갖추었을 수도 있다.

당신이 원하는 이상적인 파트너의 모습을 구체적으로 기록해 보라. 지나치게 상세할 필요는 없지만 중요하게 생각하는 점은 반드시 명시하라. 예를 들어, 파트너의 머리카락 색깔은 중요하지 않지만 솔직함이나 유머감각은 매우 중요하다.

다음 단계로, 당신이 원하는 관계가 어떤 것인지를 정하라.

진정한 파트너를 원하는가 아니면 단순한 연인을 원하는가? 또는 우정인가 혹은 다른 관계인가? 사회나 부모나 친구들이 배우자로 이상적이라고 생각하는 사람이 아닌, 당신에게 가장 잘 어울리는 사람을 선택하라.

그런 다음 '내가 끌어들이길 원하는 관계'가 가능하다고 믿는지 점검해 보라. 당신은 첫눈에 반할 정도로 매력적이고 대단한 성공을 거둔 서른다섯 살의 재벌급 기업가를 만날 수 있다고 믿고 있는가? 고래 보호 운동을 펼친 업적을 인정받아 한창 주가가 오르고 있는 멋진 남자와 사랑에 빠져 결혼하고, 하얀 울타리가 둘러쳐진 그림 같은 집에서 아이를 낳고 행복하게 살기를 꿈꾸는가? 만일 당신 마음속에서 "그래요!"라는 외침이 들려온다면 시도해 보지 못할 이유도 없다.

그러나 그보다는 성격이 부드럽고 나름대로 개성이 있으며 열심히 일해서 가족을 편안하게 부양하고, 1년에 한 번 지역공동체에서 벌이는 환경 미화 캠페인에 자원봉사자로 참가할 만큼 이웃에 대해서도 관심이 있는 사람을 찾는다면 그건 보다 쉽게 이루어질 수 있다.

감사의 파동을 발산할 때 중요한 것은 소망 자체가 아니라 이루어질 것이라고 믿는 마음이다. 당신이 불가능하다고 믿는 것을 위해 감사의 파동을 발산할 수는 없다. 억지로 시도한다고 해도 전혀 효과가 없다.

2단계_ 소망을 뒷받침하는 감정을 확인하라

당신이 원하는 관계가 당신에게 어떤 의미가 있는가? 당신은 그것에 대해 어떤 가치를 부여하고 있는가? 예를 들어, 누군가와 당신의 삶을 공유하길 원하는가? 누군가가 당신을 진심으로 돌봐 주길 바라는가? 생활고를 나눠지길 원하는가? 함께 아이를 키우는 것인가? 당신이 '가치를 부여하는 것'을 구체적으로 적어 놓고 반복해서 확인하라.

그런 다음 이런 관계를 맺게 되었을 때 어떤 기분을 느낄지 반문해 보라. 평온함과 안정감을 느끼는가? 존경받는 기분인가? 행복하고 기쁜가? 평화로운가? 흥분이 되는가? 관계에 대한 가치와 그 안에 있을 때 느낄 기분을 상상해 보는 것은 영혼에 감사가 넘치게 만든다. 당신의 소망에 미소를 보내고, 몸과 마음과 영혼이 감사함으로 충만하게 만들어라. 당신 자신을 이런 기분 속에 흠뻑 젖게 만들어라. 멋진 관계를 끌어들이기 위해 감사의 파동을 발산할 때 이 기분을 사용해야 하기 때문이다.

3단계_ 갈등을 일으키는 생각이나 믿음을 뿌리 뽑아라

우리 사회는 남성이나 여성 그리고 인간관계에 대해 부정적이며 감사가 부족하다. 다음 도표에 소개한 부정적인 사고방식을 반드시 변화시켜야만 원하는 관계를 실현할 수 있다.

이밖에도 자신에 대해 부정적인 믿음이 없는지 점검해 보라.

예를 들어, 자신이 원하는 관계를 누리기에 너무 늙었거나 너무 젊었거나, 또는 너무 뚱뚱하거나 너무 말랐거나, 너무 가난하거나 너무 부자거나, 너무 경박하거나 너무 심각하거나, 너무 기타 등등이라고 생각하지 않는가? 이런 부정적인 믿음을 변화시키는 가장 쉬운 방법은 주변을 객관적인 눈으로 둘러보는 것이다. 가까운 주변에서 당신은 얼굴, 키, 인종, 성별, 종교, 학력, 경제적 형편, 건강 상태 등에 관계없이 행복하고 사랑이 충만한 커플들을 만날 수 있을 것이다. 사랑은 사방으로 길을 열어 두고 있다. 이런 부정적인 생각들을 쫓아 버린다면 당신이 꿈꾸는 관계를 끌어들이는 선명하고 집중적인 감사의 파동을 발산할 수 있을 것이다.

새로운 믿음을 지원해 주는 다음과 같은 말들을 자신에게 확신시켜라.

◆ 모든 사람에게는 어울리는 상대가 있어.
◆ 이 세상 어딘가에 내게 완벽하게 어울리는 짝이 반드시 있을 거야.
◆ 나는 내가 원하는 배우자나 관계를 끌어들이는 데 필요한 모든 면을 충분히 갖추고 있어.

현재의 믿음	달라진 믿음
괜찮은 사람들은 다 임자가 있어.	지구상에는 수십 억의 사람들이 살고 있고 내 주위에만 해도 수백 만이 살고 있어. 그중에서 나한테 맞는 사람이 반드시 있을 거야.
남자들의 관심은 오로지 섹스에만 쏠려 있어.	그래, 남자들은 섹스를 좋아하지만 다른 것에도 관심이 있어. 내가 만날 남자도 섹스만이 아니라 다른 것에도 관심이 있는 사람일 거야.
여자들은 당신의 돈에만 관심이 있어.	나는 빈털터리가 되었고, 이혼이 내게 많은 부담을 준 건 사실이야. 그러나 친구 아내들을 보면, 여자라고 모두 탐욕스러운 건 아냐.
남자들은 결코 책임지고 싶어 하지 않아.	내 이전 남자친구도 우리 관계가 진지해지자 겁을 먹었지. 하지만 결혼 생활을 잘 해내는 남자들도 많잖아. 나도 그들처럼 책임감 있는 남자를 만날 수 있을 거야.
여자들은 남자를 바꾸려고 들어.	내가 대학 다닐 때 사귀던 여자친구는 그렇지 않았어. 그리고 내 친구의 아내도 그런 여자가 아니지. 나도 남자를 자기 마음대로 바꾸려고 하지 않는 여자를 만날 수 있을 거야.
결혼은 자유의 무덤이야.	그래, 생활에 제약이 생기는 건 사실이지만 그렇게 나쁜 것만은 아냐. 서로에게 관심이 있다는 증거니까. 그리고 우리는 서로의 자유를 어느 정도 묵인할지 의논할 수 있을 거야. 나는 내가 그런 대화가 가능한 사람을 만날 거라고 믿어.
결혼은 족쇄고 사슬이야.	나는 그렇게 생각하지 않아. 비록 과거에 만났던 사람들과의 관계가 지속되진 않았지만, 그들이 내게 장애물이 되진 않았어.

감사는 관계를 치유한다

4단계_ 감사의 파동을 발산하라

어느 분야나 공통적으로 현재 상황에 감사하는 것으로 시작하라. 파트너가 없다고 우울해 하지 말고 현재의 관계, 즉 가족이나 친구, 동료, 애완견 등과의 관계에 감사하라. 당신이 맺고 있는 모든 관계를 소중히 생각하라. 그리고 이미 당신의 삶에 들어온 사람들과 나누는 즐거운 경험이나 생각, 기분에 감사하라. 당신의 소망이 실현될 징조에 항상 주의를 게을리하지 말라.

당신은 자신이 좋아하는 주변 사람에게 어떤 반응을 보이는가? 다른 커플들에 대해 어떻게 느끼는가? 영화에서 키스하는 커플을 보면 질투심이 생기는가? 결혼하거나 데이트하는 친구들을 보면 아직 혼자라는 것에 화가 나는가? 사람들이 당신의 진가를 알아주지 않는 것에 분노가 치밀어 오르는가? 당신이 관계를 맺고 있는 사람들에 대해 분노를 품고 있는 한 인간관계에 대한 감사의 파동을 갖기는 매우 힘들다.

우선 주변 커플을 보는 시각을 변화시켜라. "나도 곧 저런 모습이 될 거야"라고 감사하는 마음을 가져라. 앞으로 다가올 관계에 대해 간절히 기대하는 마음을 키워 나가며, 주변 커플들의 모습을 인간관계의 본보기로 여겨라. "저런 아름다운 관계도 있구나! 나한테도 저렇게 잘 어울리는 사람이 생길 거야." 그리고 최선을 다해 감사하는 마음을 품어라.

조용한 장소에 앉아 눈을 감고 소망이 실현된 후 느끼게 될 멋진 기분을 떠올려라. 원하는 관계에 대한 가치를 생각해 보라. 그리고 당신의 마음과 영혼을 그것에 대한 감사로 차고 넘치게 하라. 당신의 감사 파동이 견고하고 강력하게 느껴질 때까지 그 힘을 키워라. 그리고 그 상태를 3~5분 정도 유지시킨 다음 긴장을 풀어라. 이제 모든 과정이 끝났다.

감사에 대한 집중력이 매일 살아 움직이게 만들어라. 때로 이것이 힘든 경우도 있다. 관계를 끌어들이기 위해 감사를 사용할 때 '열망'이라는 특별한 저항이 끼어들기 때문이다. 열망이 생기는 것은 매우 자연스러운 현상이다. 파트너가 나타나길 갈망하고, 사랑스러운 커플을 부러운 눈으로 바라보며 '도대체 언제 내 차례가 돌아오는 거야?'라고 염원하는 것은 당연하다. 그러나 안타깝게도 열망은 관계를 방해하는 파동을 생산한다. 열망에는 만족감이나 기쁨이 들어설 자리가 없다. 당신의 열망을 앞으로 일어날 일, 즉 간절히 소망하는 관계에 감사하는 감정으로 변화시켜라.

열망에서 벗어나야 할 필요성은 여러 사람의 경험담을 통해 증명되었다. "다시는 누군가를 만나지 않을 것이며 모든 관계에 대한 미련을 버릴 거라고 생각한 직후에 그가 나타났어요." 열망의 파동을 중단시키는 순간 감사의 파동이 방해받지 않고 발산되어 감사할 수 있는 관계를 끌어들인 것이다.

그러면 관계에 대한 소망을 유지시키면서 어떻게 열망을 버릴 수 있을까? 지금 누리지 못하는 관계에 초점을 맞추기보다 현재 맺고 있는 관계를 가치 있게 여김으로써 가능해진다.

5단계_ 감사의 힘이 작용하도록 만들어라

현재 맺고 있는 관계에 감사하는 동시에 새로운 관계가 다가오는 징조에 주의를 기울여라. 감사의 파동이 끌어들일 마법처럼 놀라운 방법들을 향해 마음의 문을 활짝 열어 놓아라. 유난히 어떤 이벤트에 가고 싶은 마음이 들거나, 전에는 거들떠보지도 않던 어떤 사람과 얘기를 나누고 싶어질 수도 있다. 확실한 결과만을 기대하지 말라. 누군가가 당신에게 다가와서 "안녕하세요, 제가 바로 당신이 찾고 있는 그 사람입니다"라고 말할 가능성이 얼마나 되겠는가.

그렇다면 어떤 일들이 가능할까? 당신은 갑자기 독서클럽에 들고 싶은 마음이 생겼다. 몇 번 모임에 참가했고, 그곳에서 만난 한 연로한 부부에게 "오랜 세월 행복한 결혼 생활을 유지해 온 부부들은 정말 보기가 좋아요"라는 말을 건넸다. 대화를 나누던 중 노부부가 "다음 주에 아들이 집으로 오는데, 우리 집에 와서 함께 저녁을 먹지 않겠수?" 하고 저녁 식사에 초대했다.

당신은 그 초대를 받아들였다. 가 보니 막상 그 아들은 별 볼일이 없었으나 함께 온 친구를 보는 순간 눈이 번쩍 뜨였다. 당신은 그와 사귀기 시작했고 관계가 잘 진행되고 있다.

이밖에도 당신과 전혀 어울리지 않는 것 같던 오랜 친구와의 우정이 사랑으로 발전하는 경우도 있다. 또 다른 에피소드도 있다. 당신 강아지가 이웃집 잔디밭에 실례를 했다. 당신은 누가 보기 전에 얼른 그것을 치우고 있었다. 그런데 강아지를 산책시키던 매력적인 아가씨가 지나가다 이 광경을 보고 말을 건넸다. 거기서부터 새로운 관계가 시작되었다.

만일 새로운 관계가 당신이 원하는 것처럼 빨리 찾아오지 않거든 믿음을 다시 한번 확인해 보라. 파동이 흩어지는 원인은 대개 믿음이 부족한 데 있다. 파동이 자기와 유사한 파동과 결합하려는 힘은 과학적으로 증명되었다. 소망과 상반되는 믿음이나 감정을 청소하는 일도 잊지 말라. 모든 인간관계, 주변에서 볼 수 있는 인간관계, 당신이 현재 누리고 있는 인간관계에 감사하는 노력을 잊지 말라. 때가 무르익으면 사랑이 넘치는 아름다운 관계를 끌어들이게 될 것이다.

_____ 아름다운 만남 그리고 인생

사랑은 관계를 형성하는 주춧돌이긴 하지만 사랑만으로는 충분하지 않다. 감사가 만능 해결책은 아니지만 건전하고 행복한 관계로 이끄는 많은 여건들을 만들어 내는 힘이 있다. 다른 사람에게 적극적으로 감사하는 마음은 인간관계를 활성화하는 기초가 된다. 그것은 '사랑의 감정'을 '사랑의 행위'로 바꿀 수 있으며, 사랑이란 말을 실제로 삶에 실현시키는 힘이 있다.

그리고 사랑하는 감정과 사랑하는 삶을 동시에 누릴 수 있다면 당신은 온 천하를 얻는 셈이다.

6

감사는 삶을 개선한다

The
Power of
Appreciation

직업이란 대부분의 사람들이 1주일에 5일, 1년에 50주, 대략 50년을 투자하는 대상이다.

　직업은 우리 삶에서 대단히 중요한 비중을 차지한다. 당신이 주부든, 치과 기공사든, 자영업자든, CEO든 직업은 자신에 대한 자부심이나 사회에서 자기의 위치에 대한 느낌을 확립시킨다. 자신이나 가족, 사회에 대해 당신이 얼마나 가치 있는 사람인지 평가하는 요소이며 동시에 당신의 성공과 풍요를 결정짓는 요소이기도 하다.

　'직업이'란 말에서 당신은 무엇을 연상하는가? 좋아하는 휴가를 고대하는 마음? 마음껏 즐기는 모습? 반드시 해내야 할 의무? 주말에 보수로 받는 급료? 함께 일하는 수많은 동료들? 당신이 피하고 싶은 무거운 짐? 시간을 보내는 방법? 집에서 벗어날 수 있는 구실? 사람들을 만날 수 있는 장소? 마음에 부담을 주는 상황? 적은 보수에 비해 지나치게 많은 할 일? 불쾌감과 절망감이 포함된 끝없는 따분함? 스트레스를 안겨 주는 마감 시간? 가족과 보내는 시간을 방해하는 장애물? 동료들과의 갈등? 무례하고, 둔감하고, 요구 조건이 많은 상관?

대개의 사람들에게 직업은 힘겨운 고난이자 끊임없는 투쟁이며, 은퇴하고 여생을 즐기기 전까지 힘써 해야 하는 일이다. 그러나 감사는 직업에 대한 이런 부정적인 견해를 변화시켜 준다.

당신이 감사의 렌즈를 통해 보기 시작하면 직장에서의 일이 한결 쉽고 원활하게 돌아가며 동료나 상관, 고객들과도 좋은 관계를 유지하게 된다. 감사는 당신의 능력을 인식하게 해주고 보다 큰 세계에 공헌하고 있는 당신의 존재를 깨닫게 해준다. 감사는 또 직업을 힘들고 고된 일이 아닌, 당신의 삶을 후원하고 향상시키는 존재로 만들어 준다. 따라서 직업이 자신이나 다른 사람에게 기쁨을 안겨 주는 대상으로 바뀌게 된다.

다니엘 골먼Daniel Goleman은 《감성 지능(Emotional Intelligence)》이란 책에서, 한 남자의 직업에 대한 감사가 수많은 사람들의 기분을 얼마나 즐겁게 해주었는지를 묘사하고 있다.

숨 막힐 듯한 무더위와 끈끈한 습기 때문에 짜증이 머리를 찌르는 뉴욕의 8월 어느 날 오후였다. 호텔로 돌아가기 위해 메디슨 가에서 버스를 타려던 순간, 나는 운전기사의 목소리에

깜짝 놀랐다. 중년의 흑인 기사가 환한 미소를 지으며 '안녕하세요, 반갑습니다!'라고 인사를 건네는 게 아닌가. 그 인사는 버스가 도시 중심가의 교통체증을 뚫고 지나는 동안 타고 내리는 모든 사람에게 계속되었다. 다른 승객들도 나처럼 놀라는 반응을 보였으나, 몇 사람을 제외하고는 날씨처럼 잔뜩 찌푸린 얼굴로 아무 반응도 보이지 않았다. 버스가 교통체증 속에서 거북이걸음을 하는 동안 더욱 놀라운 일이 벌어졌다. 운전기사가 지루한 승객들을 위해 코믹한 말재주로 주변 경관을 안내해 주는 게 아닌가! 저 가게에서는 왕창 세일을 하고 있고, 이 박물관에서는 멋진 전시회가 열리고 있으며, 앞에 보이는 극장에서는 재미있는 영화를 이제 막 개봉했다는 등이었다. 도시가 제공하는 풍부한 혜택을 즐거워하는 그의 마음은 곧 모든 사람들에게 전염되었다. 버스에서 내릴 때가 되자 사람들은 처음 탈 때의 뚱한 기분에서 벗어나 기사와 악수를 나누며, '안녕히 가세요. 좋은 하루 보내세요!'라는 인사에 미소로 답했다.

_____ 직업에 대한 감정이 달라진다

직장에서의 역할을 확실히 인식하고 감사하는 마음을 갖게 되면 당신은 그 의미와 중요성을 재발견할 수 있다. 모든 일에는 나름대로 가치가 있다는 것을 깨닫기 때문에 지위에 대한 갈등이 줄어들게 된다. 더 이상 다른 사람의 직업이나 보수를 부러워하지도 않는다. 이렇게 경쟁심이 사라진 자리에는 자부심이 더욱 크게 자란다. 현재 처한 환경에 감사하고 있다면 당신은 아직 채워지지 않는 것에 대한 파동을 발산할 적절한 위치에 서 있는 셈이다.

자신이 무언가를 위해 공헌한다는 생각은 모든 일에 기꺼이 헌신하게 만든다. 자신에게 감사할 줄 아는 사람은 다른 사람을 인정하는 데에도 너그러워 팀워크가 한결 돈독해질 수 있다.

이런 사고방식은 직업에 대한 자신의 감정도 변화시킨다. 더 이상 다른 사람이 인정해 주길 기다리지 않고 스스로 기준을 세워 그 목표가 달성될 때마다 자신에게 감사하는 것이다. 또한 주변을 바라보는 눈도 감사하는 시각으로 바뀌며, 작업 환경에서 가치 있는 것들을 발견하는 능력이 커진다.

현재의 일이 당신이 진정 원하는 일이 아닐지라도 그것이 주는 유익한 효과를 인식하고 감사하라. 새로운 깨달음을 얻은 제이슨의 경험담이다.

"저는 작년에 전문대학을 졸업하고 투자전문회사에 지원했습니다. 그러나 실패하고 결국 제가 원하지 않던 보험설계사로 일하게 되었죠. 하지만 지금은 이 일을 하게 된 의미를 깨닫게 되었습니다. 보험 판매는 적당히 빈둥거리며 때울 수 있는 일이 아니죠. 이런 경험은 전 생애에 걸쳐 매우 필요하다고 봅니다. 그리고 충분한 능력이 갖춰지면 제가 원하는 투자 분야에서 일할 수 있는 길이 열리리라고 확신합니다."

때로 당신은 모든 사람들이 불평하고 꺼리는 상황에 처할 수도 있다. 그러나 그들의 부정적인 견해는 근거 없는 그들의 생각일 뿐이다. 만일 당신이 다른 사람의 태도에 좌우되지 않고 감사의 파동을 발산할 수 있다면 당신의 파동은 비슷한 파동을 찾아낼 것이다. 그리고 파동의 본성은 되돌아오는 것이기 때문에, 당신이 발산한 감사의 파동은 반드시 되돌아오게 된다. 때가 되면 당신은 어떤 식으로든 다른 사람에게 감사를 받고 있는 자신을 발견하게 될 것이다. 해롤드는 감사의 부메랑이 돌아오는 데 오랜 시간이 걸리지 않는다는 사실을 발견했다.

"언제부터인가 저는 직업에 대해 진심으로 감사하기 시작했습니다. 그것은 전혀 예상하지 못했던 일이지요. 저는 지난 몇 주 동안 진심으로 감사하는 마음을 가지려고 노력해 왔고, 오늘 갑자기 그 결과가 눈에 나타나기 시작했습니다. 오늘 회사에서 부서 회의가 있었습니다. 60여 명의 직원들이 참석했고 그들은 회사의 기본 이념에 관해 얘기를 나누고 있었습니다. 저는 계약직 직원으로, 엄밀히 말해서 이 회사의 정식 직원이 아니었죠. 그러나 그들은 제 업무를 인정해 주었고 저는 진심으로 환영받고 있다는 기분을 느꼈습니다. 처음 느껴 보는 뿌듯한 자부심이 었어요. 회의를 마치고 저는 제 상관을 비롯한 다른 상관들과 얘기를 나누었습니다. 그들은 제 일에 대해 얼마나 고맙게 생각하는지를 말해 주었지요. 그리고 계약 기간을 연장하는 게 어떻겠느냐고 제안했습니다. 물론 서로 협의 과정이 필요하긴 했지만, 중요한 것은 그들이 제게 보낸 감사였습니다. 제 자신의 존재가 한 단계 업그레이드된 기분이더군요."

당신의 직업을 변화시키기 위해 감사를 어떻게 적용할까?

_____ 자신의 능력을 인정하고 고마워하는 마음

자신에 대한 감사에서부터 시작하라. 내가 발휘할 수 있는 능력은 무엇인가? 내가 가진 특별한 재능이나 기술은? 유머감각, 융통성, 민첩성, 치밀함, 신중함, 인내심 중 어느 부분이 직업에 기여하고 있는가?

당신은 자신의 특별한 능력을 당연한 것으로 생각하지는 않는가? 당신의 기술이나 재능, 공헌을 소중히 여기고 자신의 능력에 감사하라. 그러면 갑자기 자부심이 커지는 것을 느낄 것이다. 이런 자부심은 당신의 자질이나 능력을 제대로 발휘하는 데 도움이 된다. 심지어 '아니오'라고 분명히 태도를 밝힐 수 있는 것도 감사할 자질 중의 하나다. 앤서니의 경우를 보자.

"저는 한계를 분명히 하는 제 능력에 감사합니다. 남에게 피해를 주지 않도록 제 범위를 지키며 '죄송합니다. 제가 할 일이 아닌 것 같군요'라고 말할 수 있는 것에 감사합니다."

자신의 능력에 대해 스스로 감사하면 당신은 더 이상 순교자의 노래를 부르지 않게 된다. "아무도 내게 관심을 보이지 않고, 아무도 내가 하는 일을 인정해 주지 않고, 아무도 나한테 감사하지 않아." 그러나 당신 자신이 당신에게 감사하며, 당신 자신이 당신에게 관심을 갖고 있지 않은가! 자신에 대한 감사는 더욱 감사할 일들을 끌어들이는 파동을 만들어 낸다. 따라서 당신은 직장에서 많은 사람들로부터 감사를 받게 될 것이다.

감사는 교만함이나 지나친 이기심과는 다르다. 다른 사람을 배제하고 오로지 자신에게만 감사하거나 자신을 그들보다 우월하게 여기지 말라. 감사는 지금 자신 그대로의 모습에 뿌리를 내려야 한다. 당신의 기술이나 능력 그 자체를 소중하게 여기며 다른 사람과 비교해서 생각하지 말라.

_____ 직업이 베풀어주는 다양한 선물

'직업'에 대해 감사한 점을 생각할 때 가장 먼저 떠오르는 것이 돈이긴 하지만, 직업은 이밖에도 당신의 삶에 많은 공헌을 한다. 우선 당신의 재능, 기술과 능력을 표현하고 사용할 기회를 제공한다. 자신을 표현하도록 허락해준 직업에 감사하는 마음을 가질 때 직업은 단순한 일 이외의 의미를 지니게 된다. 보다 개인적이고 밀접한 가치를 지니게 되는 것이다. 즉, 자아를 실현하는 수단이 된다. 감사 모임 회원이자 변호사 보조원인 마리아의 경험담이다.

"저와 같은 직업을 갖는 사람들은 날마다 갈등과 압력을 참아 내야만 한다고 생각했습니다. 싫어도 어쩔 수 없었지요. 그것을 이기지 못하면 직업을 잃게 될 것이고 돈도 벌 수 없을 테니까요. 하지만 이제는 직업이 제 지성을 발휘하게 만들어준 고마운 것이라는 느낌입니다. 실제로 변호사가 제게 던져 주는 일거리들은 복잡하고 까다로워서, 제 지성을 최대한 발휘하지 않으면 해내기 힘든 것들이지요. 지금은 끊임없는 요구와 독촉을 받을 때마다 이렇게 마음을 가다듬어요. '자, 이제 또 번뜩이는 내 지성을 발휘할 기회가 왔구나. 지성아, 기뻐하렴. 너의 진정한 능력을 보여 줄 좋은 기회가 왔단다.' 그리고 지성을 요구하는 직업을 가진 것에 감사하곤 해요. 제게 주어지는 많은 일거리들을 압력으로 생각하지 않고 지성을 발휘할 기회로 여기고 감사하게 된 거죠."

앞서 예로 든 뉴욕의 친절한 버스기사도 자신의 직업을 단순히 승객 운반 이상으로 생각했다. 그는 버스기사라는 직업을 사람들에게 행복과 기쁨을 나눠 주는 기회로 여겼던 것이다.

_____ 더 큰 목표를 바라보라

직업은 당신에게 목적의식을 부여한다. 당신의 직업은 다른 사람에게 어떤 식으로든 공헌하고 있다. 직업이 당신을 세상에서 중요한 존재로 만든다는 사실에 감사할 때 직업을 보는 시각이 달라질 것이다.

예를 들어 보자. 당신은 에어컨이나 히터를 만들어 내는 단순한 엔지니어가 아니다. 감사의 렌즈를 통해서 보면, 자신이 만든 시스템으로 빌딩에서 일하는 사람들에게 보다 편안하고 건강한 환경을 제공하고 있는 것이다. 당신의 직업은 사람들의 웰빙에 기여하며 그들이 보다 편안하고 행복하게 지내도록 돕고 있다.

당신이 주부라면 단순히 집 안을 청소하고 요리를 하고 아이들을 태워다 주는 직업이 아니라 가족의 건강과 행복을 위해 기여하고 있는 것이다. 더 나아가서 당신이 속한 공동체나 국가의 건강과 행복에도 큰 공헌을 하고 있다. 건강하고 행복한 개인이 보다 건전한 사회를 만들기 때문이다. 직업은 당신에게 이런 보람 있는 기회를 제공한다. 직업에 감사하는 마음을 가지면 보다 큰 의미를 부여할 수 있다. 따라서 자부심과 자신에 대한 가치를 더욱 크게 느끼게 된다.

어떤 직업에든 감사의 마음이 뒤따른다. 부부끼리 경영하는 자영업자에서 육체노동자까지, 사회 봉사자에서 웨이트리스까지, 음반 녹음 기사에서 컴퓨터 프로그래머까지 어떤 직업이든 관계없다. 당신이 무슨 직업을 가졌든 당신의 일은 보다 큰 목적을 향하고 있다.

일차원적인 목표	더 큰 목표
빌딩 관리인	건물에 들어오는 사람들을 위해 환경을 깨끗하고 쾌적하게 만든다. 덕분에 빌딩 출입자들이 더 행복하고 건강해질 수 있으며, 회사나 기관 전체의 성공에도 도움이 된다.
자동차 딜러 매니저	사람들에게 그들의 생활방식이나 가족 관계, 예산에 맞는 지출을 하도록 정보를 제공함으로써 그들에게 맞는 차를 선택하도록 돕는다. 부하 직원들의 자동차 판매 능력을 향상시킴으로써 그들이 안정적인 직장생활을 할 수 있도록 이끌어 준다. 직원들을 격려하고, 지원하고, 도와줌으로써 그들의 기술과 능력을 향상시킬 수 있는 길을 열어 준다.
경리사원	개인이나 회사가 재정 업무를 체계적으로 처리할 수 있도록 돕는다. 따라서 그들은 예산과 지출을 규모 있게 운영함으로써 스트레스를 줄이고 성공으로 나아갈 수 있다.

_____ 경쟁을 넘어 협력으로

아무도 독불장군으로 일할 수는 없다. 우리는 동료나 고용주와의 관계 속에서 일하고 상관의 명령에 복종해야 한다. 동료들에게 불만을 터뜨리기도 하고 상관의 모습이 눈에 띄지 않으면 행복해 한다. 그러나 사람들은 감사를 먹고 자란다. 누군가가 "고맙습니다"라고 말하면서 그 이유를 설명해 준다면 얼마나 기분이 좋을지 상상해 보라.

9.11테러가 있은 지 몇 주 후, 세계무역센터에서 붕괴된 건물의 잔해를 실어 나르던 트럭 운전수들은 뉴욕 시민들의 자발적이고 공개적인 감사를 받았다. 시민들은 트럭이 드나드는 길에 "감사합니다"라는 플래카드를 들고 줄지어 서서 트럭이 지나갈 때마다 박수를 쳤다. 트럭 운전수들의 표정은 매우 인상적이었다. 놀라움과 자부심과 감사를 받는 데 대한 기쁨으로 가득차 있었다.

다른 사람에게 감사를 표현하면 그들과의 유대감이 돈독해지며 보다 쉽게 그들의 협조를 얻게 된다. 자기들이 제공하는 것을 당신이 소중하게 여긴다는 걸 알고 있기 때문이다. 자신이 제공하는 것을 소중하게 여길 때 당신이 느끼는 감정과 같다. 공동의 목표를 위해 각자가 기여하는 바를 서로 인정하고 고맙게 여긴다. 이런 마음을 가질 때 서로 잘 협력하며 모든 사람이 함께 성장할 수 있다.

알피 콘Alfie Kohn은 자신의 책 《경쟁을 넘어서(No Contest)》에서 직장에서의 협동정신에 관해 "모든 일을 가능하게 만드는 현명하고 성공지향적인 전략이자 실용적인 선택"이라며 "경쟁보다 한결 효과적인 결과를 얻을 수 있다"고 지적했다. 이를 증명하는 많은 연구들이 발표되었으며, 공동 목표를 위해 여럿이 협동하든 개인의 목표를 위해 각자 노력하든 어느 경우에나 적용되었다. 협동은 정보에 접근하는 능력을 증가시키고, 창의성을 자극하며, 모든 일의 능률과 성공률을 높이고, 정신 건강과 웰빙을 향상시키는 효과를 가져왔다. 콘은 서로가 협조하는 상황에서는 낙오자가 없었다고 지적했다. 또한 모든 사람이 승자이므로 각자의 자부심과 서로에 대한 존경심이 높아지는 결과가 나타났다.

사람들은 무시당하거나 비판받는 것에 익숙해져 있기 때문에 처음에는 당신의 공개적인 감사 표현에 당황할 것이다. 사람에 따라서는 당신에게 다른 흑심이 없는지 의심하는 경우도 있을 것이다. 그러나 상대가 어떤 반응을 보이든, 진심으로 감사하다 보면 머잖아 그들도 당신의 진심을 믿고 감사하는 마음을 기쁘게 받아들일 것이다.

그러나 우리는 항상 도움을 받으면서도 그것을 간과하는 경향이 있다. 상대의 도움을 당연한 것으로 여기지 말고 진심에서 우러나는 마음으로 감사를 표현하라. "그 프로젝트를 제 시간에 마칠 수 있도록 도와줘서 정말 고마워요"라고 감사할 일을 구체적으로 표현하거나, "항상 기꺼이 도와줘서 정말 고맙네"라고 전반적으로 고마움을 표현할 수도 있다. 항상 소중한 일들을 찾아내서 고마움을 표현하라.

감사할 일을 열거하자면 한이 없다. 그러나 처음에는 적절한 말을 생각해 내기가 쉽지 않을 것이다. 우리는 동료에게 공개적으로 감사를 표현하는 데 익숙하지 않다. 감사의 표현이 자연스럽게 흘러나올 때까지는 시간이 필요하다. 여기 몇 가지 예를 소개한다.

- 복사기 사용법을 가르쳐 줘서 고마워요.
- 그렇게 빨리 처리해 주셔서 감사합니다. 제게 정말 도움이 많이 되었어요.
- 대기실을 잘 정돈해 주셨더군요. 감사합니다.
- 주문해 주신 장비 성능이 참 좋아요. 고맙게 잘 쓰겠습니다.
- 커피 잔을 꺼내 주셔서 감사합니다.
- 중요한 약속을 잊지 않도록 챙겨 주셔서 고맙습니다.

구체적이고 적절한 표현을 사용하라. 누군가가 당신에게 얼마나 도움이 되었는지를 감사하는 것은 적절한 표현이다. 그러나 누군가의 옷차림에 대한 칭찬은 적절하지 않을 수도 있다.

◆ 당신의 프로정신은 높이 평가할 만합니다. 일에서나 자기
를 표현하는 면에서나 모두 완벽하군요.(적절한 표현)
◆ 당신이 입고 있는 짧은 스커트가 정말 보기 좋군요.(적절하
지 않은 표현)

_____ 고약한 동료, 고객, 상황에 부딪혔을 때

당신이 정말 싫어하는 동료에게는 어떻게 할 것인가? 항상 스테
이플러를 빌려 가서 돌려주지 않거나, 당신의 아이디어를 가로
채거나, 상관에게 아첨을 일삼는 동료에게 어떻게 감사하란 말
인가?

이런 사람에게 감사하기란 매우 힘들겠지만, 그래도 도전해
볼 만한 가치가 있다. 당신이 감사할 때 동료와의 관계도 좋아
질 수 있기 때문이다. 스테이플러를 빌려 간 동료에 대해 소중
히 여기거나 고마워해야 할 점이 무엇인지 생각해 보자. 돌려주
지 않은 것은 물론 동료의 잘못이다. 그러나 그는 다른 일을 하
느라 바빴을 수도 있고, 그 일이 회사의 발전에 크게 기여하는
것이었을 수도 있다.

잠시 스테이플러 사건은 제쳐 두고 그에게 감사할 일을 찾아 내어 그 감사를 구체적이고 진심 어린 말로 표현해 보라. 그의 유머감각이 당신의 하루를 밝게 만든다든지, 그의 아이디어가 프로젝트를 수월하게 만들었다는 말을 건네 보라. 돌려주지 않은 스테이플러에 대한 생각은 잠시 잊어라.

당신이 진심 어린 감사의 파동을 발산하면 그 동료와의 관계가 달라질 것이다. 스테이플러를 빌려 가는 일이 줄어들거나, 빌려 갔다가도 제때 돌려주거나, 다른 부서로 이동 발령을 받을 수 있다. 결과야 어떻든 한 가지 분명한 사실이 있다. 당신의 파동이 그 동료에게 감사할 수 있는 일을 끌어들인 것이다. 그것이 비록 다른 부서로 발령받는 일일지라도 마찬가지다.

이번에는 감사가 당신의 고통스러운 작업 환경을 어떻게 변화시키는지 살펴보자. 당신이 한 일에 대해 사사건건 못마땅해하는 상관에게 어떻게 감사할 것인가? 한 광고 회사의 회계 담당자인 크리스는 이렇게 말했다.

"우리 회사는 항상 정신없이 바쁘지요. 그래서 저는 한 프로젝트도 서너 사람에게 지시를 받곤 했습니다. 그들은 제 방에 들러서 책상에 메모를 남기고 가거나 전화기에 음성으로 녹음해 놓곤 했지요. 저는 그들이 지시한 것을 한데 모아 내용을 파악하는 것만으로도 많은 시간을 허비해야 했어요. 어느 날 여러 사람에게 받은 정보를 꿰맞춰 한 고객에게 보여줄 설명서를 만들고 있었어요. 그때 상사로부터 이런 지시를 받은 것이 떠올랐습니다. '고객에게 가장 효율적으로 홍보하는 방법은 바로 촌지를 주는 것입니다.'

저는 이상하게 생각했지만 지시받은 대로 했습니다. 촌지를 주는 것도 홍보의 한 방법이라고 생각했지요. 그런데 이 사실을 안 상관이 불같이 화를 냈습니다. 그는 홍보를 하면서 어떻게 촌지를 건네줄 생각을 할 수 있느냐고 따졌죠. 이제 그 고객이 우리 제안을 거절할 것이 확실하므로 상황을 수습할 방안을 마련하라고 으름장을 놓았습니다. 알고 보니 상관이 했던 말은 '홍보를 하면서 고객에게 촌지를 주어서는 절대 안 됩니다'라는 것이었습니다. 녹음되어 있던 말을 제가 잘못 들었던 거죠. 저는 절망감에 사로잡혀 자신을 질책했습니다. 어떻게 이 사태를 수습해야 할까? 도망칠 수는 없고, 어디서부터 일을 해결해야 하지? 그때 이런 생각이 들었습니다. '좋아, 감사의 힘을 이용해 보자. 내가 미처 생각하지 못했던 면이 있을 거야. 그게 뭘까?' 그리고 먼저 상사에게 감사하는 일부터 시작하기로 했습니다. '상사가 내게 화를 낸 것에 감사하자. 그가 화를 낸 것은 회사를 염려해서일 거야. 그는 회사를 위해 최선을 다하고 싶었을 테니까. 그런데 일이 잘못될 것 같으니까 화가 난 거겠지. 상사의 그 마음에 감사하자.'

그러자 이상하게 마음이 진정되며 기분이 한결 나아졌습니다. 뒤이어 이런 생각이 들었습니다. '내가 절망하고 자책한 이유 또한 일을 잘하고 싶었는데 그렇게 되지 않았기 때문이지. 나는 일을 더 능숙하게 처리함으로써 인정받고 싶었던 거야. 그러니까 그런 나 자신에 대해 자부심을 느껴야 해.' 이런 감사는 기분 전환에 큰 도움이 되었습니다. 감사하는 마음은 모든 일에 대해 넓은 시각을 갖게 해주었고, 일을 보다 분별력 있게 처리하는 계기가 되었습니다."

감사는 또한 불쾌한 고객이나 손님을 잘 다루는 능력을 부여한다. 그들이 당신을 비참하게 만드는 점에 초점을 맞추는 대신 감사할 점을 찾아내게 만든다. 컴퓨터 회사 고객 서비스 담당자인 스테이시는 무례하고 불쾌한 고객에 이력이 나 있었다. 그런데 어느 날부터 그들에게 감사하는 마음을 갖기 시작했다.

"저는 하루 종일, 컴퓨터가 작동되지 않는다고 불평하는 사람들과 씨름하며 지내야 해요. 대부분의 고객들은 점잖게 행동하지만 개중에는 정말 짜증스러운 사람도 있죠. 중요한 순간에 컴퓨터가 작동되지 않는다며 그들은 고래고래 소리부터 질러댑니다. 그러면 저는 화가 나서 불친절하게 대하곤 했어요. 누군가가 저를 함부로 대할 때 친절함과 상냥함을 유지하기란 쉬운 일이 아니죠. 어느 날 한 여성이 전화를 걸어 컴퓨터가 프린터를 인식하지 못해서 인쇄를 할 수 없다고 노발대발 소리를 질렀어요. 그 순간 저는 아무리 화가 나고 그녀의 고함소리가 들기 싫어도 감사하는 마음을 갖기로 결심했어요. 제가 할 수 있는 일은 마음속으로 '당신에게 감사해요. 당신에게 감사해요'라는 말뿐이었죠.

저는 그녀를 돕기 위해 필요한 질문들을 건네는 동안 계속이 말만 되풀이했어요. 그런데 갑자기 제 마음속에 이 여성이 그렇게 화가 난 이유는 컴퓨터를 사랑하기 때문이라는 생각이 들더군요. 그때부터 모든 일이 달라졌어요. 저는 그녀에게 화가 난 심정을 이해한다고 위로하며, 그녀가 컴퓨터와 컴퓨터가 해주는 일을 얼마나 소중하게 여기는지 알 수 있다고 말했죠. 그러자 그녀는 소리 지르기를 멈추고 대답했어요. '그래요. 당신 말이 맞아요.' 그녀의 목소리는 한결 차분해졌고 저는 기분 좋게 전화 업무를 마칠 수 있었습니다. 전화를 끊고 나니 날아갈 듯한 기분이었어요."

당신은 최고의 판매고를 달성하길 원하는가? 아니면 승진을 원하는가? 비즈니스가 번창하길 바라는가? 그렇다면 당신이 제공하는 것이 물건이든 서비스든 그것에 감사하라. 그리고 그것을 사거나 사용하는 사람에게도 감사하라. 사람들은 자신이나 자신의 물건 또는 서비스에 진심으로 감사하는 당신의 마음을 알아차린다. 그리고 당신이 만들어낸 파동의 효과로 당신에게 끌리게 된다. 당신의 감사는 보너스도 제공한다. 당신이 최선을 다하고 최고의 능력을 발휘하게 만든다. 이런 자세 뒤에는 반드시 성공이 뒤따른다.

　당신이 고객이나 손님에게 진심으로 감사할 때 그 마음은 그들에게 전달된다. 그러나 거짓 미소는 먹히지 않는다. 파동은 결코 속일 수 없다. 중고차 세일즈맨의 판에 박힌 미소와 친절함은 겉치레에 불과하다는 걸 사람들은 잘 안다. 겉치레에 불과한 그의 파동은 그와 유사한 파동을 끌어들인다. 사람들이 그의 말을 주의 깊게 듣지 않는 것이다.

　고객이나 손님을 왕처럼 생각하라. 그들을 귀하게 대접하라. 지금 당장 당신의 물건을 사지 않더라도 그들이 한 인간으로서 당신을 찾아준 것에 대해 고맙게 생각하라. 그들의 웰빙에 최대한 관심을 쏟아라. 당신이 판매한 물건이 그들의 웰빙에 기여할 수 있게 된 것에 감사하라. 강력한 감사의 파동을 보내라. 그러면 당신이나 당신의 물건 또는 서비스에 감사하는 파동을 끌어들이게 될 것이다. 당신의 성공은 감사 파동의 자연스러운 결과다.

_____ 직장에서 '감사의 힘' 사용하기

❦ 감사의 워밍업

성공적인 하루를 위해 자신의 파동을 조절하라. 당신의 직업이나 형편에 따라 집, 자동차, 버스, 지하철, 직장 등 편리한 곳에서 새로 맞이할 하루를 위해 3 ~ 5분 정도 '감사의 워밍업'을 실시하면서 자신을 가다듬어라.

워밍업에는 세 단계가 있다. 우선 직업 전반에 대해 감사하라. 그런 다음, 그날 특별히 감사할 일을 생각하라. 마지막으로, 당신 자신과 그날 회사에 기여할 수 있다는 사실에 감사하라. 조용히 눈을 감고 마음속으로 생각해도 좋고, 소리를 내어 말해도 좋고, 일지처럼 매일 적는 것도 좋은 방법이다.

감사 모임 회원인 다이앤은 레스토랑을 경영한다. 다음은 그녀가 하고 있는 감사의 워밍업이다.

"저는 하루를 시작하기 전에 제 직업에 감사하는 마음을 갖습니다. 제가 좋아하는 직업을 갖게 된 걸 감사하고, 다른 사람을 위해 일할 수 있으며 그들에게 즐거운 식사를 제공할 수 있는 걸 감사합니다. 저는 함께 일하는 직원들에게도 감사하는 마음을 갖습니다. 그런 다음, 오늘 우리 가게에 식사하러 올 모든 사람들에게 감사의 초점을 맞춥니다. 그리고 제 자신에 대한 감사도 잊지 않습니다. 제 일에 최선을 다하고, 레스토랑 안에서 일어나는 어떤 일도 잘 해결해 나가는 제 자신을 대견하게 생각합니다. 하루를 시작하기 전에 감사의 워밍업을 하면 그날 하루를 기분 좋게 시작할 수 있습니다. 예전에는 온갖 걱정으로 하루를 시작해서 온종일 불만과 짜증 속에서 보내곤 했습니다. 그러나 이제 걱정을 감사로 바꾸었고, 그러자 모든 일이 잘 풀려

나가고 있습니다. 요즘은 하루가 즐겁습니다."

❦ 휴식 시간을 보낼 때

커피를 마시거나, 화장실에 가거나, 점심 식사를 하거나, 그밖에 다른 휴식 시간에도 감사하는 마음을 잃지 말라. 커피를 마시거나 손을 씻을 때 이렇게 반문해 보라. "내가 지금 감사할 수 있는 일이 뭘까?"

단순히 '휴식 시간을 갖게 된 것'에 감사할 수도 있고, '좋은 하루를 보내고 있는 것'이나 '오늘 아침 상사와의 일을 잘 처리한 것' 또는 '좋은 아이디어를 생각해낸 것'에 감사할 수도 있다.

당신이 무엇을 감사하든 상관없다. 당신이 소중하고 고맙게 생각하는 것에 감사한 마음을 모으다 보면 그것이 직장 전체에 대한 감사함으로 확대된다. 또 자신감을 키우고 직장에서 가치 있는 존재라는 느낌을 증가시킨다. 뿐만 아니라 당신이 하는 일의 목적이나 중요성을 보다 잘 인식하게 만든다. 당신은 한결 능력이 향상되는 걸 느낄 것이며, 이 모든 것은 당신을 성공으로 이끄는 밑거름이 될 것이다.

❦ 감사로 하루를 마무리하기

하루를 감사로 시작하는 것처럼, 하루의 마무리도 3~5분 동안 감사하는 것으로 마감하라. 하루를 되돌아보며 소중하게 여기고 감사할 것을 기억하라. 자신을 가치 있게 여기는 일도 잊지 말라. 감사 모임 회원인 스티브는 이런 과정을 일주일 동안 겪은 후 변화를 체험했다.

"처음에는 웃기는 일이며 시간 낭비라고 생각했죠. 그래, 밑지는 셈 치고 한번 해 보자. 저는 퇴근길에 그날 하루를 되돌아봤어요. 그런데 놀랍게도 감사할 일이 너무 많았습니다. 기분이 상쾌해졌고, 스트레스에 지친 평소와는 달리 활기가 넘쳤습니다. 아내는 지난 일주일 동안 제 기분이 한결 나아 보였다고 말했어요. 감사가 저를 달라지게 만들었나 봅니다. 하지만 생각해 보니 제 자신에 대한 감사를 빠뜨렸더군요. 이번 주에는 그걸 실천해 볼 생각입니다."

감사가 당신의 혼란한 마음과 뇌의 리듬을 가라앉히고 조화롭게 만든다는 사실을 감안할 때, 하루를 좋은 기분으로 마감하도록 돕는다는 말이 이해될 것이다. 감사로 하루를 마감하면 직업에 대해 전반적으로 감사하고 개인적인 만족감과 성취감을 높여 주는 효과도 있다.

_____ 행복한 직장 생활을 위한 '감사의 5단계'

직장인이라면 누구나 직면하게 되는 '승진'이라는 문제를 두고,

원하는 결과를 끌어들이기 위해 감사의 5단계를 이용하자.

당신은 일이 지나치게 많고, 가치를 인정받지 못하며, 하는 일에 비해 보수가 너무 적다고 생각하고 있는가? 여러 번 승진을 시도했으나 번번이 실패의 쓴잔을 마셨는가? 당신은 누군가에게 공정하지 못하다는 불평을 늘어놓으며 자신이 얼마나 비참한 기분인지 토로한 적도 있을 것이다. 그렇다고 해서 달라진 게 있는가? 이제는 감사하는 방법을 사용해 보자.

1단계_ 변화시키거나 끌어들이고 싶은 일을 선택하라

당신은 원하는 자리에 올라서겠다는 선택을 했다. 새로 맡게 될 일에 대한 책임감과 의무감을 자신에게 확인시킴으로써 당신의 선택에 형태와 현실성을 부여하라. 함께 일하게 될 사람은 누구이며 직속상관이나 다른 상관들은 어떤 사람들인지, 그들 사이에서 암암리에 지켜지는 규칙은 무엇인지 등을 파악하라. 당신이 승진하고 싶은 지위에 관해 많이 알면 알수록 그것에 대해 보다 확실하게 감사할 수 있을 것이다.

2단계_ 소망을 뒷받침하는 감정을 확인하라

승진이 당신에게 주는 의미는 무엇인가? 그것이 당신에게 어떤 가치가 있는가? 당신의 첫 번째 반응은 아마 '많아진 보수'일 것이다. 그러나 그 많아진 보수가 당신에게 구체적으로 어떤 의미를 부여하는지 반문해 보라. 청구서를 여유 있게 처리할 수 있어서 홀가분한가? 여윳돈을 저금할 수 있어서 안정감을 느끼는가? 낡은 부엌을 개조하거나 헬스클럽에 등록할 여유가 생겼는가? 많아진 보수가 당신의 삶에 가져다줄 풍요로움이 얼마나 감사한지 느껴 보라. 당신이 의미를 확실하게 부여하면 할수록 감사의 파동을 발산하고 유지하는 일이 한결 수월해진다.

승진의 또 다른 면을 생각해 보자. 새로운 책임감이나 의무감이 당신에게 의미하는 것은 무엇인가? 당신은 그것들에 어떤 느낌을 갖는가? 당신의 기술이나 재능을 잘 발휘할 수 있는 것에 가치를 두는가? 새로운 테크닉이나 접근법을 배우고 보다 가치 있는 프로젝트를 다루게 되리라고 기대하는가? 새로운 팀의 일원이 되길 갈망하는가? 새로 만나게 될 동료나 매니저들에게 지대한 관심이 있는가? 새로운 지위가 가져다줄 모든 것에 감사하는 마음을 깊이 느껴 보라.

3단계_ 갈등을 일으키는 생각이나 믿음을 뿌리 뽑아라

승진하고 싶은 소망에 도움이 되지 않는 생각이나 믿음을 뿌리 뽑아라. 승진을 생각할 때 당신에게 문제가 되는 것은 무엇인가? 일단 방해가 되는 생각이나 믿음을 제거했으면, 다음과 같은 다짐으로 당신의 파동을 선명하고 강력하게 만들어라.

- ◆ 나는 항상 일이 잘 풀리는 편이야.
- ◆ 나는 원하는 것을 얻을 자격이 있어.
- ◆ 성공은 쉽고 즐겁게 내게 찾아올 거야.

열정과 정성을 가지고 이런 다짐을 자주 반복하라.

4단계_ 감사의 파동을 발산하라

새로운 소망을 위해 감사의 파동을 발산하기에 앞서, 이미 가진 것에 대해 먼저 감사해야 한다. 비록 현재의 지위가 불만스럽더라도 새로운 시각으로 바라보도록 노력하라. 감사할 일이 없을

현재의 믿음	달라진 믿음
결코 그런 일은 일어나지 않을 거야. 나는 다시 물을 먹게 되겠지.	이번에는 다를 거야. 나는 승진을 위해 최선을 다했고, 이전과는 다른 결과를 얻을 수 있어.
나는 승진에 도움이 될 만한 사람을 몰라.	다른 사람의 도움으로 승진하게 되면 동료들 사이에서 떳떳할 수 없어. 내 기술과 자질로 떳떳하게 승진할 거야.
사람들은 현재의 내 모습에 너무 익숙해져 있어. 그들은 나를 다른 시각으로 보려고 하지 않을 거야.	현재 내가 하는 일이 내 능력의 전부는 아니야. 나는 더 많은 것을 보여줄 수 있고, 그러면 나에 대한 사람들의 인식이 달라질 거야.

감사는 삶을 개선한다

까? 현재의 지위가 당신에게 가져다준 것은 무엇인가? 당신의 지위가 이제까지 당신에게 제공해 온 것들을 생각해 보라. 당신이 배운 기술들, 만난 사람들, 겪었던 경험들을 고맙게 생각하라. 이 모든 것들이 어떤 형태로든 당신의 웰빙에 기여했을 것이다.

현재의 지위에서 겪는 부정적인 면들에 집착하지 말라. "저 과장하고는 같이 일할 수 없어" 또는 "보고서 작성은 정말 지겨워"라는 생각이 들 때마다 무시하고 작은 일에 감사하며 당신의 마음을 달래라. 왜 이런 자제심을 발휘해야 하는지를 되새기며 마음을 가다듬어라. 새로운 지위에 대한 감사의 파동을 강력하게 만들기 위한 것임을 잊지 말라.

부정적인 생각들을 정리했으면, 새로운 지위에 대한 감사의 파동을 발산할 준비를 갖추어라. 주변 환경이나 당신의 내면이 모두 조용하고 편안할 수 있는 장소를 찾아가 긴장을 풀어라. 새로운 지위에 감사하는 생각이나 느낌을 모두 집중시켜라. 승진이 가져다줄 기쁨을 상상해 보라. 경제적 풍요, 직장에서의 기쁨, 개인적인 만족감을 떠올려라. 감사의 파동을 만드는 동안 이런 기쁨들에 대한 행복과 감사함이 당신의 온몸과 마음에 흘러넘치게 하라. 일단 파동이 강력하게 집중되었다고 생각되면 온몸에 흐르는 그 느낌을 음미하면서 3~5분 동안 가능한 한 강력하게 느껴라. 그런 다음 긴장을 풀고 남은 하루를 감사의 기뿜 속에서 보내라.

다음날도 그 다음날도 예전과 변함없이 일하면서 의심이 들거나 사기를 저하시키는 유혹에 빠지지 않도록 유의하라. 감사의 파동이 다른 파동을 끌어들이거나 그 자체가 성공에 적합하도록 조정되기까지 시간이 필요하다는 사실을 기억하라. 효과가 진행 중이라는 사실을 믿고 감사의 파동을 강력하게 유지하라. 그리고 당신의 소망을 소중하고 고맙게 생각하는 일에 집중하라.

5단계_ 감사의 힘이 작용하도록 만들어라

승진의 징조에 예민하게 대처하라. 당신은 고위 간부들의 세미나를 청강할 수 있느냐고 요청함으로써 힘 있는 사람들의 눈에 항상 노력하는 사람으로 비칠 수 있다. 또는 동료가 도움을 요청해 왔을 때 기꺼이 도와주는 자세가 경쟁자보다 한 발 앞서는 계기가 될 수도 있다.

일을 능률적으로 처리하는 방법을 고안해 사장의 눈에 띌 수도 있다. 중요한 연회의 사회자로 발탁되거나 로터리클럽 회원에 가입하라는 권유를 받아 영향력 있는 사람들과 사귈 기회를 가질 수도 있다. 자신감에 찬 태도로 사무실을 드나들고, 불평불만을 중단하며, 활기 넘치는 자세로 좋은 인상을 남기는 방법도 있다. 승진이 어느 길로 오든 준비 자세를 갖추고 있다가 그

기회를 잘 포착하라. 영감은 동기를 유발하지만 행동은 동기를
실현시킨다.

　직업과 그와 관련된 모든 것 즉 동료, 고객, 거래처, 상관, 보
수, 승진 등은 당신에게 감사의 기술을 적용할 좋은 기회를 제
공한다. 더 이상 직장을 고단한 일터로 여기지 말라. 감사는 직
장을 행복과 성공과 자아 실현의 터전으로 만들어 갈 수 있는
자신감과 동기와 도구를 부여한다.

7

감사하는 마음으로 아이들을 키워라

감사하라, 아이가 자부심을 갖게 된다
감사하라, 아이가 감사하는 습관을 갖게 된다
감사하라, 아이가 삶을 사랑하게 된다

◆ 몸집이 왜소한 일곱 살 사내아이가 있었는데 친구들이 '계
집애'라고 놀리자 울음을 터뜨렸다.

◆ 열 살 소년이 상습적으로 친구를 때리고 점심 값을 빼앗은
탓에 또다시 교장실로 불려 갔다.

◆ 열세 살 아이가 이해할 수 없는 숫자들로 가득 찬 칠판을
응시하다가 험한 욕지거리로 교사에게 야유를 보낸다.

◆ 의기소침한 열네 살 소녀가 배신한 남자친구의 사진을 멍
하니 바라보며 손목을 칼로 긋거나 자살을 결심한다.

◆ 학교에서 단정치 못한 옷차림 때문에 친구들에게 무시당한
열여섯 살 학생이 카페테리아에 불을 질렀다.

이것들은 모두 상황은 다르지만 한 가지 공통점이 있다. 감사
가 부족하다는 것이다. 이 아이들에게는 자신이나 다른 사람 그

리고 삶 자체를 소중히 여기는 마음이 결여되어 있다. 소중함을 모르는 상태에서 그들은 어느 것에도 고마움을 느끼지 못한다.

그러나 충분한 감사를 받고 또 감사하는 법을 배울 때 아이들에게 놀라운 변화가 일어난다. 2003년 〈로스앤젤레스 타임스〉에는 흥미로운 기사가 실렸다. 클라크 대학이 있는 매사추세츠의 우스터 시 빈민촌에서 자란 아이들에 관한 것이었다.

오래 전부터 이 고장 주민들과 대학 관계자들 사이에는 적대감이 매우 심했다. 그 때문에 대학 당국은 학교를 도시 밖으로 옮길 것을 심각하게 고려하기까지 했다. 대학 관계자들은 관계를 향상시키기 위해 여러 번 시도했지만 번번이 실패로 끝나자 뭔가 획기적인 대비책이 필요하다는 사실을 깨달았다. 이웃 주민들의 가난하고 비참한 환경을 해결하기 위한 근본적인 대책이 필요했던 것이다. 그들은 대학 바로 건너편에 등록금이 무료인 고등학교를 세우기로 했다. 그리고 그곳 주민 출신인 도너 로드리기스라는 헌신적인 교육자를 고용해서 학교 운영을 맡겼다. 대학 당국자들은 "우리는 아이들을 믿고 이웃을 믿는다"라고 공언했다.

이러한 시도의 밑바탕에는 주민들에 대한 감사의 마음이 담겨 있었다. 새로 세운 학교에 입학한 아이들은 우선 학교 당국과 서로에게 감사하는 법을 배웠다. 남을 괴롭히는 행동이나 상스러운 말은 허용되지 않았다. 선생님들은 학생들에게 꿈과 희망을 심어 주었고, 그것이 이루어질 수 있도록 도와주고 인도함으로써 손수 감사하는 삶의 본보기를 보여 주었다. 한 학급의 정원을 소수로 정하고 선생님들이 학생 한 명 한 명에게 많은 시간을 투자했다. 그리고 대학의 학생들이 그들의 보조교사로 나섰다.

결과는 의심할 여지가 없었다. 학교가 설립된 1997년으로부터 6년 후, 아이들 대부분이 대학에 진학할 수 있었다. 입학 당시만 해도 글을 전혀 모르던 아이들이 이룬 결과였기에 다들 놀라워했다. 더구나 이 도시에는 범죄를 비롯한 여러 문제점들이 눈에 띄게 줄어들었다. 그것은 모두 감사의 힘 덕분이었다.

돈Don과 젠느 엘리엄Jeanne Elium은《아들, 강하고 부드럽게 키워라(Raising a Son)》에서 감사의 힘을 언급한다. 그들은 아이의 장점에 이름을 붙여 주면서 격려하는 방법으로 효과를 얻었다.

전 세계 어느 종족이나 공통적으로 아들에 대한 의미는 딸과는 다르다. 그리고 혈기 왕성한 소년들은 칭찬받았고, 그 자체가 영예였으며, 역사는 그들을 중심으로 발전했다. 만일 소년이 수줍음이 많고 생각이나 감정, 공상과 같은 내면세계에 치중하면 사람들은 '사려 깊은 아이'라고 불렀다. 소년은 용감한 무사가 되지는 못하지만, 무사인 친구가 의기소침하거나 감정적 혼란에 빠졌을 때 문제를 해결하는 데 도움을 주게 된다. '사려 깊은 아이'란 말은 그 소년을 긍정적으로 바라보았기 때문에 생긴 말이다.

내가 처음 존을 만났을 때 그는 열세 살이었다. 나는 이 아이가 '어른의 권위에 도전하는 소년'으로 불린다는 말을 듣고 마음이 불편했다. 그 애의 뒤에는 항상 경찰관, 카운슬러, 선생님, 사회사업가들이 줄을 지어 따라다녔다.

나는 존과 오랜 시간 신뢰를 쌓아 가면서 마침내 그 아이에게 적합한 별칭을 붙여 주었다. 나는 그 애를 '힘이 넘치는 사나이'라고 부르며 "너는 원하기만 하면 산을 옮길 수 있는 힘을 가지고 있단다. 하지만 네 유일한 문제점은 그 산을 네 앞길을 열기 위해서가 아니라 막기 위해서 옮기는 것이란다"라고 말했다. 이후 우리는 농담처럼 이 말을 되풀이했다. "이번 주에는 어떤 산을 치우고, 또 어떤 산을 앞에다 갖다 놓았니?" 얼마 지나지 않아 존은 불필요한 문제를 일으키지 않고 삶을 자신이 원하는 방향으로 이끌어 가는 법을 배우기 시작했다. '산을 옮기는 사나이'는 지금 로스쿨에 다니고 있다.

이 사례에서 볼 수 있듯이, 감사는 아이들의 능력을 키워 주며 무기력감과 희생양이 된 기분을 강인하고 자신감 넘치는 기분으로 바꿔 준다. 우리는 그들의 장점에 적절한 이름을 붙여 주고 끊임없는 감사를 보냄으로써 그 독특한 재능과 특성이 충분히 발휘되도록 지원할 수 있다.

물론 감사가 아이들의 모든 문제점과 딜레마를 해결할 수 있는 건 아니다. 삶은 그렇게 단순하지 않기 때문이다. 그러나 감사는 아이들에게 기쁨에 대한 가능성과 삶의 고난에 보다 성공적으로 대처할 수 있는 기반을 제공한다. 이 기반은 세 개의 주춧돌로 구성된다. 자신에 대한 감사, 다른 사람에 대한 감사, 삶에 대한 감사다. 다음 도표는 이 세 가지가 아이들의 성장에 얼마나 중요한 영향을 미치는지를 보여준다.

감사의 종류	개발되는 특성	결과
자신에 대한 감사	자신의 존재를 소중히 여기는 마음	능력 발휘, 자신감, 자신의 능력에 대한 믿음, 내적인 안정감, 두려움에 사로잡힌 행동 감소
다른 사람에 대한 감사	직업이나 빈부에 관계없이 다른 사람의 존재 자체를 존경하는 마음, 즉 역지사지하는 마음	논쟁이나 갈등에 직면했을 때 서로 협동하고 타협하며 건설적인 해결책을 찾는 능력. 편협심, 편견, 증오, 폭력 감소
삶에 대한 감사	자연, 다른 사람, 모든 창조물과의 유대감을 통해 더 큰 세계를 볼 줄 아는 능력	융통성, 삶의 굴곡을 견디는 능력, 변화를 받아들이는 능력, 더 나은 상황을 만들기 위해 기꺼이 협력하려는 마음

_____ 아기와 감정을 나누려면

아이들이 자신이나 다른 사람, 세상에 감사하는 능력은 부모로부터 시작된다. 당신이 아빠든 엄마든 독신부모든 또는 양부모든, 유아기의 아동을 돌보는 입장이라면 그 아이의 삶에 가장 큰 영향을 미치게 된다.

아이들은 당신이라는 본보기를 통해 자신이나 다른 사람 그리고 세상에 감사하는 법을 배운다. 가장 기본적인 예로, 당신이 아이에게 감사하는 마음을 가질 때 아이는 자신의 존재 자체가 소중하고 가치 있으며 귀중하다는 사실을 알게 된다. 또한 당신이 자신의 존재에 감사하고 있다는 것을 분명히 느낀다.

페퍼딘 대학의 임상심리학 교수인 에드워드 샤프란스크 Edward Shafranske 박사는 인터뷰를 통해 이 점을 매우 적절하게 표현했다. "우리가 요람 속의 아기일 때, 엄마와 아빠에게 정말 원하는 것은 무엇이었을까? 아침에 잠에서 깨어났을 때 우리를 바라보며 '어머, 우리 아기 일어났구나. 착하기도 하지! 잘 잤어?' 라고 다정한 목소리로 말해 주길 바랐을 것이다. 우리가 태어난 것이 소중하고 감사한 일이며, 잠에서 깨어났을 때에 엄마와 아빠가 행복해 하는 모습을 보면서 더없이 행복을 느낀다."

아기는 자의식이 거의 없다. 따라서 당신의 눈이나 반응을 통해 자신의 존재를 발견해 가면서 존재감을 갖게 된다. 아기가 요람 위에 매달린 모빌을 가리키며 신나서 옹알거릴 때 그 옹알이에 응답해 함께 기뻐해 준다면 아기는 당신의 반응을 통해 기쁨이란 어떤 것인지를 체험한다. 당신의 정성과 관심은 아기로 하여금 자신의 존재가 소중하다는 걸 느끼게 해준다.

예를 들면, 아기랑 놀면서 기쁨을 고조시키기 위해 배를 간질여 주는 당신의 행동은 아기에게 기쁨을 느끼는 방법을 가르치고 확인시켜줄 뿐 아니라, 아이의 기쁨에 긍정적인 방법으로 동조해 주는 것이다.

심리학자이자 신경생물학자인 앨런 쇼어Allen Schore 박사는 자신의 책 《감정 조절과 자아의 발단(Affect Regulation and the Origin of the Self)》에서 이처럼 본보기가 되고, 확인해 주고, 조절하는 효과에 관해 설명했다. 이런 과정은 아기의 뇌 발달에 직접적인 영향을 미칠 뿐 아니라, 우반구 아래쪽 전두엽 피질의 건강한 기능을 촉진한다는 것이다. 이 부위는 자기 반성, 역지사지易地思之, 도덕적 행동 같은 고차원적 뇌의 기능을 관장하는 곳이다.

전두엽 피질에 구조적인 결함이나 손상이 생긴 사람은 역지사지하는 능력이 떨어진다. 서로 입장 바꿔 생각하는 능력이 부족한 사람들을 의학용어로 사회병질자(sociopath, 인격 이상으로 반사회적인 행동을 보이는 사람)라고 부르는데, 이들은 자기들이 사람들을 고통스럽게 한다는 사실을 모른 채 다른 사람에게 상처를 입히고 인격을 모독한다. 또 그들은 자기들이 모욕을 당했다는 피해의식에 쉽게 빠지기 때문에 다른 사람에게 보복하려는 성향이 강하다.

뇌의 발달은 유전적인 요인도 중요하지만 그 외의 것들도 많은 작용을 한다. 쇼어 박사의 연구에 따르면, 뇌의 조직 구성과 뇌 회로 기능은 아기의 감정과 욕구를 이해하고 조절하는 부모의 능력에 좌우된다는 것이다. 특히 이런 영향은 태어나서 두 살까지 가장 크게 작용한다.

쇼어 박사는 또 생후 10~13개월 사이에 아기와 부모 사이의 긍정적인 감정 교류가 많아야 한다고 말한다. 왜냐하면 그 시기의 아기들은 뇌 회로에 '기쁨'이라는 영구적인 경로를 창조해 가기 때문이다. 부모들 대부분은 아기들과 긍정적으로 감정을 교류하는 방법을 본능적으로 안다. 몇 가지 예를 들어 보자.

- 아기가 당신을 보고 웃는다. 당신도 웃어주며 말한다. "우리 아기, 예쁘기도 하지!"
- 아기에게 젖을 먹인다. 당신을 바라보는 아기에게 사랑스러운 눈길로 답해 준다.
- 아기가 칭얼대거나 울면서 떼를 쓴다. 당신은 아기를 달래면서 다정한 목소리로 되풀이한다. "그래, 알았어. 우리 아기, 착하지."
- 아기가 혼자 걸음마를 시작했다. 당신은 팔을 벌려 아기를

안고 기쁨에 찬 축하를 보낸다. "어머, 우리 아기, 혼자 걸었네. 장하기도 하지!"

아기에게 감사는 있으면 좋은 사치품이 아니다. 건강한 뇌의 발달과 정신적·감정적 성장, 미래의 행복과 성공에 반드시 필요한 요소다.

_____ 사춘기 자녀를 키우는 어려움

대부분의 부모들은 본능적으로 아이들에게 고마운 마음을 갖는다. 특히 아이들이 사랑스럽게 굴 때는 더욱 그렇다. 그러나 어느 부모나 경험하듯이, 아이들이 태어나서 어른이 되기까지의 과정에서 여러 가지 부정적인 경험들이 끼어든다. 아이들을 키우다 보면 속상하고, 힘들거나 귀찮고, 미운 순간도 있고, 도저히 참을 수 없는 일들에 부딪히기도 한다. 이런 순간에는 감사하는 마음이 창문 밖으로 날아가 버리게 마련이다.

유감스럽게도, 우리는 아이들에게 이런 메시지를 보내게 된다. "너는 말을 잘 듣고 사랑스러울 때만 가치가 있단다. 그리고 엄마가 원하는 아이가 될 때만 네 존재에 감사한단다." 당신은 칭찬을 통해서만 감사한 마음을 드러낸다. 아이는 칭찬받지 못할 때 자신의 존재에 위기감을 느낀다.

그러나 정말 중요한 일은, 아이가 자신의 책임과 의무를 다하고 맡은 역할을 잘 감당할 만큼 성장할 때까지 독특한 자아를 지속적으로 강화시켜 주는 것이다.

예를 들어, 세 살배기 아기가 부엌에서 그릇과 프라이팬을 죄다 꺼내서 신나게 던지면서 놀고 있다고 가정해 보자. 당신은 전화로 중요한 비즈니스를 처리하고 있어서 아기를 말릴 수 없는 형편이다. 그 순간 아기에게 감사한 마음은커녕 순간적으로 화가 치밀어 오를 것이다. 전화를 끊고 난 당신은 "그만해, 이 말썽꾸러기 녀석아!"라고 소리치며 아기를 들어 볼풀 안에 던져넣고 혼자 울게 내버려둘 것이다. 그때 아기는 자신이 가치 없는 존재라는 기분을 느낀다. 아기가 그릇과 프라이팬을 두드리며 소리에 대한 호기심을 충족하고 있을 때, 당신은 그것을 무시하고 야단쳤다. 그 때문에 아기는 자신의 존재가 당신에게 소중하지 않다고 느끼는 것이다.

그러나 감사가 포함되면 상황은 전혀 달라진다. 당신은 똑같이 화가 치밀어 오르겠지만, 아기에게 어떤 반응을 보이기 전에 일단 심호흡을 해서 마음을 진정시킨다. 그런 다음 어지럽혀진 그릇 사이에서 아기를 들어올리면서 이렇게 말한다. "넌 아주 멋진 북치기 소년이구나. 그렇게 대단한 소리를 만들어낼 수 있다니 대단해!" 아기가 혼자 놀이를 개발했다는 것에 감사하면 아기는 자신이 소중히 여겨진다는 느낌을 갖는다. 가능하면 아기의 활기찬 행동에 진심으로 감사하면서 안아 주거나 뽀뽀하는 등 사랑이 담긴 표현을 병행하면 더욱 좋다. 이럴 경우에는 신나게 놀고 있다가 볼풀 속에 갇힌다 해도 자신의 가치가 손상되었다는 상처를 받지 않는다.

아이들이 성장하면서 부모의 화를 돋우고 절망감을 느끼게 하는 최고의 순간은 사춘기 때다. 아이들은 부모의 그늘에서 벗어나기 위해 모든 수단과 방법을 가리지 않는다. 때에 따라서는 부모가 원하는 것과는 완전히 상반되는 행동만 일부러 골라서 하는 것처럼 보이기도 한다. 그들은 유아기 아이들과 마찬가지로 합리적인 사고가 결여되어 있지만 유아기에 비해 반항심은 한결 크다.

예를 들어 보자. 10대 자녀가 파티에 가겠다고 조르고 있다. 당신은 가족 행사가 있기 때문에 허락하지 않는다.

아이가 소리를 지른다. "엄마가 정말 미워. 항상 내가 하고 싶은 건 못 하게 하잖아." 당신이 대답한다. "무슨 소리야? 엄마는 네가 원하는 걸 모두 들어주고 있는데. 지난주에도 네가 파티에 가게 해줬잖아, 안 그래?"

당신은 매우 논리적으로 대답했다고 생각하지만, 아이는 엄마를 자신이 하고 싶어 하는 일을 못 하게 하는 방해자로 여길 뿐이다. "엄마랑 얘기하고 싶지 않아. 엄마는 끔찍해." 아이는 소리를 지르고 화를 내며 가버린다. 자신이 사랑받거나 소중한 존재로 취급받지 못하며, 감사한 존재가 아니라는 느낌을 갖기 때문이다.

반면, 파티가 아이에게 소중한 의미가 있다는 걸 당신이 인식한다면 대화의 형태가 달라질 것이다. 아이가 원하는 것에서 감사할 점을 찾아내고 이렇게 말한다. "너, 정말 이 파티에 가고 싶은 거야?" 아이는 대답한다. "물론이죠."

당신은 여전히 감사하는 마음을 잃지 않으면서 말한다. "이 파티가 네게 왜 그렇게 중요한지 말해줄 수 있니?" 아이는 한숨을 쉬면서 마지못해 설명한다. "다른 애들도 다 올 거예요. 나 혼자만 따돌림당하고 싶지 않아요." 아이는 파티에 가는 것이 중요한 이유를 설명한다.

당신은 아이가 가치를 두는 것에 대해 인정한다. "그래, 아이들과 어울리는 일은 네 또래에게는 매우 중요한 일이지." 당신은 자신의 입장을 옹호하는 대신 아이의 소망 가운데 가치 있는 부분을 찾아 감사하고 있다. 아이에게 의미 있는 것을 존중함으로써 아이가 소중한 존재라는 사실을 무의식중에 심어 주는 것이다. 이렇게 되면 문제는 새로운 전환점을 맞게 된다. 당신이 감사 파동을 발산함으로써 아이의 감사 파동을 끌어들이기 시작했기 때문이다. 이제 타협이 가능해졌다.

"네가 아이들에게 따돌림당하지 않는 방법을 찾아볼까?" 당신은 두 사람 모두의 가치를 존중하면서 문제를 함께 해결할 방향을 제시한 것이다. 둘 다 감사하는 마음을 가질 수 있는 방법이다.

아이에게 감사하는 자세를 보여 주는 것은 아이가 자신에 대해 감사하는 법, 즉 미래의 행복과 성공을 향해 문을 활짝 여는 법을 가르치는 것이다. 자신에 대한 감사는 자기를 소중하게 여기는 마음과 밀접하게 연결되며 자신감이나 추진력, 세상을 살아가는 핵심적인 가치관을 개발하는 기초가 된다.

감사하는 법을 배우지 못한 아이들은 자신에 대한 자부심이 부족하다. 자신이 충분히 가치 있다고 믿지 못하는 아이들은 다른 사람의 인정에 지나치게 의존한다. 따라서 인정받지 못하면 절망에 빠지고 상처를 받으며 자신에 대한 기대를 쉽게 포기한다. 이런 아이들은 자신의 내면에 있는 자아가 그 자체만으로도 충분한 가치가 있다는 사실을 모르는 것이다.

이들은 수학을 못한다는 한 가지 사실만 가지고 자신을 실패자라고 믿는다. 또 친구들이 "야, 촌뜨기!"라고 놀리는 것을 자신에 대한 거부감으로 생각한다. "나는 아무짝에도 쓸모없는 아이야."

이런 아이들은 미래의 가능성과 동떨어진 행동을 보인다. 이들은 학교에 가지 않거나 툭하면 울고, 침울하고, 뚱하고, 비협조적인 반응을 나타낸다. 또 대들기를 잘하며 걸핏하면 화를 낸

다. 이런 아이들은 자신에게 주어진 행복과 성공에 가까이 다가
가지 못한다.

인정받고 싶다는 기분은 아이들의 정신적인 면에도 많은 영
향을 미쳐, 자신의 가치를 증명하기 위해서 물불을 가리지 않게
만든다. 갱이나 사이비 종교, 남자친구, 마약에 쉽게 빠져든다.
하지만 부정적인 방법으로나마 자신의 가치를 증명하려는 태도
는 전혀 가치를 느끼지 못하는 상태보다는 낫다.

_____ 감사하라, 아이가 자부심을 갖게 된다

아이들이 자신을 가치 있는 존재로 여기도록 가르치려면 어떻
게 해야 할까? 먼저 자신에 대해 감사하는 법을 가르쳐야 한다.

아이들이 어떤 행동을 하든 그 안에서 소중하게 여기고 감사
할 수 있는 점을 찾아라. 그런 다음, 당신이 감사하게 생각하는
자질이나 행동을 아이들에게 확실히 전달하라. 이런 자세는 특
히 아이가 힘든 시간을 보내며 의기소침해져 있을 때 더욱 중요
하다. 예를 들어, 아이가 곱셈 문제를 푸느라고 끙끙거리고 있
다고 가정해 보자. 이를 악물고 전력을 다해 문제를 풀던 아이
가 10분쯤 씨름하다가 포기하고 식탁에 엎드린다. 아이는 허공
을 응시하면서 식탁 모서리를 손톱으로 쥐어뜯는다.

그때 당신은 아이의 행동에 대해 "그만둬! 똑바로 앉아서 숙제나 제대로 해!"라고 소리치는 대신 아이 옆에 앉으면서 말한다. "문제가 잘 안 풀리니?" 아이는 중얼거린다. "잘 모르겠어요. 너무 어려워요."

당신은 고개를 끄덕이면서 생각할 시간을 갖는다. 이 상황에서 감사할 수 있는 일이 무엇일까? 당신은 아이가 힘든 일에 부딪쳤을 때 잘 극복했던 일을 생각해 낸다.

"작년에 벌레에 관해 조사해 오라던 과학 숙제 생각나니?"

"으응." 아이는 마지못해 대답한다.

"그때 얼마나 힘들었는지 기억나지? 하지만 인내심을 가지고 열심히 노력한 끝에 결국 잘했다고 커다란 금별까지 받았잖아. 그렇지?"

"그래요." 아이는 기분이 좀 나아져서 대답한다.

"그때 넌 정말 훌륭했어."

"뭐가요?"

"끝까지 포기하지 않고 해낸 거."

"정말요?"

"물론이야. 넌 정말 인내심이 강한 아이야. 끝까지 노력해서 결국 문제를 풀고야 말았잖아. 그건 정말 아무나 할 수 없는 멋진 일이란다."

"정말?" 아이는 머리를 들고 연필을 잡으면서 대답한다.

"자, 우리 함께 곱셈과 다시 싸워 볼까? 알고 보면 별것도 아니거든. 넌 예전처럼 잘 해낼 수 있을 거야. 그래서 다시 한번 금별을 받아 보는 거야."

"좋아요." 아이는 자신 있게 대답한다.

"파이팅!" 당신은 자리에서 일어나 다른 일을 하러 간다.

아이가 포기할 때마다 예전에 아이가 잘 해냈던 일을 상기시켜라. 그리고 감사의 힘을 이용해서, 아이가 자신에 대해 감사할 수 있는 일을 발견하도록 도와라. 아이는 당신이 지적해준 자신의 장점과 특성을 점차 자기 것으로 만들어갈 것이다. 혼자서도 그것들에게 진심으로 감사하는 마음을 가지고 삶의 역경들을 성공적으로 극복해갈 수 있을 것이다.

_____ 감사하라, 아이가 감사하는 습관을 갖게 된다

자신이 소중한 존재이며 감사받고 있다는 느낌을 가진 아이는 다른 사람들에게 감사하기가 한결 쉽다. 다른 사람에게 감사하는 마음은 남에게 피해를 주지 않으려는 자세를 갖게 한다.

아이들에게 다른 사람을 소중히 여기고 고맙게 생각하는 방법을 보여 주는 것은 매우 간단하다. 가정에서 가족과 함께 시작해 보자. 매일 기회는 얼마든지 있다.

예를 들어, 아이가 울면서 달려와 형이 장난감을 빼앗아 갔다고 하소연한다. 당신은 "그렇게 울 일이 아니야. 다른 장난감을 갖고 놀면 되잖아"라고 말하고 싶을 것이다. 또는 동생의 장난감을 빼앗아간 형을 호되게 야단치고 싶을 것이다.

그러나 감사가 작용하면 당신의 반응은 달라진다. 울면서 달려온 아이에게 "울지 마, 형도 가끔 힘들 때가 있단다. 그래도 너희들은 둘이 잘 어울려 놀잖아. 전에도 이런 일이 있을 때 너 혼자 잘 해결했지? 이번에도 그렇게 해보는 게 어때?"라고 말할 것이다. 그리고 장난감을 빼앗아간 형에게는 "네가 동생이랑 노는 걸 좋아한다는 거 알고 있어. 그런데 지금은 그렇게 보이지 않는구나. 서로 양보하는 방법을 생각해 보겠니?"

아이들에게 감사하는 모습을 자주 보여 줌으로써 다른 사람에게 감사하는 습관을 길러주라. 냉장고 문에 종이 한 장을 붙여 두고 '서로에 대해 감사할 일!'이라고 쓴 뒤, 칸을 만들어 식구의 이름을 모두 적는다. 그리고 각자 다른 가족에게 감사할 일을 적고 그 밑에 사인을 하도록 정한다. 이것의 목적은 누가 많이 감사받느냐가 아니라 누가 많이 감사하느냐다. 주말에 가장 감사를 많이 한 사람이 상으로 특별한 대접을 받게 된다.

다른 사람에게 감사할 일을 적을 때는 상대방의 특성이 드러나도록 하라. 제삼자가 보고 그의 특성이나 재능이 무엇인지 함께 즐길 수 있게 하기 위해서다.

나는 아이의 이런 점에 감사한다.

+ 양보하는 마음(컴퓨터 오락을 사이좋게 나눠 한다.)
+ 적극적인 태도(시키지 않아도 열심히 한다.)
+ 유머감각(웃음을 선사하고 기분을 전환시킨다.)
+ 정직함(잊고 있던 거스름돈을 돌려준다.)
+ 자제심(제 시간에 숙제를 마친다.)

아이에게 감사의 본보기를 보여 줌으로써 행동으로 가르쳐라. 아이들은 모방하며 성장한다. 아이들은 주변에 있는 어른들을 모델로 삼아 행동한다. 아이들은 당신이 다른 사람에게 감사하든 그렇지 않든 모두 닮을 것이다.

우편배달부, 외판원, 택배 기사, 생활 지도 교사 등 당신이 접촉하는 모든 사람들에게 감사하는 태도를 보여 주라. 외판원의 유리한 제안, 우편배달부의 정확한 배달 시간, 생활 지도 교사의 창의적인 연구 과제 등에 특별한 방법으로 감사를 표현하라. 당신의 아이들도 그런 자세를 배우게 될 것이다. 부모의 행동을 통해 감사를 배우는 것이야말로 '감사하는 법'을 배우는 가장 좋은 방법이다.

당신의 아이들은 다른 사람에게 감사하는 것이 보채고, 싸우고, 속이고, 조종하는 것보다 목표를 달성하는 데 한결 효과적이라는 사실을 배우게 될 것이다. 감사는 파동을 가지고 있기 때문에 아이들의 감사 파동은 자동적으로 다른 사람에게 도와주고 싶은 마음을 불러일으킨다. 아이들에게 감사의 효과를 확실히 체험하게 해준다면 더욱 기꺼이 감사하게 될 것이다.

_____ 감사하라, 아이가 삶을 사랑하게 된다

아이들이 감사하는 삶을 배우는 데는 많은 경험이 필요하지 않다. 아이들은 선천적으로 감사하는 마음을 타고나며 신기하고 놀라운 일을 경험하고 싶어 하기 때문이다. 당신이 올바르게 인도해 주고 지원한다면 아이들은 삶과 모든 생명체의 소중함을 깨닫게 될 것이다.

아이와 '감사 게임'을 하는 것도 좋은 방법이다. 예를 들어, 아이들과 저녁노을을 바라보며 이렇게 묻는다. "노을은 왜 소중할까?" 아이들이 얼마나 많은 것들을 생각해 내는지 놀랄 것이다. 또는 아이들을 학교에 데려다 주면서 묻는다. "학교에 가는 건 왜 중요할까?" 학교에 가는 일이 소중하고 감사한 이유에 대해 아이들과 대화를 나누어라. 이런 과정을 통해 당신은 모든 것을 소중히 여기도록 아이들의 사고 영역을 넓혀줄 수 있다.

아이들에게 감사를 표현함으로써 그것이 얼마나 즐겁고 쉬운 일인지를 직접 보여 주라.

아이들은 언제 어느 곳에서나 주변 세계에 대해 감사하는 법을 배울 수 있다. 아이들에게 감사를 일찍부터 가르치는 것은 진정한 자유를 선물하는 것이다. 스스로의 힘으로 기쁨, 사랑, 성공, 풍성함이 넘치는 삶을 선택할 자유를 부여하는 셈이다.

8

감사는 가장 효과적인 건강법이다

The
Power of
Appreciation

건강에 대한 염려를 건강에 대한 감사로 바꿔라

감사는 회복과 치유를 촉진한다

감사는 가장 강력한 다이어트 보조제다

현대 의학의 가장 위대한 업적 중 하나는 몸과 마음이 연결되어 있다는 사실(심신의학)을 발견한 것이다. 당신은 자신을 포함해서 주변 사람이나 상황이 자신의 신체에 얼마나 영향을 미친다고 생각하는가? 당신의 기쁨이나 분노는 각각 다른 방법으로 신체에 영향을 미친다. 디팩 초프라Deepak Chopra 박사는 《사람은 늙지 않는다(Ageless Body Timeless Mind)》에서 "우리의 몸은 태어난 이후부터 배워온 모든 지식의 물리적인 결과"라고 설명했다.

감사는 우리 몸속에서 생화학 반응을 일으킨다. 당신의 생각이나 감정은 몸 안에서 특정한 화학 물질로 변해 분비된다. 조지타운 대학의 생물 물리학 교수인 캔더스 퍼트Candace Pert 박사는 이것을 '감정의 분자'라고 명명했다. 당신은 부정적인 만남이나 감정을 겪은 후 몸의 활기가 없어지고 소극적으로 변하는 경험을 한 적이 있는가?

앨런 쇼어 박사가 2001년에 발표한 논문에 따르면, 이럴 경우 뇌에서 코르티솔이라는 신경호르몬이 분비되는데 이는 당신의 몸이 닫히고 위축되어 있다는 것을 의미한다. 온화하고 감사가 넘치는 얼굴을 보거나 사랑하는 사람의 다정한 목소리를 들었을 때와 비교해 보라. 긍정적인 만남이나 감정을 겪을 때는 신경전달물질인 도파민과 옥시토신이 뇌로 흘러든다. 1997년에 우나스모버그Uvnas-Moberg 박사가 논문에 발표했듯이, 이들 화학 물질은 심리적인 안정감을 가져다주고 삶을 보다 적극적이고 의욕적이며 즐겁게 여기도록 유도하는 효과가 있다.

다음은 퍼트 박사의 설명이다.

"우리의 뇌는 몸의 다른 부위와 분자 차원에서 매우 밀접하게 연결되어 있다. 따라서 '움직이는 뇌(mobile brain)'라는 용어는 지적인 정보가 한 기관에서 다른 기관으로 이동하는 심신의학적인 조직망을 잘 나타내는 말이다. 우리 몸의 모든 기관이나 부위, 신경계 · 호르몬계 · 소화기계 · 면역계 등의 조직망은 펩티드(아미노산 화합물)와 특수 메신저인 펩티드 수용체를 통해 서로 교류한다. 우리 몸에서는 매초마다 막대한 양의 정보가 교환된다. 이런 정보를 전달하는 메신저는 신경 펩티드와 수용체, 감정의 생화학 작용들이다. 이를 통해 우리 몸의 주요 기관과 일개 부위가 서로 교류한다. 우리는 이제 감정을 유형의 물질보다 소홀히 여기는 데서 벗어나 일종의 세포로 인식해야 한다.

감정은 정보를 물리적 실체로 전환하는 과정, 다시 말해서 마음을 물질로 바꾸는 과정에 관여하는 세포의 일종이다."

퍼트 박사는 배우자가 없는 여성이 유방암에 걸릴 확률이 2배나 높고 만성 우울증 환자가 질병에 걸릴 가능성이 4배나 높다는 발표를 근거로 들어, 생각과 감정과 신체 기관 사이의 밀접한 교류를 주장했다. 실제로 감사의 정신적·감정적 메시지는 몸의 모든 기관에 전달되어 유익하게 작용한다는 사실이 증명되었다. 감사 모임 회원인 레이놀즈는 감사가 몸과 마음에 어떤 영향을 미치는지 경험했다.

"저는 조경사입니다. 야외에서 일하기를 즐기는 저는 이 직업을 갖게 된 걸 행복하게 생각합니다. 15년째 이 일에 종사해오면서 저는 항상 건강하고 활기찼습니다. 그런데 1년 반 전부터 코에 염증이 나타나기 시작하더니 내내 염증이 반복되었습니다. 1년 전부터 감사 모임에 나가기 시작한 저는 감사를 통해 이 지긋지긋한 염증을 물리치기로 결심했습니다. 저는 '당신이 생각하고 느끼는 것이 건강에 지대한 영향을 미친다'라는 말을 들으면서 '그래, 지금 내가 생각하는 게 뭐지? 지난 6개월 동안 생각이 어떻게 달라진 걸까?'라고 스스로 반문해 봤습니다. 그러자 머릿속에 번쩍 스치는 생각이 있었습니다. '그래, 문제는 사장이었어.' 이전 사장님은 나이가 많아 은퇴하고 아들이 뒤를 이어 회사를 운영하고 있었습니다. 그런데 아들은 전 사장님과 전혀 달랐습니다. 그는 출퇴근 시간을 가지고 빡빡하게 굴었으며 사용한 장비 내역을 일일이 기록하도록 요구했습니다. 그리고 일을 하면서 발생하는 일꾼들과 고객, 나무, 기타 등등에 대한 보고서를 세밀하게 작성해야 했습니다. 심지어 회사 자동차를 사용할 때도 열흘마다 일일이 주행 거리를 보고하도록 요구했습니다. 저는 더 이상 직업에 감사할 수 없었습니다. 제가 심어 놓은 나무들이 얼마나 잘 자라고 있고 조경이 얼마나 잘 되었는지 돌아볼 마음조차 들지 않았습니다. 일하러 나가기가 점점 싫어졌고 회사를 그만두고 싶은 생각만 간절했습니다.

그러나 저는 사장에 대한 시각을 바꿔 긍정적인 자세로 수용하기로 마음먹었습니다. 그가 시도하는 새로운 방식을 인정하기로 했죠. 저는 사장에 대한 생각을 잊어버리고 예전처럼 제가 심은 나무들을 돌아보며 감사하는 마음을 갖기 시작했습니다. 그리고 야외에서 일하는 걸 즐기는 데에만 초점을 맞췄습니다. 저는 일에 대해 감사할 점들을 적은 다음 매일 그것을 되풀이해서 읽었습니다. 그러자 시간이 흐르면서 신기하게도 제 코의 염증이 점점 줄어들기 시작했습니다. 마침내 지난 10개월 동안에는 한 번도 염증이 생기지 않았죠. 하지만 제가 사장의 엄격한 규칙에 짜증을 느끼기 시작하면 염증은 여지없이 다시 나타납니다. 그러면 저는 재빨리 감사의 길로 되돌아오곤 하죠."

감사는 건강을 지키고 유지하는 데도 효과적이다. 감기를 예로 들어 보자. 대부분의 사람들은 감기에 걸리면 불평을 늘어놓는다. "이런, 또 감기에 걸렸네. 겨울만 되면 연중행사야. 봄까지 콧물과 기침에 시달릴 생각을 하니 끔찍하군. 감기에는 특효약이 없어. 존이 수프를 갖다 주는 건 고맙지만 난 수프라면 지긋지긋해. 그리고 감기에 치킨수프가 좋다는 노인들의 말도 믿을 수가 없어."

당신의 기분이 얼마나 비참한지 그 심정은 이해가 간다. 그러나 당신은 몸의 나머지 기관이 대부분 활발하게 움직이고 있다는 사실은 간과하고 있다. 당신의 관심은 오로지 감기에만 쏠려 있다. 주변 사람이나 여건이 당신의 회복을 위해 얼마나 노력하고 있는지는 안중에도 없다. 당신은 오로지 현재의 비참한 기분을 더 강화시키려는 데 초점을 맞추고 있다. 이런 부정적인 자세는 상황을 악화시키고 회복을 더욱 힘들게 만든다.

감사가 어떻게 당신의 기침과 콧물과 쑤시는 몸을 효과적으로 회복시켜줄 수 있을까? 감기를 불평하거나, 비참한 기분에 집착하거나, 웅크리고 있지 말고 건강에 감사하는 데 관심을 집중하라. 플라시보 연구를 통해 무수히 증명된 바와 같이, 관심을 전환하는 것만으로도 비참하고 불편한 날들을 다르게 보낼 수 있다.

플라시보란 치료 효과가 전혀 없는 가짜 약을 말한다. 그러나 플라시보를 복용한 사람들은 병세가 호전되었다. 플라시보의 효과 때문이 아니라 그 알약이 그들을 치료할 것이라는 믿음 때문이다. 그들의 초점은 얼마나 아픈가에서 약이 얼마나 잘 작용하느냐로 옮겨 갔다. 병세가 호전되는 이유는 바로 이처럼 건강에 초점을 맞추는 마음가짐 때문이다. 이런 관심의 전환은 통증을 줄이고, 혈압을 낮추며, 위궤양 환자의 위산 분비를 중단시키고, 심지어 암 환자의 악성종양을 진정시키는 효과까지 보였다. 질병이나 상처에 초점을 맞추는 것은 치유를 보다 어렵게 만드는 파동을 발산한다. 반면, 당신이 건강에 대해 감사하는 파동을 발산하면 그에 어울리는 파동을 끌어들임으로써 치유를 촉진할 것이다.

건강에 초점을 맞추라는 말은 질병을 부정하라는 의미가 아니다. '모든 것은 당신의 머릿속에 있다'고 주장하는 부정적인 생각 대신 '모든 것은 당신의 파동에 달려 있다'는 생각을 가지고 건강에 초점을 맞춰라. 파동은 당신의 생각과 느낌으로 구성된다. 감사한 생각은 주변 세계에 대한 당신의 인식이나 해석을 삶에 도움이 되는 긍정적인 것으로 전환시킨다.

예를 들어, 기침이 나고 하루 종일 끙끙 앓으면서도 "나는 감기에 걸리지 않았어"라고 부정한다고 해서 이 부정이 효과를 발휘할 수 있을까? 절대 그렇지 않다. 당신이 감기에 걸리지 않았다고 스스로 인정할 수 없기 때문이다. 명백한 증거가 눈앞에 있지 않은가. 그러나 감사에 초점을 맞추게 되면 어느 것도 부정하지 않게 된다. 오히려 당신은 현실을 인정하는 것에서부터 출발한다. "기침이 나오는 걸 보니 감기에 걸린 게 분명해." 그런 다음 당신은 치유를 도울 수 있는 감사의 조건들을 찾아내는 단계로 옮겨갈 것이다.

감사에 초점을 맞출 때 감기에 걸린 경험이 어떻게 달라지는지 살펴보자.

- 지난번 감기에 걸린 이후로 오랫동안 감기에 걸리지 않았으니 얼마나 고마운 일이야. 그게 언제였는지 기억도 안 날 정도로 오래전 일인걸.
- 감기가 그렇게 빨리 낫다니 참 고맙지 뭐야. 감기가 빨리 낫는 체질인 게 얼마나 다행스럽고 고마운지 몰라.
- 새로운 감기약의 효과가 좋았던 게 정말 고마워.
- 존이 수프를 가지고 들러준 것이 참 고마워. 그 수프를 만드는 내내 나를 걱정했겠지? 따뜻할 때 서둘러 갖다준 그의 사랑이 너무 소중하고 고마워.
- 감기에 걸렸는데도 몸에 다른 이상은 없으니 다행이야. 소화도 잘 되고, 혈액순환도 원활하고, 심장 박동도 정상이잖아. 내 몸의 다른 부분은 최고의 상태야.

당신이 진심으로 감사한 생각과 느낌을 가질 때, 회복하려는 의지를 연료로 삼아 건강을 향해 힘차게 달려갈 수 있을 것이다. 또한 당신의 인식과 해석도 달라진다. 당신은 더 이상 자신을 콧물이 줄줄 흐르는 환자로 생각하지 않고, 충분히 극복할 수 있는 작은 고난을 지닌 건강한 존재로 생각한다. 또한 걱정하고 문병을 와준 친구의 따뜻한 마음을 받아들이고 감사한다.

이제 당신의 생각, 느낌, 인식, 해석은 건강의 파동을 끌어들이고 있다. 그 결과, 그 파동에 부합하는 건강을 체험하게 될 것이다.

_____ 건강에 대한 염려를 건강에 대한 감사로 바꿔라

건강에 대해 감사하는 것은 감기를 치료하는 것 이상의 효과를 가져온다. 감사는 건강을 성취하고 치유하는 하나의 방법으로 사용할 수 있다. 다음은 건강에 대한 관심을 감사로 바꾸는 4단계다.

1. 건강에 초점을 맞추어라

우선 당신의 복잡한 몸이 건강을 유지하는 것에 감사함으로써 건강의 파동을 창조하라. 당신이 건강하고 활기에 넘칠 때 자신을 어떻게 대했는지 주의를 기울여라. 당신은 건강할 때 몸에 관심을 가졌는가? 정기적으로 당신의 몸에 감사를 표현하는 시간을 갖도록 하라. 복잡한 기능을 지속적으로 잘 수행하고 있는 몸에 소중하고 고마운 마음을 표현하라.

만일 당신이 몸에게 말을 건네는 것을 어리석은 짓으로 여긴다면, 며칠 동안 당신의 생각을 주의 깊게 관찰해 보라. 몸에게 얼마나 비판적이고, 감사와 거리가 먼 말들을 하는지 깨닫게 될 것이다. 예를 들어 보자.

- ◆ 젠장, 또 소화불량이야. 내 위는 엉망진창인가봐. 무얼 먹기만 하면 배가 아프니 말이야.
- ◆ 어휴, 아파라. 발가락에 또 물집이 잡혔네.
- ◆ 내 피부는 왜 이런 거야. 이놈의 여드름 자국, 정말 싫어.

그러나 당신의 위는 평소에 얼마나 소화를 잘 시키고 있는가. 또 당신의 발은 항상 얼마나 도움이 되고 있는가. 당신 얼굴의 90퍼센트 이상에는 여드름 자국이 없다. 그리고 당신이 아무것도 해주지 않아도 혼자 웃고, 찡그리고, 삐죽거리기도 하지 않는가. 이제 몸에 대해 말하는 태도를 바꾸자. 몸이 하지 않는 것에만 초점을 맞추지 말고 해주는 것에 감사하라. 감사를 통해 몸의 건강과 웰빙을 강화할 수 있을 것이다.

2. 건강을 지향하는 믿음을 가져라

어떤 믿음은 건강에 도움이 되는 반면, 어떤 믿음은 방해가 된다. 다음 질문에 대답함으로써 당신의 믿음을 점검해 보라. 그런 다음 어떤 믿음이 건강에 대해 감사하는 데 도움이 되고 어떤 믿음이 그렇지 않은지 파악해 보자.

(1) 당신은 타고난 체질이 건강하다고 생각하는가? 네/아니오

(2) 당신은 대부분의 시간에 건강하고 에너지가 넘친다고 생각하는가? 네/아니오

(3) 병을 치유하는 것이 대단히 힘든 과정이라서 많은 에너지와 외부의 도움이 필요하다고 생각하는가? 네/아니오

(4) 치유란 우리 몸이 본래 가지고 있는 능력이며 때에 따라서만 외부의 도움이 필요하다고 생각하는가? 네/아니오

(5) 나이를 먹으면 건강이 저절로 쇠퇴한다고 생각하는가? 네/아니오

(6) 질병이 활력을 없애고 능력을 감소시키기 때문에 질병에 걸릴 때마다 점차 회복력이 떨어진다고 생각하는가? 네/아니오

(7) 의사들이 항상 올바로 진단한다고 생각하는가? 네/아니오

(8) 어떤 질병이나 상처를 치료하는 방법은 무수히 많다고 생

각하는가? 네 / 아니오

(9) 질병이 악화되기 시작하면 시간이 흐를수록 상태가 더욱
나빠진다고 생각하는가? 네 / 아니오

▶정답: 1-네, 2-네, 3-아니오, 4-네, 5-아니오, 6-아니오, 7-아니오,
8-네, 9-아니오

당신의 답과 정답을 비교해 보라. 그 결과를 토대로 건강과 치
유에 대한 당신의 믿음을 점검해 보고, 건강에 도움이 되지 않
는 생각들을 제거하라. 믿음은 단지 습관적인 생각이며 자주 되
풀이한 결과일 뿐이다. 건강을 지향하는 믿음이 당신의 새로운
믿음으로 자리 잡을 때까지 반복하고 또 반복해서 다짐하라.

3. 자기 연민을 자신에 대한 관심으로 바꾸어라

당신이 아프거나 다쳤을 때 자신에게 미안한 마음이 드는 건 당
연한 일이다. 또 불쾌한 일을 당했을 때 자기 연민은 어느 정도
위안이 될 수 있다. 문제는 일시적인 자기 연민이 아니라 '나는
불쌍해'라는 생각에 사로잡혀 사는 것이다. 당신이 자기 연민에
사로잡히면 잡힐수록 당신의 파동은 건강을 끌어들이는 능력이
떨어지기 때문에 질병이나 상처가 오래 지속된다.

당신이 진정으로 추구해야 하는 것은 자신에게 특별한 관심
을 기울이고 소중히 여기는 것이다. 자기 연민을 다음과 같이

좋은 감정으로 대치하도록 노력하라.

⊘ 불쌍하기 짝이 없군. 콧물이 줄줄 흐르고 온몸이 쑤셔서 정말 괴로워. 아이스크림이 먹고 싶어.

☞ 지금 내가 감사할 일이 뭘까? 내 기분을 나아지게 만드는 것은? 아이스크림을 먹는 게 도움이 될 거야.

⊘ 왜 세상은 날 그냥 내버려두지 않는 거야! 신경이 곤두서서 전화벨 소리도 듣기 싫은데, 누가 하필 이럴 때 전화하는 거야?

☞ 지금 감사할 일이 뭘까? 나는 조용하고 평화로운 걸 좋아해. 아무래도 전화벨 소리를 꺼 놓아야겠어. 음, 한결 나은데.

이번에는 자기 연민에서 벗어나 편안한 마음을 갖게 하는 몇 가지 방법을 소개한다.

* 감미로운 음악을 듣는다.
* 닭고기수프를 손이 미치는 가까운 곳에 준비해 둔다.
* 오디오북을 듣거나, 책을 읽거나, 기분을 띄워 주는 TV 프로그램을 시청한다.
* 깨끗한 잠옷을 준비해 둔다.
* 아로마 약초와 향을 넣어 목욕을 한다.

◆ 위로가 될 만한 친구와 전화 통화를 한다.

4. "지금 감사할 일이 무엇일까?"라고 자신에게 묻는다

당신이 건강하든 그렇지 못하든 끊임없이 자신의 몸이나 건강에 대해 감사할 일을 찾아라. "지금 내가 감사할 일이 무엇일까?"라는 질문은 보다 강력한 건강의 파동을 발산하게 만든다.

중요한 것은 자신에게 진실해야 한다는 점이다. 파동은 결코 속이거나 속지 않는다. 당신이 진심으로 감사할 일을 찾기 전까지 "나는 감사하게 생각해"라고 말하지 말라. 감사는 작은 일에서부터 시작할 수 있다. "내 발가락이 아프지 않은 것에 감사해." 조금씩이든 풍성하게든 일단 건강에 대한 감사를 시작하라. 감사하면 할수록 감사하기가 쉬워지며, 감사의 파동이 강력하고 힘차게 될 것이다. 그 결과 건강이 실현될 가능성도 커진다.

우리는 장애인들을 통해서도 감사를 배운다. 그들 대부분은 '비장애인들과 다른 능력을 가졌음'을 확실하게 증명한다. 그들은 자신들의 장애를 극복하고 휠체어나 의족에 의지하거나, 잃어버린 몸의 한 부분이나 감각에 적응해 충분한 신체 기능을 발휘하며 살아간다. 아프가니스탄의 수도인 카불의 적십자 정형외과에 있는 환자의 80퍼센트는 지뢰 희생자로, 의수나 의족이 필요한 사람들이다. 직원의 85퍼센트도 팔다리가 없는 장애인이다. 그들에게 다른 능력으로 살아가는 일을 배우는 첫걸음은

'감사하는 마음'이었다. 이곳의 소장인 알베르토 카이로는 2002년 〈로스앤젤레스 타임스〉에 실린 기사에서 이렇게 말했다.

"나는 그들에게, 잃은 것에 대한 생각을 중단하고 지금 가능한 것에 대해서만 생각하라고 격려합니다. 어떤 사람들은 이곳을 불행한 장소로 여기지만 저는 절대로 그렇게 생각하지 않아요. 이곳은 매우 행복한 장소입니다. 새로운 삶이 시작되는 곳이기 때문이죠."

자신이 할 수 있는 것에 감사하는 마음은 남과 다른 능력을 가진 사람들을 풍부하고 충만한 삶으로 이끌었다.

감정은 마음과 몸에서 동시에 발생하기 때문에 감사한 생각이나 감정에 초점을 맞추면 건강도 지속적으로 향상된다. 퍼트 박사는 《감정의 분자(Molecules of Emotion)》에서 이렇게 설명했다. "감정은 머리에서 오는가, 가슴에서 오는가? 양쪽 모두이다. 차가 양방향 도로에서 동시에 오고가는 것과 같다. 우리 몸의 모든 생리 현상은 정신이나 감정 상태, 의식 또는 무의식의 변화에 따라 달라진다. 물론 그 반대의 경우도 성립한다."

_____ 감사는 회복과 치유를 촉진한다

감사가 건강에 직접 기여하는 또 다른 방법은 스트레스를 감소

시키는 것이다. 칠드리와 마틴 박사는 《심장공식의 해법》에서
다음과 같이 설명했다.

"감사는 강력한 힘이다. 그것은 아침 식사를 하듯 스트레스
를 먹어 치운다. 당신이 진실한 감사의 느낌에 초점을 맞출 때,
신경계는 자연스럽게 균형을 찾는다. 뇌를 포함한 몸의 모든 기
관이 서로 협조하며 원활하게 움직인다. 또한 몸에서 발산하는
전자기파도 질서 있고 안정된 심장 박동에 동조하는 주파수로
변한다. 그리고 각 기관의 모든 세포 활동이 활발해진다."

몸의 각 기관이 조화를 이루며 협조하면 스트레스는 감소한
다. 면역 기능도 한결 활발해져서 건강을 유지하는 데 도움이
된다. 더구나 주변 세계를 '감사'라는 렌즈로 인식하고 해석하
는 마음을 갖게 되면, 더 이상 어떤 상황이나 사건이 스트레스
요인으로 작용하지 않는다. 유치원 보조교사인 샤린의 얘기를
들어 보자.

"저는 아이들과 놀아 주거나, 놀이기구를 옮기거나, 기타 직
업상 필요한 일을 할 때마다 허리에 통증을 느끼곤 했어요. 의
사는 몸조심을 해야 한다고 신신당부를 하더군요. '아무리 사소
한 일이라도 안 돼요. 그렇지 않으면 수술해야 합니다.' 저는 수
술하고 싶지는 않았어요. 그래서 의사의 지시를 따르기로 결심
했지만, 솔직히 말해서 기분이 매우 우울했어요. 아무것도 할
수 없는 쓸모없는 존재라는 생각이 들었죠. 아이들과 뛰놀아 주

고 싶어도 그럴 수가 없었어요. 세발자전거를 옮기거나 번쩍 들어 안아 주길 바라는 아이들에게 아무것도 해줄 수가 없었죠. 심지어 아이들이 제게 달려와 안기는 것조차 피해야 하는 비참한 지경이었어요. 저는 매일 일이 끝날 무렵이 되면 지독한 두통에 시달리곤 했죠. 매일 밤 울면서 잠들고 아침에는 정말 일어나기가 싫었어요.

그런데 감사 모임은 제 한계에 관해 다른 시각을 갖게 해 주었습니다. 제가 할 수 없는 일에 집착하지 않고, 할 수 있는 일에 감사하는 법을 가르쳐 주었어요. 저는 앉은 자세로 아이들을 껴안는 것은 허리에 무리가 가지 않는다는 사실을 알았고, 따라서 그렇게 아이들을 꼬옥 안아줄 수 있었죠. 또 세발자전거를 옮기거나 다른 일을 할 때도 일종의 게임으로 만들어 아이들의 도움을 받았습니다. 제가 방향을 잡아 주고 아이들은 밀면서 다같이 낄낄거리며 즐거워했죠. 아이들에게 놀이용 박스를 쌓는 법도 가르쳐 줬어요. 전에는 결코 생각해본 적 없던 새로운 방법들을 발견했죠. 저는 '난 쓸모가 없어. 가치 있는 일을 아무것도 할 수 없단 말이야'라고 생각하는 대신에 '좋아, 내가 할 수 있는 일이 무엇일까? 이 일의 가치는 뭐지?'라고 생각하게 되었어요. 그러자 두통도 한결 완화되었고 제 자신에 대한 절망감도 많이 회복되었어요. 얼마나 감사한 일인지!"

당신이 자신이나 주변 사건들을 위협적인 시각으로 보지 않는다면 스트레스가 한결 줄어들 것이다. 예를 들어, 갑자기 어떤 문제에 직면했을 때 당신은 순간적으로 두려움을 느낀다. 차가 갑자기 고장 나서 서버리면 '난 차를 못 고치는데 어쩌지?'라고 생각할 것이며, 직장을 잃었다면 당장 '이제 어떻게 살아가지?'라는 두려움을 가질 것이다.

두려움은 스트레스를 증가시키고 면역계의 기능을 감소시킨다. 따라서 감기나 질병에 걸리고 감염될 확률이 높아지며 회복도 늦어진다. 또한 스트레스가 증가하면 호흡, 소화, 신진대사, 배설, 에너지 등 기본적인 몸의 기능에도 해로운 영향을 미친다. 로버트 스캐어Robert Scaer 박사는《마음의 상처, 인격 분열, 우울증(Trauma, Dissociation, Disease)》이라는 책에서 어린 시절에 충격적인 정신적 상처를 입은 사람들은 성인이 되어 편두통, 만성 동통, 과민성 대장 증상, 만성 피로감에 시달릴 확률이 높다고 지적했다. 또 스트레스 때문에 마음이 혼란해지면 가구에 잘 부딪히거나, 운전 능력이 떨어지고, 실수를 연발한다는 것이다. 면역계 기능도 감소되어 그런 상태에서 회복되는 데 많은 시간이 걸린다.

그러나 감사하는 마음을 가지면 두려운 상황에 처하더라도 감사하는 방향으로 인식하고 해석한다. 만일 직장을 잃었더라도 '이제 어떻게 살아가지?'라는 생각 대신에 '난 여러 가지 기술이 있어. 그리고 많은 경험과 노하우도 쌓았어. 곧 다른 직장을 구할 수 있을 거야'라고 생각한다. 이런 감사를 통해 당신은 직장을 잃었을 때 느꼈던 충격에서 헤어날 수 있으며, 신체 기능을 저하시키는 두려움을 떨쳐 버리게 된다. 시간이 흐르면서 당신은 새로운 일자리를 구할 수 있는 자신의 능력과 보다 나은 일자리를 찾을 기회를 가진 걸 감사하게 된다. 따라서 걱정과 스트레스가 점차 감소되고 문제를 보다 효과적으로 해결함으로써 건강과 웰빙을 유지할 수 있다.

감사 모임 회원인 아담은 이런 말을 했다. "저는 감사를 통해 몸속에 두려움을 남겨 두지 않는 법을 알게 된 다음부터 인생이 한결 즐거워졌습니다."

감사는 회복과 치유를 촉진함으로써 건강을 유지하게 만든다. 당신이 의식하지 못하는 동안에도 우리 몸에서는 끊임없이 회복과 재생이 진행된다. 건강 상태가 좋고 스트레스가 적을수록 이런 과정은 보다 쉽고 자연스럽게 이루어진다. 감사는 스트레스를 줄임으로써 몸의 활기를 돋우고 이런 과정을 촉진한다.

_____ 감사는 가장 강력한 다이어트 보조제다

많은 사람들이 성공하고 싶어하는 다이어트에 감사의 5단계를 적용해 보자.

1단계_ 변화시키거나 끌어들이고 싶은 일을 선택하라

체중을 줄이고 싶은가? 분명한 목표만큼이나 당신의 소망이 충분히 전달되어야 한다. 체중을 얼마나 줄이고 싶은가? 만일 당신이 "8킬로그램을 줄이고 싶다"고 대답한다면 '과연 그만큼 줄일 수 있을까?'라는 의문이 뒤따를 것이다. 이때 '불가능하다'는 생각이 든다면, 목표를 조정해 당신에게 가능한 수치를 정하라. 처음 정한 목표가 달성된 후에는 얼마든지 새로운 목표를 정할 수 있다.

당신의 소망에 모양과 형태를 부여하라. 단순히 체중을 줄인다는 생각만으로는 강력한 파동을 만들어 내기에 충분치 않다. 보다 작은 사이즈의 옷을 입고 싶다든지, 허리를 3인치쯤 줄이고 싶다는 구체적인 의미가 부여되어야 한다. 다시 강조하지만, 자신에게 실현 가능한 목표를 제시하라. 당신은 77사이즈가 갑자기 44사이즈로 줄어들 수 있다고 믿는가? 만일 그럴 수만 있다면 얼마나 좋겠는가. 그러나 불가능하게 생각된다면 가능한 목표로 조정하라.

2단계_ 소망을 뒷받침하는 감정을 확인하라

체중을 줄이고 싶다는 소망 뒤에 따라올 감정을 상상해 보자. "나는 왜 체중을 줄이고 싶어 하는가?" 대답이 "더 날씬해지고 싶어서"라면 좋다. 그러나 "파트너가 원해서" 또는 "사람들이 지금보다 날씬해지길 기대하기 때문에"라면 다시 생각해 봐야 한다.

파동의 관점에서 봤을 때 이러한 대답은 자신의 소망에 100 퍼센트 충실한 것이 아니다. 당신이 진정으로 원하는 게 아니기 때문에 '체중 감량'에 대한 감사의 파동을 발산하는 데 필요한 강렬한 집중력이 떨어진다. 당신의 소망이 진정으로 자신의 즐거움과 웰빙을 위한 것인지 다시 한번 확인해 보라.

다음 단계로, 체중을 줄이는 것이 당신에게 어떤 가치가 있는지 반문해 보라. "더 매력적으로 보일 거야.""내 몸에 더욱 자신감이 생겨 에너지가 넘칠 거야.""친구들과 자전거를 탈 수 있게 될 거야.""건강이 한결 좋아질 거야." 자신감이 생기고, 더 매력적으로 변하고, 튼튼해진다는 생각에 가치를 부여하라. 감사하는 마음이 샘솟도록 유도하라. 그리고 이 뿌듯한 느낌이 당신의 몸과 마음에 충분히 흘러넘치게 만들어라.

3단계_ 갈등을 일으키는 생각이나 믿음을 뿌리 뽑아라

당신의 신체 사이즈나 체중에 대한 자신의 생각을 점검해 보자. 당신의 소망을 방해하는 부정적인 생각을 뿌리 뽑고 긍정적인 생각으로 대치하라. 다이어트에 성공하겠다는 믿음을 가졌다면 그 새롭고 긍정적인 믿음을 견고하게 만들기 위해 다짐을 사용하라.

- 체중아 오너라! 얼마든지 너를 이길 수 있다.
- 나는 항상 필요한 것을 잘 성취해 왔어. 이번에도 잘할 수 있을 거야.
- 이번에는 내게 맞는 완벽한 다이어트 프로그램을 찾을 수 있을 거야.

4단계_ 감사의 파동을 발산하라

더 날씬해지기 위한 감사의 파동을 발산하기 전에 당신은 반드

현재의 믿음	달라진 믿음
몸매 따위는 중요하지 않아.	사실 나는 날씬한 몸매를 갖고 싶어. 남들에게 매력적으로 보이고 싶은 건 당연하지.
다이어트에 성공하기란 하늘에 별 따기야.	다이어트에 성공하는 사람들도 많아. 성공한 사람들은 나름 비법이 있을 거야. 내가 원하는 만큼의 체중을 줄이는 데 도움이 된다면 나는 어떤 방법이든 해볼 생각이야.
일단 살이 빠지더라도 요요현상 때문에 곧 다시 살이 찌고 말 거야.	사람은 변하게 마련이야. 다이어트에 성공하고 그 상태를 계속 유지하는 사람들의 경험담을 참고로 그대로 따라해 보겠어.
무슨 짓을 해도 난 체중을 줄일 수 없을 거야.	나는 이제까지 다이어트에 실패했어. 그렇다고 그것이 앞으로도 계속 실패할 거라는 의미는 아냐.

시 현재의 몸매나 사이즈에 감사하는 마음을 가져야 한다. 그러나 이것은 선뜻 실행하기 힘든 일이다. 거울 속에 비친 허벅지의 비곗살을 보고 '나는 너에게 감사해'라고 생각하기는 사실 불가능하기 때문이다. 허벅지에 늘어진 지방 덩어리를 소중하고 감사하게 여길 사람이 누가 있겠는가. 그러나 당신은 허벅지에 감사하는 것이지 거기에 붙은 지방 덩어리에 감사하는 게 아니다.

당신의 관심을 지방 덩어리가 아니라 허벅지 자체로 옮겨라. 당신의 허벅지는 얼마나 충실한 종인가. 당신이 원하면 언제 어디든지 당신을 데려다 준다. 그 사실을 소중하게 여겨라. 당신의 허벅지가 정기적으로 파업을 하여, 의자에서 침대로 이동하거나 계단을 오르내리는 걸 거부하지 않는 것을 고맙게 생각하라. 허벅지가 불평 한마디 없이 몸의 상체를 떠받치고 있는 것에도 감사하라. 허벅지가 얼마나 튼튼하며, 근육과 인대와 힘줄이 아름답게 서로 협조하는 것, 또 그것에 대해 크게 신경 쓰거나 걱정하지 않아도 되는 것을 감사하게 생각하라. 허벅지가 날씬하든 뚱뚱하든 감사할 요소는 얼마든지 찾을 수 있다.

몸의 다른 부위 또는 몸 전체에도 이와 같은 접근법을 사용하라. 몸이 건강하고 튼튼하다는 걸 소중하게 여겨라. 그것이 훌륭하게 자기 역할을 다하는 것에 감사하라. 당신의 피부가 부드러운 것을 귀하게 여기고, 모든 기관을 감싸 주고 있다는 것을 감사하게 생각하라. 당신이 하루를 잘 지탱할 수 있도록 에너지를 공급해준 몸에 감사하라. 당신이 무엇을 요구하든 기꺼이 앉고, 서고, 먹고, 읽고, 노래 부르고, 걷고, 뛰는 몸을 고맙게 생각하라. 창의력을 발휘해 몸에 감사할 일을 찾아내라.

당신은 거울을 보고 어떤 말을 하는가? "오, 이렇게 뚱뚱하다니 정말 보기 싫어!" 또는 "이 늘어진 살 좀 봐. 더 뚱뚱해 보이잖아!" 이런 말은 날씬해지는 파동이 아닌 뚱뚱해지는 파동을 강화할 뿐이다. 관심의 초점을 바꾸어라. 뚱뚱하고 날씬한 것에 관계없이 당신의 전체적인 이미지를 구성하는 요소들에 관심을 가져라. 당신의 피부 색은 어떤가. 당신의 미소를 소중히 여기고, 눈의 색에 감사하라. 머리 모양과 손톱 생김새를 고맙게 생각하고, 액세서리가 의상과 얼마나 잘 어울리는지에 주목하라. 거울 속에 비친 자신의 모습에서 감사할 점을 수없이 발견할 수 있을 것이다.

이제 당신은 날씬해지려는 소망을 위한 감사의 파동을 발산할 준비를 마쳤다. 주의가 산만해지거나 방해받지 않을 조용한 장소를 찾아서 편안히 앉는다. 눈을 감고 당신이 원하는 아름다운 모습에 감사하는 마음을 불러일으킨다. 날씬해진 모습이 가져다줄 유익한 점을 생각하며 이 '새로운 모습'을 소중하게 여기고, 새로운 몸무게와 더불어 느낄 멋진 기분을 고맙게 생각한다. 날씬해진 모습을 상상하며 커다란 기쁨과 확실한 믿음으로 감사에 관심을 집중시킨다. 당신의 소망을 방해하는 혼란스러운 생각이나 믿음은 끼어들 틈을 주지 말라. 가능한 한 강력하고 진실한 마음으로 감사를 발산시켜라. 그런 다음 긴장을 풀고 편안한 마음을 가진다. 당신은 방금 활기찬 새로운 파동을 발산한 것이다.

삶을 계속 유지하는 동안 현재의 자신에 대한 감사를 잊지 않는 동시에 '새로운 당신'에 대한 파동이 선명하게 유지되도록 노력하라. 부정적인 생각이나 느낌이 생길 때마다 깨끗이 씻어버려라. 특히 자신을 다른 사람과 비교하는 잘못을 저지르지 않도록 유의하라.

예를 들어, 당신이 현재의 모습에 감사하면서 거리를 걷고 있다고 가정하자. 그런데 '미스 날씬'이 '미스터 매력남' 옆에 찰싹 붙어서 사랑스럽게 걷는 모습을 발견했다. 당신은 본능적으로 그녀를 증오하게 될 것이다. 그녀가 애써 노력하지 않아도 날씬한 모습을 유지하는 것과, 당신은 엄두도 못 낼 최신 유행의 멋진 의상을 입는 것에 대해 시기심이 생길 것이다. 동시에 당신은 이 모든 것을 갖지 못한 자신을 증오하게 될 것이다. 이런 생각은 자신이 추구하는 바로 그 파동을 스스로 쫓아 버리는 셈이다. 날씬한 사람을 증오하면서 어떻게 '날씬함'을 끌어들일 수 있는가.

그렇다면 어떤 자세를 보여야 할까? '미스 날씬'에 대한 감정을 바꾸고 그녀의 날씬함을 재해석하라. 날씬함의 본보기가 되어준 그녀에게 고마운 마음을 갖는 것이다. 다음에 다시 그녀를 만나게 되면 '나도 곧 저렇게 될 거야! 날씬해지면 나도 저렇게 멋진 옷을 차려입어야지. 조금만 참자!'라고 생각하라. 당신에게 자극을 준 '미스 날씬'을 소중하고 고맙게 생각하라. 4분마일 경주(1마일을 4분 이내로 달리는 경주)를 아는가? 사람들은 1마일을 4분 안에 주파하기는 인간의 능력으로 불가능하다고 생각했다. 그런데 한 선수가 그 일을 해낸 것이다. 그리고 이후 여러 선수들이 성공하기 시작했다. 불가능하게 생각되던 일이 이루어진 것이다. 당신이 못 가진 걸 갖추고 있는 사람에 대한 질투심을 버리고 소망을 성취할 수 있는 본보기가 돼준 것에 감사하라.

소망에 대한 감사를 일주일에 몇 번씩 되새기다 보면 자연히 파동이 강해지고, 그에 따라 임무에 충실해진다. 파동의 효과를 지속시키는 데에는 한 번에 1~2분 동안의 강력한 감사만으로도 충분하다.

5단계_ 감사의 힘이 작용하도록 만들어라

당신이 달성하고 싶은 몸무게에 대한 감사의 파동이 유사한 파동을 끌어들일 것이라고 굳게 믿어라. 원하는 몸무게를 받아들일 마음의 준비를 하라. 당신의 소망이 이루어지는 여러 징조에 주의를 늦추지 말라.

셀리그만Seligman 박사는 《낙관성 학습(Learned Opimism)》이라는 책에서 낙천주의자는 마음속에 항상 "네"라는 단어가 살아있는 사람이고, 비관주의자는 "아니오"라는 말이 꽉 들어찬 사람이라고 설명한다. 감사의 경우도 마찬가지다. 소망이 어떻게 실현될지 모르는 상황에서도 마음속에 "네!"라는 말이 울려 퍼지게 하라. 당신에게 적합한 다이어트 비법을 소개한 책에 대한 정보를 듣게 될지 누가 아는가. 여자친구가 당신이 시도해 본 적이 없는 스피닝spinning 교실, 실내 사이클링을 통해 몸매나 체력을 가꾸는 운동으로 인도할 수도 있다. 새로운 기회가 왔을 때 "싫어!"라고 거부하기 전에 "그래, 내 소망이 실현되기 시작하는 기회일지도 몰라. 좋아! 시도해본 적 없는 일이지만 한번 해보자"라는 마음 자세를 가져라.

이밖에도 건강 프로그램에 관한 새로운 정보나 기사를 접할 수도 있다. 예를 들어, 심신의 컨디션을 조절하고 체중을 줄이는 수련 방법인 필라테스Pilates에 대해 우연히 들을 수도 있다. 또 예전보다 식욕이 감소되어 특정한 음식에만 식욕이 당기고 다른 음식에는 관심이 안 생길 수도 있다. 정원 가꾸기에 취미를 붙여, 잡초를 뽑고 화초를 돌보는 사이에 체중이 줄 수도 있다. 새로운 프로젝트를 맡은 데 너무 흥분된 나머지 먹는 것에 신경 쓸 겨를이 없을 수도 있다. 운동을 좋아하는 사람과 사랑에 빠져 자전거 타기에 몰두하는 방법도 있다.

당신이 원하는 몸무게나 사이즈가 삶 속에서 실현되고 있는 모든 조짐을 놓치지 말라. 어떤 방법이든 감사하게 받아들이고 소망을 이루는 데 반드시 도움이 될 거라고 확신하라.

그렇다고 나무에서 감이 뚝 떨어지기만 기다리고 있어서는 안 된다. 당신의 파동이 비슷한 파동을 끌어들이겠지만, 당신에게 다가오는 자극이나 징조들에 대해서도 반드시 반응을 보여야 한다. 그것들이 파동이 끌어들인 결과일 수도 있기 때문이다. 그렇다고 올바른 분별력을 잃어서는 안 된다. 식욕이 당기지 않는다고 해서 사흘씩 굶는 것이 효과적인 방법일까. 스피닝 교실에 재미를 붙여서 하루에 3시간씩 일주일 내내 매달리는 것은 몸에 무리를 초래한다.

감사는 건강과 치유를 위한 하나의 방법이다. 당신의 파동을 건강과 치유를 끌어들이는 데 초점을 맞추라는 말이지 당신에게 필요한 다른 치료나 방법을 무시하라는 의미는 아니다.

자신이나 다른 사람, 주변 세계 또는 삶 자체에 대한 것이든 감사는 웰빙에 큰 도움이 되며, 그 웰빙이 가져다 주는 더 많은 삶의 기쁨을 누리게 해준다. 퍼트 박사가 주장했듯이 '매일 감성적인 자아를 돌보는 일'인 감사를 게을리 하지 말라.

일흔아홉 살인 한 감사 모임 회원은 어떻게 지내고 있느냐는 질문에, "좋아요. 저는 항상 즐겁게 살고 있어요. 가끔은 다른 날보다 더 좋은 날들이 있기도 하고요"라고 대답한다.

이 노인의 감사하는 마음은 '항상 즐겁게 살도록' 인도할 뿐 아니라 아름답게 늙어갈 수 있도록 돕는다. 이것은 감사가 당신의 삶에 줄 수 있는 가장 멋진 일이다. 다음 장에서는 이 문제를 다룰 것이다.

9
위기를 맞았을 때 더욱 감사하라

The
Power of
Appreciation

삶을 바라보는 시각에 감사의 렌즈를 끼워라
빛과 어둠이 공존하는 위기의 양면성
감사는 할 수 있는 것에 초점을 맞추는 태도다

나이를 먹는 것은 피할 수 없는 일이다. 그러나 똑같은 나이라 하더라도 어떻게 나이를 먹을 것인지 미리 정할 수는 있다. 9장 에서는 감사의 힘을 이용해 더 긍정적이고 행복하게 늙어 가는 방법과 위기를 슬기롭게 극복하는 방법을 다룰 것이다. 불행한 상태에서 오래 사는 것이 무슨 의미가 있겠는가?

즐겁고 만족스럽게 나이를 먹는 공식은 없다. 단지 각자의 노력에 달려 있다. 우리 사회는 젊음과 외적인 아름다움, 생산 적인 능력에만 초점을 둔 나머지 나이를 먹어야 갖출 수 있는 특성이나 자질의 가치를 소홀히 여기는 경향이 있다. 성숙한 내 면의 아름다움, 눈에 보이는 물질이나 서비스보다 정신이나 영 혼의 생산력을 소중하게 여기지 않기 때문이다.

우리 사회가 노년의 가치를 소홀하게 여기는 가운데서도 우 리의 수명은 점점 길어지고 있다. 2001년 미국 국립보건협회의 발표에 따르면, 65세 이상의 인구가 1900년에는 전체 인구의 4퍼센트, 2000년에는 13퍼센트였으나 2025년에는 20퍼센트까지 증가할 것이라고 한다. 미국 국세청의 조사에서도 1900~2000년 사이, 100년 동안 65세 이상의 인구가 무려 1,000퍼센트나 증가한 것으로 나타났다. 숫자로 따지자면 3백10만 명에서 3천5백만 명으로 늘어난 것이다. 이것은 전체 인구가 350퍼센트 증가한 것과 비교되는 현상이다. 또한 1900년에 12만2천 명이었던 85세 이상의 인구는 2000년에는 4백20만 명으로 증가했다. 100살 이상의 인구도 1980~1990년 사이에 두 배로 늘어났으며 계속 증가하는 추세다.

감사는 모든 것의 가치를 인식하고 격려하게 만든다. 사회적 인식이 어떻든 당신은 주변의 나이 든 사람들과 늙어 가는 자신의 가치에 대해 감사하는 마음을 가져야 한다. 나이를 먹는다는 것은 젊음보다 가치가 떨어지고 빛을 잃는 게 아니라 단지 달라지는 것뿐이다.

예일 대학의 베카 레비Becca R. Levy 박사팀은 〈개성과 사회심리학(Jounal of Personality and Social Psychology)〉이란 간행물의 2002년 8월 호에서 흥미로운 조사 결과를 발표했다. 나이를 먹는 것에 대해 긍정적인 자세와 인식을 갖고 있는 사람들은 부정적인 사람들보다 수명이 7년이나 길다는 것이다. 연구팀은 '나이 먹는 것을 긍정적으로 받아들이는 자세는 성별이나 사회 경제적 지위, 독신 여부, 건강에 비해 수명에 더 큰 영향을 미친다'라는 결론을 얻었다. 뿐만 아니라 혈압이나 콜레스테롤 수치, 운동, 체중, 흡연 여부보다 수명 연장에 더 큰 변수로 작용하는 것으로 밝혀졌다.

스티븐 주이트Stephen P. Jewett 박사팀은 뉴욕에 거주하는 100세 이상 노인의 심리적 특성에 관한 연구에서 그들의 공통점 몇 가지를 발견했다. 낙천적인 성격, 남다른 유머감각, 삶을 즐기는 자세, 다른 사람이 흉하게 여기는 것에서 아름다움을 발견하는 능력, 작은 즐거움에 감사하는 마음과 일상생활에 대한 만족 등이었다.

일흔두 살의 감사 모임 회원인 베티는 "저는 감사할 때마다 그 효과를 항상 체험하고 있어요. 제 몸의 에너지가 상승하는 느낌이죠. 그리고 제가 하는 일과 그 의미에 대해 보다 긍정적인 자세로 최선을 다하게 된답니다"라고 설명했다.

드보라 대너Deborah D. Danner 박사와 데이비드 스노우든David A. Snowdon 박사는 켄터키대학 약대의 월리스 프리즌Wallace V. Friesen 박사팀의 도움을 받아 수녀원 연구(Nun Study)를 실시했다. 1백 80명의 가톨릭 수녀들에게 20대 초반의 경험을 기록하게 한 후 그들의 감정 상태를 분석한 것이다. 그리고 그 결과를 75~95세 까지 장수하는 수녀들의 경험과 비교해 보았다. 그 결과, 젊은 시절보다 성취감, 즐거움, 만족감, 감사, 행복, 희망, 관심, 사랑,

안정감이 큰 사람들은 그렇지 않은 사람들보다 10년 정도 수명이 길다는 사실을 발견했다.

스노우든 박사는 자신들의 연구 결과가 다른 여러 연구를 통해서도 뒷받침되었다고 강조했다. "인성 테스트에서 긍정적인 면이 높게 나타난 사람들이 비관적인 사람들보다 수명이 길다는 사실이 많은 연구를 통해 입증되고 있다. 행복하고 희망적인 생각은 기분을 들뜨게 만든다. 그것은 스트레스를 크게 감소시키고 몸이 최상의 컨디션을 유지하도록 만드는 즐겁고 유쾌한 상태다. 따라서 장수하는 것은 당연한 결과다."

나이를 먹는 것에 감사하려면 인식의 획기적인 전환이 필요하다. 만일 나이 드는 것을 능력이 쇠퇴하고 사양길로 접어드는 것으로 여긴다면 피하고 싶을 것이다. 많은 사람들이 나이 먹는 것을 죽음과 서서히 가까워지는 것으로 여긴다. 그러나 죽음은 늙은 사람에게뿐 아니라 나이에 관계없이 찾아올 수 있다는 사실을 망각하는 것이다.

나이를 먹는 것에 감사하기 위한 첫 단계는 노년을 인생의 한 단계로 재인식하는 것이다. 70세든, 80세든, 90세든, 100세든 각 나이를 인생의 다른 맛을 음미할 기회로 여긴다면 나이 먹는다는 사실이 다른 가치로 다가올 것이다. 생각의 초점이 '죽음을 향한 사양길'에서 '삶의 한 과정'으로 옮겨 가는 것이다.

마리 스나이더Marie Snider는 '60세에 시작하는 삶'이란 글을 통해 노년을 즐기며 사는 아흔두 살의 메리 루스 브래스필드를 소개했다. 메리 루스가 일흔 살이었을 때 그녀의 딸인 바바라 호프만은 엄마에게 자신의 열대식물 판매와 관련된 비즈니스를 도와줄 수 있느냐고 물었다. 메리는 선뜻 내키지 않는다는 반응을 보였다. "열대 식물이라…. 난 내가 가진 플라스틱 조화에 충분히 만족한단다." 그러나 그녀는 비즈니스를 돕기 시작했고, 열대식물을 통해 '삶에 대한 열정'을 되찾을 수 있었다.

오늘날 메리 루스는 비즈니스의 핵심 역할을 담당한다. 그녀는 물건을 구입하고 청구서를 지불하는 모든 업무를 맡고 있으며, 일을 너무 사랑한 나머지 밤늦게까지 남아서 일한다. 메리 루스는 노년에 찾은 자신의 삶을 사랑한다. 딸 바바라는 말한다. "엄마는 올해 아흔두 살이세요. 하지만 저보다 젊죠. 엄마는 하루 종일 즐거운 마음으로 일에 몰두하세요. 저도 엄마처럼 멋있게 나이를 먹고 싶어요."

_____ 나이듦의 고마움

나이 드는 것을 감사하게 받아들이기 위해서는 먼저 잘못된 인식을 바꾸는 과정이 필요하다. 대부분의 사람들은 나이 드는 것을 시들어 가고, 외로워지고, 능력이 쇠퇴하고, 허약해지고, 양로원에서 죽음을 기다리고, 사람들의 관심과 마음에서 멀어지는 것으로 생각한다. 이런 마음으로 어떻게 기쁘게 늙어갈 수 있겠는가. 2000년 미국 국세청의 통계에 따르면, 65세 이상의 인구 중 실제로 양로원 신세를 지는 사람은 4.5퍼센트에 불과했다.

그러나 안타깝게도 우리의 대부분은 4.5퍼센트에 큰 영향을 받는다. 주변에서 노인들을 많이 볼 수 없기 때문에 그들이 일터나 쇼핑센터에 없다면 양로원에 가 있을 것이라고 오해하는 것이다. 심지어 의사들조차 항상 병든 노인들만 상대하기 때문에 대부분의 노인들은 병들어 있다고 생각한다. 그러나 그들은 자신이 상대하는 병든 노인들은 극히 일부이며 건강한 노인들이 훨씬 더 많다는 사실을 간과하고 있다.

나이 드는 것에 대한 잘못된 인식을 전환함으로써 노년에 대해 감사하는 마음을 갖자. 안정된 삶을 즐기고 있는 노인들에게 관심을 가져라. 우리 주변에는 행복한 노년을 보내는 사람들이 많으며 또 그에 관한 책들도 많이 팔린다. 이들이 노년에 어떤 가치를 두고 있는지 탐구해 보라. 많은 노인들이 사회적 제약으로부터 자유로운 사고방식을 가지고 있는 것을 알 수 있다. 노인들은 연륜에서 우러난 생각을 자연스럽게 표현하고, 자신들의 취향과 기호에 따라 입고, 먹고, 행동할 수 있는 여유가 있다. 아그네스라는 활기 넘치는 한 회원은 윙크를 하면서 이렇게 귀띔했다.

"난 올해 일흔일곱 살 된 총각과 결혼한 여든한 살의 신부라우. 결혼에 대해 우리 자식들과 손자들은 눈살을 찌푸렸지만, 남편은 다행히 총각이어서 꽥꽥거릴 식구가 없었지. 난 가족들에게 이제까지 인생을 그때그때 최대한 즐기려고 노력하면서 살아왔다고 말해 줬어. 그리고 그렇게 살아온 것에 감사하고 있다고. '죄를 짓지 않고 살아갈 수 있다는 것만으로도 우린 행복하게 여겨야 한단다!' 난 아이들에게 늘 이렇게 말하곤 했지. 물론 우리는 항상 잘못을 저지르며 살고 있지만, 난 이제 다른 사람의 잘못을 비판하지 않게 되었어. 어쨌든 아무리 나이를 먹어도 내가 한 남성에게 사랑받고 싶어 하는 여성이라는 사실은 변하지 않아."

나이가 당신이나 다른 사람들에게 가져다 주는 유익함에 감사하라. 삶을 되돌아보고 잘못을 깨달아 바로잡을 기회를 갖는다는 게 얼마나 감사한 일인가. 정신분석학자인 제임스 힐먼 James Hillman은 《개성의 힘(The Force of Character)》이라는 책에서 '지난 기억에 대한 회상이나 담소를 주고받는 것'은 개인의 신화를 만들어 가는 지속적인 자원이라고 지적하며, 그것은 우리를 선조들과 연결시켜 주는 고리가 되고 영혼이나 영성, 신비로운 영적 세계가 깊이 성숙되도록 이끈다고 표현했다.

나이가 드는 모습은 개인에 따라 다르다. 어떤 사람들은 나이 드는 징조를 전혀 경험하지 않는 데에 반해, 어떤 사람들은 일찍부터 그런 증상을 경험하기도 한다. 많은 사람들이 마흔다섯 살을 전후해서 저지르기 쉬운 잘못은, 어떤 통증이나 질병 또는 기능 저하가 나이의 결과라고 단정 짓는 것이다. 만일 스물다섯 살에 소화불량을 경험한다면 아무렇지도 않게 제산제를 먹고 견딘다. 그런데 예순다섯 살에 소화불량을 경험하면 "이런, 소화가 안 되는 건 나이를 먹었기 때문이야. 난 더 이상 음식을 소화시킬 능력을 잃었어. 혹시 대장암에 걸린 게 아닐까?" 라고 걱정한다. 또 서른다섯 살에 피곤함을 느낄 경우 "휴, 피곤하다. 오늘은 일찍 자야겠어"라고 대수롭지 않게 넘기는 반면, 예순다섯 살에 피곤함을 느끼면 "이젠 늙었어. 예전처럼 잘 버티지를 못해"라고 생각한다. 그러나 나이 때문이라고 생각되는 증상들이 사실은 '자주 사용하지 않아서 기능을 잃게 된' 경우일 때가 많다. 아흔세 살의 탤런트 버디 엡슨은 〈퍼레이드 매거진Parade Magazine〉의 스코트 월터와의 인터뷰에서, 자기는 아침 일곱 시에 기상해서 운동을 마치고 아침 식사를 한 다음 나머지 시간은 집필을 하거나 그림을 그리면서 보낸다고 했다. 그는 최근에 네 번째 책을 출간하는 기염을 토했다. "저는 라틴어로 된 좌우명을 문에 붙여 놓았습니다. '사용하지 않으면 잃게 될 것이다!'라는 격언이죠." 엡슨은 사용하지 않아서 잃게 되는 것은 없을 것이다.

그러나 잠시 '사용하지 않는다고'해서 회복할 수 없을 정도

로 잃게 되는 것은 아니다. 디팩 초프라는 《사람은 늙지 않는다
(Ageless Body, Timeless Mind)》에서 나이 든 사람들이 겉보기에는 나
약해 보이지만 재생력이 강하기 때문에 우리가 생각하는 것보
다 한결 강인하다고 지적했다.

터프츠 대학교의 한 노인학자가 양로원을 방문해서 가장 나
약해 보이는 노인들을 선정한 다음 그들에게 근력 강화 운동을
시켰다. 양로원 측은 이 갑작스러운 운동이 약한 노인들을 지치
게 하거나 죽음으로 몰고갈까봐 우려했다. 그러나 뜻밖에도 노
인들은 활기를 되찾았다. 운동을 시작한 지 8주가 지나자 쇠약
해진 근육이 300퍼센트나 회복되었고, 몸의 기능이 향상되고
균형을 이루었으며, 삶의 활력을 되찾았다. 보조 기구의 도움
없이는 걸을 수조차 없었던 실험 대상자들은 밤중에 혼자서 일
어나 화장실을 다녀오기도 했다. 이 문제는 자신의 품위와 관련
된 것으로, 결코 사소하게 취급될 결과가 아니었다. 더구나 이
성과가 더욱 빛날 수 있었던 것은 대상자들의 나이가 여든일곱
살에서 아흔여섯 살에 이를 정도로 고령이었다는 점이다.

사람들이 몸의 일정 부위를 사용하지 않는 행동은 잘못된 인
식에서 비롯했다. 만일 '노인들은 나약하다'라는 믿음을 갖고
있다면 당신은 점점 근육을 사용하지 않게 될 것이다. 또한 운
동을 한 뒤 피로가 몰려오면 "이봐, 운동하는 방식을 바꿔 보는
게 어때"라는 몸의 소리로 듣는 게 아니라 힘을 발휘하기에는

너무 늙었다는 증거로 인식할 것이다. 반면, 당신의 몸이 근육 사용이나 운동을 충분히 견뎌낼 거라고 믿는다면 당신은 '활기찬 신체'를 되찾기 위한 노력을 아끼지 않을 것이다.

당신의 약함과 불완전함을 나이 탓으로 돌리는 것은 그것들을 창조적이고 효과적으로 극복할 수 있는 능력을 제한하는 일이다. 스물다섯 살 때 가끔 전화번호를 잊어버리면 '건망증이 심해졌어'라고 생각했지만, 마흔다섯 살이 되면 '혹시 치매가 시작되는 거 아니야!'라고 걱정한다. 당신은 스물다섯 살 때처럼 "아무래도 메모하는 습관을 들여야겠어"라는 반응을 보이는 대신 앞으로 닥쳐올 두려운 결과에 초점을 맞춘다. 물론 증상에 따라서는 전문가의 도움이 필요하다는 걸 부정하는 게 아니다. 모든 증상을 '늙었기 때문에'로 생각하고 강박관념을 가질 필요가 없다는 말이다.

자신에게 '늙었다'는 딱지를 붙이기 전에, 몸의 변화를 단지 기능이 달라진 것으로 해석하라. 그 변화를 보상할 수 있는 다른 능력을 갖게 된 걸 감사하라. 그러면 당신은 나이에 굴복하는 대신 활기찬 기분으로 노년을 맞이하게 될 것이다.

악센트가 강한 테네시 출신인 여든세 살의 도티는 이런 경험을 했다.

"제 능력에 한계가 있다고 생각하지 않습니다. 물론 모든 일을 다 할 수 있는 건 아니지만요. 저는 균형 감각이 떨어져서 보조 기구가 없으면 자주 넘어지곤 하죠. 물론 예전보다 피로감을 많이 느끼는 것도 사실이고요. 손의 힘도 자꾸 떨어지고 정기적으로 관절염이 도지곤 합니다. 그러나 기억력을 제외하고는 대체로 정신이 맑은 편이에요. 그러니 메모만 잘 해두면 일을 처리하는 데 문제가 없지요. 시력 또한 건재하며, 무언가를 읽을 때만 돋보기의 힘을 빌리면 됩니다. 청각도 멀쩡하고, 움직임이 느리긴 해도 아직은 자신을 스스로 돌볼 수 있습니다.

저는 지팡이와 보행 보조기를 가지고 있는데 상태에 따라 번갈아 사용하곤 합니다. 손자는 그런 저를 보고 '롱다리 할머니'라고 부른답니다. 저는 그것을 제 한계라고 생각하지는 않아요. 슈퍼마켓에 가면 제가 필요한 물건을 선반에서 내리지 못할 때마다 기꺼이 도와주는 고마운 사람들이 있답니다. 저는 또 컴퓨터를 칠 때 두 손가락밖에 사용하지 못하지만, 인터넷을 섭렵하는 데 전혀 어려움이 없죠. 저는 사람들과 매일 인터넷을 통해 채팅을 하고, 뉴스를 검색하고, 서로 재미있는 이야기나 사진들을 주고받으며 즐기고 있답니다. 피곤할 때마다 낮에 잠깐씩 낮잠을 자면 피로감이 훨씬 덜해요. 다들 알겠지만, 낮잠만큼 달콤한 것도 없지요.

또 저와 기상캐스터 중 누가 일기예보를 더 잘하나 내기를 하기도 합니다. 때론 내 관절염이 더 정확할 때도 있죠. 여행을 하고 싶긴 하지만 그건 좀 무리한 일이라서, 대신 저는 책과 TV

를 통해 여행을 합니다. '탐험의 세계' 같은 프로그램을 보는 거죠. 저는 또 편안한 의자에 앉아 눈을 감고 음악을 들으면서 오케스트라를 지휘하기도 합니다. 쪼그려 앉기가 불편해서 직접 텃밭을 가꾸진 못해도, 부엌 창문 옆에 작은 허브 화분을 키우고 있답니다. 책을 읽기에 눈이 너무 피곤하면 오디오북을 들으면서 그 목소리를 따라 다른 사람들의 삶이나 경험 속으로 들어가는 기쁨도 누린답니다. 손자에게는 옛날이야기를 해주기도 하죠. 젊은 시절 맞벌이를 하면서 아이들을 키우고 남편을 돌보느라고 하지 못했던 많은 일들을 지금 대신 실컷 누리고 있답니다.

그래요, 제 삶은 달라졌어요. 이처럼 삶은 굽이굽이마다 그모습이 달라지는 게 아닐까요? 저는 지금 축복과 행운이 넘치는 삶을 누리는 느낌입니다. 한계라고요? 솔직히 말해서, 어느 유명인의 말처럼 '저는 그런 것에 개의치 않습니다.' 인생은 아름답고, 저는 즐겁고 행복합니다."

감사는 노년에 외면적 자아보다 내면적 인식을 변화시킨다. 그리고 자아에 대한 개념을 재정립하게 만든다. 노인들은 사회가 그들을 소홀히 여기기 때문에 스스로를 소홀하게 여기는 경향이 있다. 그러나 1988년 하버드 대학의 엘렌 랑거Ellen Langer 심리학 교수팀이 실시한 연구 결과, 사람들에게 가치 있는 존재라는 인식을 심어줄 때 놀라울 정도로 활기를 되찾는 것으로 밝혀졌다. 이 실험을 위해 일흔다섯 살 이상의 건강한 남성들을 일주일 동안 휴양소에 보냈다. 이 휴양소는 그들이 40대 중반이나 50대 중반을 보냈던 시절인 1959년식 스타일과 읽을 거리 그리고 음악으로 꾸며졌다. 대상자들에게는 1959년 이후에 일어난 일에 대해서는 대화를 금지했으며, 실제로 1959년에 살고 있는 것처럼 당시의 가족이나 경력, 생활에 대해서만 얘기할 수 있었다. 또 그들에게 1959년에 찍은 사진을 나눠 주고 그 사진의 모습에 대해 서로 대화를 나누도록 했다. 대상자들은 20년 전의 지성과 독립심을 가진 것처럼 인정받으며 매일 많은 일들을 처리할 기회를 가졌다. 사실 그들의 현재에서는 일상생활에서 다른 식구들의 도움을 받고 있었다. 또한 그들은 여러 가지 일에 대해 의견을 발표할 기회를 가졌으며 그 의견은 매우 존중되었다. 평소에 거의 받아보지 못했던 대우였다. 한마디로 요약해서, 실험 대상자들은 자신이 소중한 존재라는 느낌을 가질 수 있었다. 그들의 능력이나 지성을 20년 전처럼 인정받고 존중받은 것이다.

랭거는 《깨어 있는 마음(Mindfulness)》이라는 책에서 이 실험의 놀라운 연구 결과를 소개했다. 대상자들이 휴양소에 들어가기 전과 후의 사진을 비교해본 결과, 평균 3년 정도 젊어 보였다는 것이다. 또한 사람의 손가락은 나이를 먹으면 짧아지는 경향이 있는데, 그들의 손가락은 짧은 기간임에도 불구하고 길어지는 효과가 나타났다. 그들의 관절도 한결 부드러워졌으며 자세 또한 20년 전의 모습과 흡사하게 꼿꼿해졌다. 근력도 강화되었으며 시력과 청각 역시 향상되었다. 뿐만 아니라 '1959년대 남성들'의 절반 이상이 휴양소 생활을 거친 후 IQ가 높아진 것으로 나타났다. IQ는 성인이 된 후에는 변하지 않는다는 통념을 바꾼 결과였다.

우리 사회는 나이 드는 것을 능력이 쇠퇴하는 것과 동일시하는 경향이 있다. 만일 자신에 대한 감사를 게을리한다면 이런 사회적 인식을 묵인하는 셈이 된다. 나이를 먹으면 지루하고 따분하고 쓸모없는 짐이 된다고 여기는 인식 때문에, 우리 사회는 노인을 관대하게 대우하거나 아예 피하려고 든다. 그러나 랑거의 연구나 다른 여러 연구들을 통해 입증했듯이, 당신이 사회적 인식을 거부하고 나이 든 자신을 소중하게 여기며 그것을 행동으로 나타낸다면 신체적·정신적·감정적으로 기대 이상의 능력과 민첩성, 호기심, 흥미를 되찾게 될 것이다. 그리고 사람들의 관심 밖으로 밀려나지도 않을 것이다. 당신은 손가락이 짧아지고 근육이 쇠퇴한다는 노인학자들의 기대에 부응할 필요가 없다. 당신 본연의 모습을 되찾아라. 당신은 독특한 개성을 지닌 힘찬 존재이며, 경험과 자질이 풍부하고 삶의 모든 분야에서 충분한 능력을 발휘할 수 있는 자랑스러운 존재다.

당신이 갖지 못한 것에 초점을 맞추지 말고 가진 것에 감사함으로써 자신의 가치를 높여라. 당신이 할 수 없는 것보다 할 수 있는 것을 생각하라. 당신은 젊은 날의 민첩함과 강함보다 오랜 경험에서 얻은 지혜가 한결 가치 있다는 사실을 발견하는 기쁨을 누릴 수 있다. 경험에서 비롯한 지혜는 실제로 당신의 생명을 구할 수도 있다. 디팩 초프라 박사는 《사람은 늙지 않는다》에서 다음과 같은 사례를 소개했다.

세계 1차대전 중 독일 해군들은 해전 중에 배가 침몰된 후 며칠 혹은 몇 주씩 바다에서 표류하곤 했다. 그런데 이런 상황에서 항상 먼저 죽음을 맞이하는 쪽은 젊은 병사들이었다. 납득하기 힘든 이런 현상은 오래도록 수수께끼로 남아 있었다. 그러나 전에도 침몰을 경험했던 나이 든 병사들은 어떤 위기에 처해도 살아남을 수 있다는 걸 알고 있었다. 반면, 이런 경험이 부족했던 젊은 병사들은 절망적인 상황을 이겨내지 못하고 생명을 포기한 것이다.

나이를 먹으면서 갖추게 되는 당신의 동정심, 조심성, 유머 감각, 끈기, 확고한 신념 등에 가치를 부여하라. 어떤 형태로든 당신 안에 존재하는 모든 기억과 경험들에 감사하라. 당신이 그것들에 감사할수록 더 많은 것을 끌어들일 수 있다.

신체적 불편함을 극복하는 당신의 창의적인 발상에 감사하라. 훌륭하게 기능을 수행하고 있는 건강한 몸에 감사하며, 용감하게 자신의 임무에 최선을 다하고 있는 불완전한 부위에 대해서도 고마운 마음을 가져라. 거울을 들여다볼 때마다 감사한 마음으로 자신에게 인사를 건네라. 미소를 짓고 윙크를 보내고 찬사를 퍼부어라.

"사실 저는 이런 얘기를 우습게 여겼어요." 매력이 넘치는 일흔여덟 살의 감사 모임 회원인 헬렌의 고백이다. "그러나 아침에 이를 닦기 전에 거울 속에 비친 제 모습을 들여다볼 때마다 '안녕! 아름다운 꼬마 인형!'이라고 인사를 건네기 시작했죠. 몇 해 전 세상을 떠난 남편은 항상 저를 그렇게 부르곤 했기 때문에 그 말을 할 때마다 기분이 좋아졌어요. 아침에 눈을 떴을 때 몸이 아프거나 경련이 생겨 기분이 안 좋아지는 날에도 저는 그 말을 거르지 않았어요. 그러면 모든 일이 그렇게 나쁘지 않게 여겨지곤 하더군요."

당신이 무의식적으로 중얼거리는 말에 유의하라. 당신이 생각하고 느끼는 것이 몸의 치유 능력이나 원기 회복에 지대한 영향을 미친다. 예를 들어, 당신이 "나는 너무 늙었어"라고 말하면 당신의 믿음, 생각, 감정이 몸의 각 세포에 '늙었다'는 화학적 메시지를 보내고 세포는 거기에 충실한 반응을 보인다. 대신 "나는 너무 피곤해"라고 말하면 몸의 세포들은 피곤하다는 생각에 부응하는 반응을 보이면서 깊은 수면을 취하게 만들어 당신을 회복시켜 줄 것이다.

우리가 흔히 듣는 말 중에 '늙었다고 해서 성장이 멈추는 게 아니라 성장이 멈췄을 때 늙는 것이다'라는 격언이 있다. 감사

하는 삶은 당신의 활기와 호기심을 유지시켜 주고 성장이 지속
되도록 이끈다. 감사하는 삶은 당신이 단순히 존재하는 게 아니
라 활기차게 살아가도록 인도한다. 은퇴한 정비사인 일흔두 살
의 폴은 자신의 늙은 모습에 감사하게 된 후 달라진 느낌을 이
렇게 전했다.

"저는 모든 면에서 한결 좋아졌습니다. 말도 잘할 수 있게 되
었고, 앞으로 다가올 미래와 그것이 펼쳐질 방법에 대해서도 편
안하게 받아들일 수 있게 되었죠. 저는 지금 제가 할 수 있는 모
든 것에 최선을 다하고 있고 그것으로 충분히 만족합니다."

현재의 삶에 최선을 다하고, 미래를 긍정적으로 기대하고,
변화를 향해 마음을 열고, 기꺼이 배우려는 자세는 노년의 행복
을 약속하는 필수적인 조건이다. 현재의 삶 속에서 진심으로 감
사할 일을 찾는다면, 당신은 현재에 깊이 뿌리를 내리는 것은
물론 새로운 변화를 보다 잘 받아들이게 될 것이다.

현재에 감사하라는 말은 과거를 소홀히 하라는 의미가 아니
다. 그러나 과거에 지나치게 초점을 맞추게 되면 과거의 행동이
나 모습에서 벗어나지 못한다. 단지 과거의 유익함에 감사하라.
그것은 현재의 가능성과 마찬가지로 당신의 행동이나 모습을
확장시켜 줄 것이다.

나이 든 삶은 지루하고 따분하며 열정이 부족하다고 생각한
다면, 당신은 두려움과 불안한 마음으로 미래를 맞이하게 될 것

이다. 그러나 감사하는 마음을 갖는다면 미래를 향해 가는 당신의 마음속에는 호기심과 설렘, 기대감이 넘칠 것이다.

_____ 삶을 바라보는 시각에 감사의 렌즈를 끼워라

당신의 믿음 중 어떤 것들은 지속적인 성장과 삶에 관한 탐구에 방해가 될 수 있다. 당신은 어떤 믿음을 갖고 있는가. 만일 당신이 '늙은 개는 새로운 기술을 배울 수 없다'는 믿음을 가지고 있다면 다람쥐 쳇바퀴 돌듯 변화 없는 삶만 되풀이하게 된다. 이런 믿음은 현재와 미래에 어두운 그림자를 드리울 뿐이다. 반면 '나는 새로운 것을 배우기에 결코 늦지 않았어'라는 믿음은 당신을 성장으로 인도할 것이다.

어떤 행동이나 활동은 나이 든 사람에게 적합하지 않다는 사고방식은 삶에 대한 당신의 탐구심을 방해한다. 어떤 행동이나 활동도 나이에 관계없이 가능하다는 믿음을 가져라.

매력이 넘치는 여든두 살의 감사 모임 회원인 글래디스의 경험담이다.

"저는 2차대전 때 영국에서 이민을 왔습니다. 남들처럼 생애의 대부분을 가족을 돌보는 데 바쳤죠. 저는 슬하에 3형제를 두었는데, 다른 사내아이들과 마찬가지로 키우기가 힘들었답니다. 아들들이 차례로 결혼하자 손자들이 태어났고, 제 삶은 다시 바빠졌어요. 남편이 은퇴를 하면서 대부분의 시간을 가족과 함께 지내거나, 골프를 치거나, 가끔 여행을 하며 보냈죠. 남편이 골프 치는 걸 좋아해서 저도 골프를 배우게 되었고, 덕분에 우리는 늘 붙어 다녔어요. 남편과 저는 모든 일을 함께 했지요.

그런데 남편이 2년 전에 세상을 떠나자 저는 쓸쓸한 노후를 보내게 되었어요. 텅 빈 집에 혼자 앉아 긴 밤을 지새우며 갑자기 늙어 가는 기분이 들었어요. 그러던 어느 날, 저는 "그만하면 됐어"라고 외치며 정신을 가다듬었어요. 적어도 신이 데려갈 때까지 이렇게 살아서는 안 되겠다는 생각이 들었죠. 무언가 할 일을 찾아다니다가, 마침내 경찰서에서 관리직과 사무직 직원을 시간제로 고용한다는 정보를 발견했어요. 구미가 당기더군요. 이제까지 한 번도 직업을 가진 적이 없고 제 자신이 '경찰에 어울리는' 타입이라고 생각해본 적도 없지만 지원해 보기로 결심했지요. 경찰 서장은 저를 힐끗 쳐다보더니 "정말 이 일을 하실 자신이 있으세요?"라고 물었어요. "저도 잘 모르겠어요. 하지만 한번 도전해 보려고요." 저는 이렇게 대답했죠. 그는 웃으면서 제 용기를 칭찬했어요. 잠시 대화한 후 그는 내게 서류의 빈칸을 채우게 하고 간단한 테스트를 한 후 일해도 좋다고 허락했어요. 그리고 일을 해낼 수 있을지 평가하기 위해 3개월의 수습 기간을 거쳐야 한다고 말했죠.

자, 드디어 새로운 세계가 열렸어요. 저는 전화를 받고 서류를 정리하는 간단한 일을 했지만 날아갈 듯한 기분이었어요. 다시 젊어진 것 같았지요. 저는 바쁜 나날을 보냈고, 사회에 필요한 사람이라는 기분이 들었으며, 젊은 사람들에게 공손한 대접을 받았어요. 수습 기간을 무사히 마친 저는 마침내 그곳에 정식 직원으로 채용됐어요. 그리고 사무직으로 근무한 지 3년이 지나자 그들은 저를 관리직으로 승진시켜 주었죠. 저는 보고서를 작성하고 여러 가지 흥미 있는 일들을 처리하게 되었어요. 제가 사람들에게 경찰서에서 일한다고 말할 때 그들이 어떤 표정을 짓는지 보여 드리고 싶군요. 노년에 누리는 정말 멋진 경험이랍니다. 단 한 가지 아쉬운 점은, 남편 브라이언이 제 곁에서 이 기쁨을 함께 나눌 수 없다는 것이죠. 하지만 저는 모든 일을 낱낱이 남편에게 보고하고 있답니다."

노년에 얻는 가장 멋진 열매 중 하나는 다른 사람에게 감사를 표현하고 싶다는 바람이다. 누군가를 돌봐야 할 책임감에서 자유로워졌기 때문에 할아버지 할머니들은 손자들을 마음껏 귀여워하고 그들의 짓궂은 장난을 보며 기뻐할 수 있다. 자기 아이들을 키울 때는 이런 재롱들을 마음껏 즐기지 못하고 오히려 짜증을 내곤 했다. 한 할머니의 말을 들어 보자.

"우리 두 살배기 손자가 온 욕실을 물바다로 만들며 놀 때,

나는 손자와 함께 깔깔거리며 아이의 거침없는 행동을 감탄스러운 눈길로 바라보곤 해요."

다른 사람에 대한 감사는 종종 자원봉사를 하는 것으로 나타나기도 한다. 자원봉사는 봉사자들의 삶에 대한 만족도나 웰빙에 지대한 공헌을 한다. 그것은 서로 이익을 주고받는 윈윈win-win 상황으로, 당신이 다른 사람에게 감사하면 그들도 당신과 당신의 헌신에 감사한다. 자발적으로 다른 사람을 돕는 일은 당신에게 생산적인 기분을 느끼게 해주고, 자신이 소중한 존재이며 가치를 인정받고 있다는 느낌을 갖게 해준다. 따라서 자부심이 커지고 자신을 희생양으로 보는 시각이 바뀌게 된다. 다른 사람과 교제를 나눌 기회도 많아져 나이 든 사람들이 흔히 빠지기 쉬운 외로움이라는 함정에 빠지지도 않는다. 나이 든 사람들은 따분하며 삶을 잘 통제하고 조절하지 못한다는 그릇된 사회적 인식을 변화시킬 수 있다.

감사 모임 회원인 일흔다섯 살의 루크는 자신의 경험담을 상세하게 들려주었다.

"저는 열여섯 살 때부터 평생 일을 하며 살았습니다. 어려서는 식당에서 일했으며, 은퇴하기 전까지 30년 동안 한 밀감 농장의 창고 관리인으로 있었죠. 저는 일찍 이혼해서 아이들이 없었기 때문에 인생을 즐길 충분한 시간이 있었습니다. 저는 그 황금 같은 시간에 낚시나 볼링 같은 취미생활을 즐기며 친구들과 어울리고 싶었지만, 하루 종일 밀감상자를 나르고 지게차를 운전하느라고 항상 지쳐 있었습니다. 그러는 동안 은퇴한 친구들은 아내와 플로리다나 다른 곳으로 여행을 다녔지요. 삶은 점점 따분해졌고 무엇을 하며 시간을 보내야 할지 막막했습니다.

그러던 어느 날, 도서관에서 한 숙녀가 아이들에게 책을 읽어 주는 광경을 목격했습니다. 아이들의 표정이 무척 행복해 보이더군요. 정말 귀여운 개구쟁이 녀석들이었어요. 도서관 직원이 제 얼굴에 나타난 표정을 읽었는지 이런 말을 건넸습니다. '우리 도서관에는 항상 도움의 손길이 필요하답니다.' 하지만 나는 책에 대해 아는 게 없었어요. 내가 망설이자 직원은 어린이 책이니 어려울 게 없고 아이들은 누군가가 책을 읽어 주기만 하면 행복해 한다고 말해 주더군요. 그리고 도서관에는 항상 책을 읽어 주는 사람이 부족하다고 다시 한번 강조했습니다. 그래, 한번 해 보자! 처음에는 실수가 많았습니다. 저는 너무 긴장한 나머지 단어를 건너뛰곤 했는데 아이들은 별로 개의치 않았어요. 그러나 시간이 흐르면서 제법 잘할 수 있게 되었고, 정기적으로 일주일에 세 번 30분씩 아이들에게 책을 읽어 주게 되었죠. 그것은 제 하루 중에 가장 즐거운 시간이었습니다. 저는 어떻게 하면 아이들에게 좀 더 재미있게 책을 읽어 줄 수 있을까 고민하다가, 한 번은 손가락 인형을 만들어 인형극을 해 줬지요. 아이들은 자지러지게 웃으면서 '한 번 더'를 외쳐댔어요.

그러자 도서관 직원은 제게 또 다른 일을 맡겼습니다. 저는 일주일에 서너 시간, 젊은이들이 책을 더 잘 읽을 수 있도록 돕는 일을 시작했어요. 저는 10학년 때 학업을 중단했기 때문에 그들이 어려운 책을 읽는 것을 도와주지는 못했지만 크게 문제되지 않았습니다. 우리는 뜻을 모르는 단어가 나오면 함께 찾아보곤 했으니까요. 저는 이 자원봉사를 통해 아이들보다 제가 더 큰 도움을 받았다는 것을 알게 되었습니다. 제가 어떻게 감사하지 않을 수 있겠어요? 그 일은 제 얼굴에 미소를 되찾아 주었습니다."

한 병원의 안내소에서 일주일에 세 번 오후마다 자원봉사를 하고 있는 예순여덟 살의 헬렌도 비슷한 기분을 경험했다.

"저는 자원봉사를 시작한 후 다른 사람들에게 기쁨을 줄 뿐 아니라 제 자신도 기쁨에 넘치게 되었어요. 이런 제 모습을 보고 가족들도 모두 기뻐하고 있죠. 저는 감사가 제 생활의 일부가 되도록 노력합니다."

당신이 삶을 바라보는 시각에 감사의 렌즈를 끼운다면, 즉 감사를 습관화한다면 나이 드는 것이 더 이상 두렵지 않게 될 것이다. 당신은 어떤 변화가 닥치든 잘 극복할 수 있으며 노년을 보다 긍정적인 시간으로 이끌 수 있을 것이다.

_____ 빛과 어둠이 공존하는
위기의 양면성

삶의 위기는 늙어가는 것만이 아니다. 운명이라 믿었던 사랑이 당신을 버리고 다른 사람에게로 갔는가? 밤늦게까지 일하며 최선을 다했지만 결국 승진이 당신의 부하 직원에게 돌아갔는가? 흑색종이 번져 온 얼굴이 엉망이 되었는가? 당신의 꿈을 이루어 줄 사업을 형편상 축소시켜야 할 상황인가? 아이가 뺑소니차에 치여 전신마비가 되었는가? 암 말기라는 진단을 받았는가? 보험 설계사에게 속아 생명보험을 날려 버렸는가? 공장에 불이 나서 남편이 사망했는가?

　이런 재난들은 모두 인생의 위기로 볼 수 있다. 위기란 인생에 갑자기 획기적인 변화가 찾아오거나 평범하던 일상이 뜻하지 않은 재난을 당해 미래가 불투명해지는 것이다. 우리는 모두 빠르든 늦든 어떤 종류의 위기에 직면하게 마련이며 그것을 헤쳐 나가야만 한다.

　위기에 직면했을 때 그것을 극복하는 도구로 감사를 사용한다는 것은 우습게 들릴지도 모른다. 사랑하던 사람이 죽었는데 무엇을 감사하란 말인가? 아이가 다쳤는데도? 꿈을 가지고 노력해 오던 일을 포기하게 되었는데도? 물론 표면적으로는 결코 감사할 수가 없다. 그러나 위기의 본질에 보다 접근해 보면, 당신은 이 시기에 감사가 얼마나 중요한 역할을 하는지 깨닫게 될 것이다.

왜냐하면 위기는 그 안에 빛과 어둠을 동시에 지니고 있기 때문이다. 옛 속담에 '구름 너머에는 햇살이 빛나고 있다'라는 말이 있다. 특히 위기를 표현하는 중국어는 이런 양면성을 잘 드러내고 있다. 중국어로 위기를 '웨이치weichi'라고 하는데, 여기서 웨이wei는 '위험'을 치chi는 '기회'를 의미한다. 위험은 구름이고, 기회는 그 너머에 빛나는 밝은 햇살이다.

위험은 우리가 위기를 맞아 자아를 잃고, 그것이 우리를 지배하고 파괴하도록 허락할 때 찾아온다. 또한 기회는 그 안에 숨어 있는 새롭고 잠재적인 자질과 이제까지 미처 생각지 못했던 가능성이나 희망 또는 소망을 발견할 때 얻게 된다. 위기를 통해 우리는 불사조같이 다시 일어나 보다 강해지고 행복해질 수 있다.

그렇다면 위기의 상황에서 감사의 역할은 무엇일까? 위기로 인한 감정의 소용돌이를 잘 견딜 수 있도록 돕는 것이다. 감사는 비탄에 빠져 의욕을 상실한 당신을 흔들어 깨우고, 위험에서 기회로 건너갈 수 있는 다리를 놓도록 격려한다.

_____ 감사는 감정의 소용돌이에서
우리를 구한다

위기를 맞았을 때 우리는 어떤 기분에 사로잡힐까? 충격, 공포, 두려움, 분노, 흥분, 우울, 절망, 근심, 혼란, 불안, 혐오 같은 감정들이 당신의 마음을 뒤흔들어 갈피를 잡지 못하게 만든다. 감사는 이런 격동적인 생각과 감정들을 가다듬고 새로운 가능성에 눈을 돌리도록 인도한다.

당신의 뇌는 자율신경계를 통해 온몸에 끊임없이 메시지를 보낸다. 자율신경계는 의식적인 인식이나 노력 없이도 우리 몸의 내부 기관을 조절하고 통제하는 신경조직이다. 위기를 맞게 되면 당신의 심장 박동은 제멋대로 불규칙하게 뛴다. 이런 심장 박동은 뇌에 전달되어 생각하고, 결정하고, 느끼는 데 영향을 미친다. 혼란스러운 심장 박동은 혼란스러운 사고를 초래하기 때문에 당신의 집중력과 사고 능력이 떨어진다.

감사는 이런 정신적·감정적 혼란 상태에서 당신을 구해 준다. 위기의 순간에 아주 사소한 것이라도 감사할 일을 찾아라. 그러면 당신은 서서히 마음을 진정하고 맑은 정신을 회복하게 될 것이다. 만일 절망적이고 부정적인 감정에 사로잡힌다면 당신의 생각이나 감정의 범위는 극도로 축소된다. 따라서 두려움이나 분노, 절망감 너머에 있는 것들을 보지 못하게 된다. 감사는 이런 상태에 빠진 당신이 예전의 상태로 돌아갈 수 있도록 인도한다. 감사를 통해 당신은 보다 넓은 생각이나 사고를 할 수 있으며, 눈앞의 재난을 넘어서 새로운 가능성에 눈을 돌릴 수 있게 된다. 감사 모임 회원인 스물일곱 살 난 주안의 이야기를 들어 보자.

"제 형이 살해되었을 때 저는 세상이 끝난 것 같았습니다. 하늘을 보고 울부짖으며 신에게 따졌지요. 당시 겨우 서른다섯 살이었던 형은 서툰 은행 강도의 총에 맞아 숨졌습니다. 형은 다른 사람들처럼 줄을 서서 차례를 기다리고 있었을 뿐입니다. 형 생각만 하면 세상의 모든 사람들이 다 원망스럽더군요. 그러던 어느 날 한 이웃 사람이 이렇게 위로의 말을 건넸습니다. '형은 참 좋은 사람이었어요. 모범적인 삶을 살았죠.' 이 말은 제 마음을 다소 진정시켰습니다. 저는 형의 좋은 점이나 우리가 함께 보냈던 즐거운 시간들을 생각하기 시작했습니다. 형의 죽음을 원망하는 대신, 그가 살아 있는 동안 저와 가족에게 얼마나 많은 것을 주었으며 얼마나 좋은 사람이었는지 감사하기 시작했습니다. 그런 감사는 제 마음에 큰 위로가 되었습니다. 저는 아직도 형을 생각하면 가슴이 아프고 슬프지만 원망만 일삼지는 않게 되었죠.

마음이 진정되자 낙심하고 있던 형수님께도 도움을 줄 수 있게 되었습니다. 내 형이자 그녀의 남편에 대해 우리가 얼마나 감사하고 있는지를 얘기했지요. 그것은 비탄에 빠져 있던 그녀에게 많은 위로가 되었습니다. 그리고 저는 주변에도 눈을 돌려 조카들을 도울 수 있는 방법도 생각했습니다. 감사하는 마음이 불행을 완전히 사라지게 했다고 말할 수 없지만, 감정을 쉽게 극복하도록 도와주었고 누군가에게 도움이 되도록 인도했다는 것만은 인정합니다."

위기에 직면했을 때 가정 먼저 극복해야 할 문제는 당신의 감정이다. 당신은 강력한 감정의 소용돌이에 빠져 올바른 사고 능력을 잃게 된다. 이런 감정들을 충분히 표출하기 전까지 감사는 생각할 수도 없다. 위험은 감정을 표현할 때가 아니라 그것을 안에 담아 두고 있을 때 발생한다. 고통스러운 감정을 인정하라. 그렇다고 해서 그것들이 존재하지 않는 것처럼 가장하지는 말라. 그래서 해결될 문제가 아니다.

예를 들어, 당신이 암이라는 진단을 받았다면 충격이나 두려움을 느끼는 건 당연하다. 그때 그 감정이 안전하고 적절한 방법으로 밖으로 충분히 표출되도록 허락하라. 그런 다음, 그런 부정적인 감정들에 얽매여 있지 말고 가능하면 빨리 그것들을 머리로 보내 긍정적으로 해석할 기회를 가져라. "좋아, 지금 내가 감사하고 소중하게 생각해야 할 점은 무엇일까?" 당신의 첫 번째 감사는 아마 이런 것이 될 것이다. "어쨌든 나는 지금 살아 있잖아. 그 점에 감사하자. 살아 있는 한 희망은 있게 마련이야.

그 희망에 감사하자."

당신이 부정적인 생각에 빠져들지 않는 한 두려움과 공포는 힘을 잃게 될 것이다. 당신의 생각은 당신의 통제하에 있다는 사실을 잊지 말라! 할 수 있는 한 최대한 감사하라. 거기서부터 당신은 실오라기 같은 가능성을 발견하기 시작할 것이다. "그래도 나는 운이 좋은 편이야. 나를 치료하는 의사는 훌륭한 사람이잖아. 그리고 암에 대해 권위 있는 다른 의사들도 많아. 사촌도 암에 걸렸지만 회복됐잖아. 희망을 안겨준 사촌에게도 감사하자. 그리고 나에게는 힘이 되어줄 가족들이 있어. 얼마나 감사한 일이야."

한 번에 한 가지씩 실천하자. 당신은 서서히 두려움과 공포에서 벗어나 보다 건설적인 생각과 감정을 향해 나아갈 수 있을 것이다. 당신이 감사한 생각과 감정으로 옮겨 가게 되면, 심장과 뇌의 파동이 일치하고 몸의 전자기장이 조화를 이루어 그에 부합하는 파동을 가진 일들을 끌어들이게 될 것이다.

때로는 감정이 북받쳐 오르는 순간도 있을 것이다. 그때는 넘쳐흐르는 감정을 막지 말고 적절하고 안전한 방법으로 표현하면서 당신의 관심을 감사한 생각에 집중하도록 노력하라. 그러나 자신을 속이지는 말라. 화학요법으로 심한 고통을 겪으면서 "나는 암에 대해 감사해"라고 말하는 것은 거짓말이다. 당신은 결코 암에 걸린 걸 감사할 수는 없다. 또 그것을 감사할 필요도 없다. 하지만 많은 사람들의 생명을 구했고, 당신의 생명을 구할 수도 있는 화학요법을 개발한 과학자들에게는 감사할 수 있다. 또 당신의 몸이 얼마나 굳건하고 용감하게 화학요법을 견뎌내고 있는지와 당신을 도와주고 격려해 주는 가족과 친구들에 대해서도 감사할 수 있다.

감사는 과장하지 말고 성실하게 하라. 간호사가 불친절하다고 생각하고 치료 과정에도 불만이 많으면서 "의사와 간호사들이 나를 위해 최선을 다해 주는 것에 감사해"라고 말하지 말라. 당신이 발산한 감사의 파동은 진실이 아닌 부분에 의해 빛을 잃을 것이다. 감사 파동의 순도를 높이기 위해 진실된 부분에 대해서만 감사하라. 만일 감사할 수 있는 부분이 오직 화학요법이 효과를 발휘하는 것뿐이라면 그 점에만 감사를 국한시켜라. 당신이 진실이라고 믿는 것에만 감사의 파동을 발산하라. 파동은 결코 속거나 속이지 않는다.

_____ 감사는 할 수 있는 것에 초점을
     맞추는 태도다

위기는 사람을 압도한다. 너무 많은 일을 한꺼번에 겪기 때문에 당신은 견디기 벅찬 힘에 위협을 느끼게 된다. 위기에 압도당하면 당신은 무기력해지고 의욕을 잃는다. 두려움, 충격, 절망감이 당신을 지배하기 때문에 활동이 둔해지고 효과적인 대응 능력이 떨어진다. 또 시야가 극도로 좁아져 오로지 눈앞에 닥친 재난밖에 생각할 수 없다.

감사는 당신의 대응 능력을 향상시켜 무기력감을 극복하게 만든다. 감사는 당신을 무력함에서 강력함으로 이동할 수 있게 만드는 스위치다. 위기에 처한 자신이나 상황에서 감사한 점을 발견하는 순간 당신은 억압된 자아로부터 풀려나게 된다. 따라서 재난보다는 대응책에 눈을 돌림으로써 적절한 행동을 취할 수 있다. 당신의 능력이 회복된 것이다.

젠이라는 감사 모임 회원의 말을 들어 보자.

"위기는 제가 가고 싶은 장소에서 저를 몰아냈습니다. 하지만 감사가 다시 그곳으로 갈 수 있게 해주었죠. 저는 이제 위기 상황으로 다시 돌아가서 강력하게 대처할 생각입니다."

피터 레빈Peter Levine은 《내 안의 트라우마 치유하기(Waking the Tiger: Healing Trauma)》라는 책에서 생명을 구한 감사의 힘에 대해 언급한다.

1976년 캘리포니아 차우칠라에서 스물여섯 명의 어린이들이 스쿨버스에서 유괴를 당했다. 다섯 살에서 열다섯 살까지의 어린이들은 두 대의 화물차에 실려 지하실에 30시간이나 감금되어 있었다. 구사일생으로 도망친 그들은 한 지방병원에서 몸에 난 상처를 치료받았지만 정신적인 치료는 받지 못했다. 아무도 아이들에게 정신적인 치료가 필요하다고 생각하지 못했으며, 심지어 당시 아이들을 상담했던 정신과 전문의조차 스물여섯 명의 아이들 중 오직 한 명만이 정신적인 불안 증세를 나타냈다고 말했다. 당시 정신적인 치료에 대한 인식은 그런 수준이었다.

그로부터 8개월 후 같은 정신과 의사인 레노르 테르Lenore Terr는 이 아이들을 대상으로 조사한 결과 전혀 상반되는 결론을 내렸다. 그 사건은 거의 모든 아이들에게 정신적 · 의학적 · 사회적으로 심각한 영향을 미쳤다는 것이다. 그리고 그중 보브 바클리라는 열네 살 아이 단 한명만 비교적 큰 영향을 받지 않은 것으로 나타났다.

아이들이 갇혀 있던 지하실의 기둥이 무너져 천장이 내려앉기 시작했을 때 적극적으로 탈출구를 찾으려고 했던 아이는 보브뿐이었다. 그는 다른 소년들에게 도움을 요청해서 터널을 뚫었고, 모든 아이들이 그 터널을 통해 탈출할 수 있었다.

다시 말해서 보브는 어떤 상황에 처했을 때 감사할 수 있는 방법을 찾아 그것을 사용한 것이다. 다른 아이들은 절박한 죽음의 공포에 사로잡혀 다른 것을 볼 수가 없었다. 그들은 상황에 지나치게 압도된 나머지 살기 위해 터널을 통과하는 것조차 억지로 재촉해야 할 정도였다. 위기 상황에서 어떻게 생명을 구할지에 초점을 맞추었던 보브는 아이들의 생명을 구했을 뿐 아니라 자신의 능력에 대한 자부심을 갖고 정신적·감정적 웰빙을 지속할 수 있었다.

감사는 갖지 못한 것이 아니라 가진 것에 관심을 집중하도록 유도함으로써 무기력감에서 헤어나게 만든다. 감사는 당신의 단점보다 장점, 당신이 할 수 없는 것보다 할 수 있는 것에 초점을 맞추게 한다. 현재 갖고 있는 것에 대한 감사는 당신이 무기력하고 절망적인 희생양이 되지 않도록 여러 가지 가능성에 눈을 돌리게 한다. 반면, 현재 갖고 있지 않은 것에 초점을 맞추는 자세는 당신을 희생양으로 만드는 일을 촉진할 뿐이다. 감사는 두려운 상황에 대처하는 우리의 능력을 강화시켜 준다.

2001년 9월 11일 이후 한동안 미국 사람들은 또 다른 테러가 발생할까봐 두려움에 떨었다. 특히 비행기 승객들은 더욱 생명의 위협을 느꼈다. 유나이티드 항공기에 탑승했던 피터 하나포드라는 승객은 〈워싱턴 타임스〉에 기고한 글에서, 한 사람의 격려가 얼마나 큰 촉매 역할을 했는지 설명했다. 그 비행기의 기장이 승객들에게 자신을 보호할 수 있는 막강한 힘을 깨닫도록 일깨웠던 것이다.

테러리스트들의 공격이 있은 후 대부분의 미국 공항들과 마찬가지로 덴버 국제공항도 지난 토요일부터 정상 업무를 시작했다. 유나이티드 항공기 564편은 이제 막 탑승구 문을 잠그고

서서히 움직이기 시작했다. 안내 방송을 통해 기장의 목소리가 흘러나왔다.

"오늘 비행기를 탑승하신 용감한 여러분께 우선 감사드립니다. 지금부터 정상적으로 운행을 시작합니다."

승객들 사이에는 무거운 침묵이 흘렀다. 기장은 무기를 기내에 반입하는 것을 방지하기 위해 공항 검색 시스템을 크게 보강했지만, 테러리스트들이 주로 사용하는 플라스틱 나이프나 나무 또는 세라믹으로 된 무기들을 모두 색출하는 것은 불가능하다고 설명했다.

"비행기 납치범들은 자신이 폭탄을 가졌다고 위협할 수도 있습니다. 그러나 비행기 안에는 절대로 폭탄을 가지고 들어올 수 없습니다. 만일 누군가가 그런 위협을 한다면 믿지 마십시오. 또 누군가가 갑자기 일어나 플라스틱 나이프를 휘두르면서 "이 비행기는 피랍되었다"라고 위협하거나 그와 유사한 협박을 한다면 여러분은 이렇게 하십시오. 모든 사람들이 한꺼번에 일어서서 그에게 아무 물건이나 던지는 겁니다. 베개나 책, 잡지, 안경, 구두 등 아무 물건이나 던져서 그가 균형을 잃고 주의가 산만해지도록 유도하십시오. 만일 공모자가 있다면 그들에게도 같은 행동을 하세요. 그 다음에는 납치범에게 담요를 뒤집어씌우고 바닥에 쓰러뜨린 다음 단단히 붙잡고 있는 겁니다. 우리는 가장 가까운 공항에 착륙할 것이고 공항 경비대가 그들을 체포

할 것입니다. 명심하십시오. 납치범은 한 명이나 서너 명에 불과하지만 여러분은 2백 명이 넘습니다. 그들을 충분히 이길 수 있습니다. 독립선언문에는 '우리 군중들'이란 구절이 있습니다. 우리가 공중에 있을 때도 이 말은 변하지 않습니다. 우리 군중들 대 테러리스트임을 잊지 마십시오. 오늘이나 내일 또는 당분간은 그런 문제가 발생하지 않으리라고 믿지만, 시간이 흐르면 또다시 테러가 발생할 수도 있습니다. 저는 여러분이 이 대처 방법을 잊지 않으시길 바랍니다. 이제 앞으로 4시간 동안 우리는 한 배를 탄 한 식구입니다. 옆 사람과 인사를 나누고 자신을 소개한 후 함께 여행을 즐기시기 바랍니다. 감사합니다."

이 훌륭한 연설은 승객들로부터 열렬한 박수갈채를 받았다. 그는 상황을 제대로 인식하도록 인도한 것이다. 그뿐 아니라 기장은 승객들의 능력을 강화해 주었다. 그는 결코 '감사'라는 단어를 사용하지는 않았지만 승객들에게 그것을 격려하고 있었다. 납치범들로부터 안전을 위협받고 있다 해도 그들에게 공격할 수 있는 책, 잡지, 구두, 많은 인원 등이 있으므로 그것을 더 소중하게 여기고 감사하라는 뜻이었다.

어떤 상황에서든 불가능한 일을 기대하기보다 감사할 수 있는 일에 초점을 맞추는 것은, 상황에 압도당해 무기력해지는 걸 막고 위기를 통해 새로운 기회를 얻도록 돕는다.

_____ 위기는 새로운 기회로 건너가는 다리다

당신은 이제 감정의 소용돌이를 극복하고 위기에 압도당하지 않기 위해 감사를 사용하게 되었다. 한 발 더 나아가, 눈앞에 닥친 위기에서 해결책과 가능성과 기회로 건너가는 다리를 만드는 데도 감사를 사용하라.

예를 들어, 중요한 약속을 위해 급히 가다가 진흙 구덩이를 밟아 옷이 엉망진창이 되었다고 가정해 보자. 이것은 물론 작은 위기다. 당신은 "뭐야, 옷이 엉망이 됐잖아! 고객에게 나쁜 인상을 줘서 일을 망치고 말 거야"라는 반응을 보일 것이다. 그러나 감사를 활용해 당신이 원하는 결과에 좀더 가까이 다가가자. "좋아, 옷은 엉망이 됐지만 다친 데도 없고 정신도 아직 멀쩡해. 그 점에 감사하자." 이런 깨달음은 당신을 한 발 앞으로 나아가게 만든다. 당신은 이제, 누구나 약속 장소로 가다가 진흙 구덩이를 밟거나 비슷한 불운을 당할 수 있다는 사실을 받아들이게 되었다. 당신이 만나게 될 고객은 당신의 불운에 동정심을 보내며, 더럽혀진 옷이 아니라 당신의 기술이나 재능을 보고 판단할 것이다. 그는 오히려 역경에 의연하게 대처하는 당신의 모습을 칭찬할 수도 있다. 이제 당신은 기회를 만들기 위해 감사를 활용할 준비를 마쳤다.

감사하는 마음으로 구두에 묻은 진흙을 털어 내면서 이렇게 반문해 보라. "지금 소중하게 여길 수 있는 점은 무엇일까? 어디서부터 감사할 점을 찾아볼까?" 이런 상황에서도 누군가에게 유익을 주기 위해 상품이나 서비스를 판매하는 본보기를 보이는 것도 멋진 일이 아닌가. 아니면 당신의 장기인 유머감각을 발휘해 고객에게 들려줄 재미있는 일화를 생각해 냄으로써, 고객을 한결 호의적으로 만들 수도 있다. 진흙 구덩이에서도 기회를 발견할 수 있다. 감사가 그것을 가능하게 만든다.

진흙 구덩이는 작은 위기지만 전신 마비는 얘기가 다르다. 만일 열여덟 살에 전신 마비가 되어 휠체어에 갇혀 살아야 한다면, 우리들 대부분은 삶을 비관할 것이다. 그러나 뇔르 넬슨이 《성공한 사람이 모든 것을 갖는다(Winner Takes All)》에서 예로 든 랠프 호치키스Ralph Hotchkiss의 반응은 달랐다. 그는 오토바이 사고로 겪게 된 자신의 상황에 진심으로 감사했다. 그는 자신이 휠체어로 구원받았다고 생각했다.

지금 50대가 된 랠프는 자신의 생애를 휠체어를 디자인하고 만드는 일에 바치고 있다. 휠윈드 네트워크Whirlwind Network라는 그의 회사는 25개국의 서른세 명에 이르는 동업자들과 함께 보다 편리하고 성능이 좋은 휠체어를 끊임없이 개발하고 있다. 사고를 당한 후 랠프는 전신 마비라는 악조건 속에서도 자신과 다른 사람들의 삶을 돕기 위한 기회를 발견하려고 노력했다. 그는 자신이 할 수 있는 것과 오토바이 사고로 얻은 교훈에 감사함으로써 위기에서 기회로, 지금 누리고 있는 긍정적인 미래로 건너가는 튼튼한 다리를 만든 것이다.

감사는 죽음에 직면했을 때조차 새로운 기회를 제공해 준다. 넬슨의 《성공한 사람이 모든 것을 갖는다》에 인용한 또 다른 사례는 머틀 파이 럼프Myrtle Faye Rumph의 경우다. 그녀의 외아들인 서른다섯 살의 알 우텐 주니어는 달리는 자동차에서 쏜 총에 맞아 숨졌다. 그의 친척들은 복수를 부르짖었지만 머틀은 이 위기 속에서 기회를 발견했다. 그녀는 아들의 죽음을 복수하기보다 아이들이 안전하게 자랄 수 있는 것이 얼마나 소중한지 깨닫고 감사함으로써 아들의 죽음을 기리는 방법을 택했다. 그녀는 로스앤젤레스에 '알 우텐 주니어 헤리티지 센터'를 창설하고 젊은 이들이 거리를 방황하지 않고 이곳에 와서 안전하게 놀이를 즐기거나 기술을 배울 수 있는 기회를 제공했다. 센터가 자금난에 시달리자 머틀은 문을 닫는 대신 자신이 살던 집을 팔아 충당했다. 자신의 가치 있는 노력에 감사하는 마음을 가졌기에 가능한 일이었다. 그녀는 무언가 자신이 공헌함으로써 사회를 변화시킬 수 있다고 진심으로 믿었다.

그로부터 5년 후 센터는 머틀의 믿음대로 되었다. 더 이상 경제적 어려움 없이 든든한 젊은이들의 안식처로 자리를 잡은 것이다. 탈선한 젊은이들을 비난하는 대신 그들을 도울 수 있는 일이 있다는 것에 감사함으로써 머틀은 아들의 죽음이라는 비극적인 상황에서도 긍정적인 결과를 얻는 기회를 발견했다.

사회적 위기는 공동체는 물론 나라 전체에까지 영향을 미칠 수 있다. 감사는 이런 위기가 초래할 절망감과 위압감으로부터 우리를 구출해 준다.

_____ 9.11 테러와 감사 모임

2001년 9월 11일 화요일, 테러리스트들은 세계무역센터와 미국 국방성 건물을 공격했다. 우리 감사 모임은 매주 화요일마다 모임을 가졌지만 그날은 충격에 휩싸여 어떻게 해야 할지 결정을 내릴 수 없었다. 모임을 가질 것인가, 취소할 것인가? 결국 우리는 모임을 가졌고 그날의 참사를 위기 가운데서도 감사할 수 있는 기회로 삼기로 했다. 만일 비극적인 상황에서 도움이 되지 않는다면 감사가 다른 것보다 더 가치 있다고 어떻게 주장할 수 있겠는가.

감사 모임 회원들은 다들 기분이 우울했지만 한 사람도 빠지지 않고 모두 참석했다. 그날의 참사에 대해 각자의 의견을 나눈 후 우리는 이런 질문을 던졌다. "이런 끔찍한 상황에서 어떻게 감사해야 할까? 감사할 일이 과연 있을까?"

물론 있었다. 회원들은 자신이나 친구, 가족이 무사한 것에 감사했다. 또 구조대원들의 용기와 신속함에 감사했고, 기적적으로 살아난 사람들에 대해 감사했다. 회원들은 이런 감사가 그들의 마음을 달래주고 희망을 갖게 해준다는 사실을 발견했다.

그러나 우리는 자신의 마음을 달래는 것 이상의 것에 감사를 활용하길 원했다. 우리는 앞으로 이러한 테러가 또다시 발생하지 않도록 하기 위해 감사를 활용하고 싶어 했다.

우선 우리는 테러리즘의 정의에 관해 토론했다. 정치적 목적을 성취하기 위해 테러를 사용하는 행위, 협박과 폭력을 사용해서 통제하고 지배하려는 행위, 통제와 지배의 본질은 누군가의 자유를 박탈하거나 제한하는 것이다. 당신은 개에게 목걸이를 채워 자유를 구속할 수 있다. 또한 죄수들의 주변에 울타리를 세움으로써 그들을 통제하고 자유를 제한할 수 있다. 테러리즘은 근본적으로 자유를 공격하는 것으로, 먼저 폭력을 사용하고 뒤이어 두려움을 불러일으킨다. 다가올 폭력에 대한 두려움은 우리 스스로 주변에 울타리를 치도록 만든다. 우리는 금속 탐지기를 설치하고 경비원을 고용하며 바리케이드를 세운다. 또 여행을 삼가고 낯선 사람을 더욱 경계한다. 그러나 그런 파동은 비슷한 파동을 끌어들인다는 점을 상기할 때 ,당신은 두려움의 노예가 되고 싶지 않을 것이다.

우리는 두려움의 에너지를 확대시키는 데 초점을 맞추는 대신 감사를 활용해 테러리즘에 대항하는 것이 자유를 소중하게 여기고 감사하는 태도라는 결정을 내렸다. '다른 테러가 언제 또 저질러질까? 우리는 어디에서도 안전하지 못해'라는 두려움은 테러리스트들의 감정적·정신적 영향력을 키울 뿐이다. 우리가 원하는 자유는 미국 국민의 전체적인 자유뿐 아니라 우리가 일상생활에서 보장받아야 할 작은 자유까지 포함된다. 어디든지 마음대로 갈 수 있고, 어떤 직업이나 취미, 관심사, 생활 방식도 누릴 수 있는 자유다. 이웃과 싸울 수 있는 자유, 아침 열 시든 한낮이든 언제든지 원할 때 아침 식사를 할 수 있는 자유, 아이를 몇 명이든 마음대로 낳을 수 있는 자유, 파트너와 함께 살거나 독신으로 살 수 있는 자유를 말한다. 채식주의자 혹은 육식주의자가 아니면 중간이 될 수 있는 자유, 새벽기도를 하거나, 조깅을 하거나, 기호에 따라 커피를 마실 수 있는 자유도 여기에 포함된다. 이 소중한 개인의 자유들은 우리의 삶을 행복하게 만드는 중요한 요소이기 때문이다.

호의는 호의를 끌어들인다. 일상의 자유에 대해 강력한 감사의 파동을 발산하는 것은 세상 전체의 자유 파동을 강화하고 확장시키는 효과가 있다. 감사와 두려움은 동시에 존재할 수 없으므로, 감사가 많아질수록 두려움은 약해지고 두려움을 초래하는 일들을 덜 끌어들이게 된다.

참사가 일어난 그 주일 내내 우리는 많은 사람들의 입에서 '감사'라는 말이 얼마나 자주 오르내리는지를 알고 놀랐다. 대

중매체와 인터뷰를 하는 사람마다 구조대원들의 용기와 인내심, 지도자들의 확고한 자세에 진심으로 감사한다는 말을 되풀이했다. 또 공포에 떨면서도 휴대폰으로 사람들에게 전화를 걸어 무슨 일이 일어났는지를 알리고 사랑의 메시지를 전했던 사람들에게도 감사를 표했다. 사람들은 낯선 사람들의 친절함, 열성을 다하는 도움의 손길, 인종이나 나이, 성별, 빈부에 관계없이 전 국민이 보내준 열렬한 성원 등에 거듭 감사를 표했다.

참사가 일어난 다음 주 화요일인 9월 18일, 우리는 다시 정기 모임을 가졌다. 회원들은 감사하는 마음이 얼마나 큰 효과가 있었는지 그리고 지난 며칠 동안 충격에서 헤어나 일상 업무를 회복하면서 얼마나 많이 감사했는지 의견을 나누었다.

"저는 안정된 직업을 가진 걸 감사했어요. 많은 사람들이 이번 사태로 직장을 잃었거나 잃게 될 거라고 하더군요."

"저는 우리가 협동심을 발휘한 것에 감사해요."

"저는 LA공항의 육교 위에서 커다란 미국 국기를 흔들던 한 남자에게 감사하고 싶어요. 그는 쉬지 않고 국기를 흔들었어요. 누군가 그런 일을 했다는 게 감사하며, 그것이 무얼 의미하는지를 알고 있었기 때문에 아무도 그가 미쳤다고 생각하지 않았던 점도 감사해요."

"저는 우리가 일상생활에서 누리고 있는 자유에 감사하면서, 제가 충분히 자유롭지 못하다는 걸 깨달았어요. 저는 자유를 지나치게 제한하고 통제해 왔다는 기분이 들었고, 그것들로부터 자신을 해방시켜야겠다고 생각했어요."

"평소에는 서로 말 한마디 나누지 않던 사람들이 서로에게 감사하는 모습을 보는 것은 마치 기적이나 마법을 보는 것 같았어요."

"저는 산산조각 난 비행기에 대해 생각했어요. 그리고 어떤 상황에 제대로 대처하기 위해서는 항상 준비해야 하고, 또 제 자신의 파동을 강력하게 유지하는 것이 중요하다는 걸 배웠어요. 저는 감사를 통해 감정적으로 강해지는 걸 느꼈어요."

"제 개인의 두려움이 전체의 공포심에 영향을 미친다는 사실을 깨달았습니다. 만일 제가 두려움을 떨쳐 버리고 그 자리에 빛과 사랑과 감사를 대치한다면 전체의 두려움과 증오가 줄어들겠지요. 따라서 저는 앞으로 더 좋고 더 충만한 것을 많이 창조해야겠다고 결심했습니다."

감사는 크든 작든, 개인적이든 전체적이든 어떤 위기의 순간에도 중요한 역할을 감당한다. 어떤 위기가 닥치더라도 우리의 일상에는 소중하게 여기고 감사해야 할 것들이 많다.

우리가 이 책을 마무리하고 있을 때 이라크 전쟁에서 비보가 날아들었다. 헬리콥터가 폭파되는 바람에 한 해병대원이 사망했다는 것이다. 그의 어머니는 뉴스 시간에 방영된 인터뷰에서, 비탄에 젖은 가운데서도 의연한 태도로 강조했다. 아들은 자신이 간절히 원하던 일을 했으며, 비록 그 소망을 다 이루지는 못했지만 그의 이름은 길이 남을 것이라고. 현재 있는 것과 도움이 될 것에 대해 감사하는 마음은 우리의 상처를 치유하고 앞으로 전진하도록 만든다.

_____ '나는 이기고 너는 지는' 사고방식에서 벗어나라

감사는 매우 중요하다. 감사는 현재 우리의 삶에서 중요한 역할을 한다. 그렇다면 미래는 어떤가? 우리가 현재의 삶에 감사한다면 미래에 어떤 영향을 미칠까? 감사 모임의 회원인 킴은 다음과 같이 말한다.

"과거에는 사람들이 긍정적인 사고방식을 가지고 살았지만 지금은 그렇지 않은 것 같아요. 만일 사람들이 감사의 본질에 접근한다면 그것이 집중력의 다른 형태라는 걸 알게 될 거예요. 감사하는 마음 한 가지에 정신을 집중하다 보면 매우 큰 힘을 갖고 효과를 발휘하죠. 많은 사람들이 적극적으로 활용할 수만 있다면 상처나 전쟁을 치유할 수도 있어요. 저는 실제로 제 삶에서 이런 효과를 경험했죠. 만일 수많은 사람들이 공통의 목표를 위해 감사의 마음을 집중한다고 상상해 보세요. 그 효과는 실로 엄청날 거예요."

램 다스Ram Dass는 자신의 책《연민을 행동으로 옮기자
(Compassion in Action)》에서, 사랑이 치유 효과를 발휘하려면 연민
을 마음에 품는 데 그치지 말고 반드시 행동으로 옮겨야 한다고
강조한다. 감사도 마찬가지다. 감사를 행동으로 옮겼을 때 '상
처와 전쟁'을 치유하는 효과를 발휘한다.

그 이유가 뭘까? 삶이나 일상을 소중하고 고맙게 생각하는
사람들은 다른 사람을 통제하거나 구속하려고 하지 않기 때문
이다. 이런 사람들은 세계를 파괴하는 행동을 하지 않는다. 감
사하는 사람들은 삶을 즐긴다. 그들은 자신과 다른 사람을 위해
세상을 좀더 살기 좋은 곳으로 만들려고 노력한다. 감사 모임
회원인 바바라는 말한다.

"저는 우리가 더 넓은 세계를 좋은 방향으로 이끌기 위해 감
사를 사용하길 바랍니다. 만일 우리 모두가 자신이나 다른 사람
에게 감사하는 법을 배운다면 전 인류의 의식 수준을 높일 수
있을 것입니다."

감사는 세계의 생존과 긍정적인 발전에 없어서는 안 될 필수
요소다. 세계를 건설하는 사람들과 세계를 파괴하는 사람들을
분리시키는 것이 감사의 능력이기 때문이다. 감사는 개인의 행
복뿐 아니라 세계 평화와 번영을 이루는 근본적인 요소다.

2001년 9월 11일 이후 삶의 소중함을 절실히 깨닫게 된 우

리는 같은 배를 탄 한 인류로서 공통의 감사를 하게 되었다.

"감사는 우리 모두에게 효과적인 메시지이자 소중한 도구입니다. 자신과 다른 사람에 대한 감사, 우리가 사랑하는 것들에 대한 감사, 자유에 대한 감사만이 우리 자신과 세계 평화에 큰 도움이 됩니다. 이것이 우리가 나아가야 할 방향이며 지구촌이 치유되는 출발점입니다."

감사 모임 회원인 댄은 힘주어 말했다.

우리는 이제 '나는 이기고 너는 지는' 사고방식에서 벗어나야 한다. 우리는 범세계적으로 서로 연결되어 있다는 것을 배웠다. 한 국가의 정치적 · 경제적 상황을 좌지우지하는 문제는 다른 모든 국가에까지 영향을 미친다. '우리는 서로 뭉쳐야 한다'는 구호는 이제 미합중국에만 국한된 얘기가 아니다. 지구와 인류의 생존을 위한 새로운 구호가 되어야 한다. 감사 모임 회원인 테레사는 말한다.

"감사는 잡초 사이에 묻혀 있는 튤립이라고 할 수 있어요. 만일 우리가 관심을 기울이고 가꾼다면 잘 자라고 번성할 거예요. 또한 감사는 다른 방법으로는 이를 수 없는, 긍정적인 미래로 가는 길을 열어 주는 도구라고 생각해요. 감사는 세계를 정치적으로나 환경적으로 안전한 곳으로 만드는 데 막대한 영향을 미칠 거예요."

만일 지구와 인류가 이 상태로 계속 유지되어 나간다면, 그것은 우리가 서로 또는 각자의 이익을 위해 서로 협조하기 때문일 것이다. 협조는 감사가 뒷받침될 때 최고의 효과를 발휘한다. '나는 더 많은 것을 차지할 거야. 그렇지 않으면 당신이 내 몫까지 다 빼앗아 가겠지'라는 생각은 파동을 죽이는 것이다. 그러나 감사하는 마음으로 협상 테이블에 앉게 되면 전혀 다른 파동이 울려퍼진다. "나는 당신의 존재를 존중하며, 자신에게 필요한 것을 주장하는 당신의 권리를 소중하게 생각합니다. 저의 존재를 존중하고 제 권리를 소중하게 생각하는 것과 같은 이치죠."

감사 모임 회원인 샌디는 그 말에 적극 동의했다.

"저는 이제 갈등에 접근하는 태도가 달라졌습니다. 일단 내 주장을 중단하고 상대방의 견해를 인정하자 마음이 한결 가라앉았어요. 자연히 싸우고 싶은 충동도 사라지더군요."

우리가 서로의 차이점에도 불구하고 서로에게 감사하면 할수록 세계 평화에 더욱 다가가게 된다. 세계 평화는 우리가 자신의 영역을 지키며 평화롭게 살아갈 수 있는 유일한 방법이다.

이제 우리는 어디를 향해 나아가야 할까? 자기 자신에게 감사하고, 자신의 삶에 감사하라. 감사가 당신 주변에 흘러넘치게 함으로써 전 세계의 파동을 끌어올려라. 각자의 영혼이 한꺼번에 감사의 파동을 발산하면 인류에게 큰 희망을 줄 수 있다. 젠은 그 이치를 시에 담아보았다.

저는 꿈이 있습니다.

우리가 좀더 여유 있는 마음으로 감사가 넘치는 삶을 산다면,

하늘 문이 활짝 열리고,

천사들이 노래하며,

선구자들의 외침이 울려 퍼지고,

사랑이 세상에 충만할 것입니다.

믿음대로 될지어다!

감사 모임을 만들자

감사하는 마음이 삶을 풍요롭고 윤택하게 만드는 것을 알고, 그
것을 위한 효과적인 방법을 탐구하는 데 동조할 사람들을 어떻
게 찾을 것인가? 감사에 대한 자신들의 경험과 도전, 비결 등을
함께 나눌 사람들을 어디서 구할까?

우리 삶의 거의 모든 분야에는 후원 모임이 있게 마련이다.
알코올 중독자 모임, 실업자 모임, 미식가 모임, 마약 중독자 모
임 등 셀 수 없이 많은 모임이 있다. 그러나 어느 곳에서도 '감사
모임'은 찾아볼 수 없다.

이제 그런 모임을 만들어 보자. 우리는 이미 '감사 모임'이라
는 후원 단체를 결성했다. 이 모임은 비슷한 사고방식을 가진
사람들이 서로 교류하면서 유익함을 얻는 곳이다.

감사 모임은 누구나 시작하고 결성할 수 있다. 그룹을 결성
하는 데 필요한 것은 편안하고 안정된 분위기에서 일주일에 한

번 정도 정기적으로 만나 감사에 대한 자신들의 생각이나 느낌, 경험을 나누길 원하는 몇 명의 회원이다.

또한 만남을 가질 수 있는 장소와 그룹을 이끌 리더도 필요하다. 리더는 반드시 전문적인 치료사나 건강 관리사일 필요는 없다. 누구나 리더가 될 수 있다. 이 모임의 리더는 분석하고, 진단하고, 치료하는 사람이 아니다. 이 모임은 치료 모임이 아니라 후원 모임이기 때문이다. 그리고 특정한 사람을 리더로 정하지 않고 상황에 따라서 회원들이 돌아가면서 리더 역할을 할 수도 있다.

일단 사람을 모아 감사 모임을 형성했으면, 이 모임을 공개적으로 운영할 것인지 비공개로 할 것인지 결정해야 한다. 비공개 모임은 일단 회원이 조성되었으면 회원들끼리만 교류하는 것이다. 반면, 공개 모임은 문을 열어 두고 누구나 언제라도 모임에 참가할 수 있도록 한다. 공개든 비공개든 모두 나름대로 장점이 있다. 공개 모임이라 하더라도 신입회원에게는 이 책 《소망을 이루어 주는 감사의 힘》을 읽어야 한다는 조건을 내거는 것도 좋은 방법이다. 이 책을 통해 그들이 모임의 취지를 명확하게 이해할 수 있기 때문이다. 또한 감사 모임은 공개든 비공개든 시간의 제한을 두지 않는다. 회원들이 원한다면 시간에 구애받지 않고 모임을 지속할 수 있다는 뜻이다.

감사 모임의 구성

모임을 구성하기 위해서는 다음과 같은 요소들이 반드시 필요하다.

정보를 제공해야 한다

그룹 리더는 모임을 갖기 전에 이 책의 내용 1, 2장을 미리 읽고 토의 주제를 정하는 것이 좋다. 처음부터 차례로 읽어 가는 방법과, 특별히 다루고 싶은 주제가 있다면 그 부분을 택해서 읽는 방법이 있다. 예를 들어, 회원 중 한 명이 인간관계를 향상시키거나 변화시키길 원한다면 그에 관련된 부분을 찾아서 읽는 것이다. 만일 회원들이 감사의 과학적인 효과에 대해 알고 싶어 한다면 리더는 그 주의 모임을 좀더 효과적으로 이끌기 위해 감사의 파동에 관한 부분을 읽어야 한다.

어떤 부분을 읽을지는, 그 주에 모임 회원들의 최대 관심사가 무엇인가에 따라 결정되어야 한다. 이 말은 대부분의 회원들은 '직업'에 관해 다루길 원하지만 한두 회원이 '위기'에 대해 다루길 원할 경우 반드시 다수의 의견에 따라야 한다는 의미는 아니다. 리더는 항상 모든 회원들의 욕구와 바람에 관심을 가지고 그 문제를 다루도록 노력하는 자세를 보여야 한다. 때로 그 주에 다루지 못한 주제가 있으면 "다음 주에는 위기에 대해 얘기를 나누도록 하겠습니다"라는 말로 관심을 보여 줘야 한다.

정보를 제공하는 문제에 대해서 리더는 회원들의 바람을 정확히 파악하고 있어야 한다. 회원들이 삶의 어떤 면이나 문제를 향상시키고, 변화시키고, 감사를 끌어들이고 싶어 하는지를 스스로 확인하도록 도와줘야 한다. 각 회원마다 최소한 한 가지씩은 관심을 두는 문젯거리가 있을 것이다. 리더는 각 회원들이 '지속적으로 감사할 일'에 대해 페이스를 잃지 않고 계속 진행시키도록 격려하고 지원해야 한다.

경험을 나눠야 한다

서로의 경험담을 나누는 것은 모임의 가장 핵심 부분이다. 처음에는 서로 인쇄매체를 통해 읽었던 내용을 주고받는 것에서부터 시작하는 것이 좋다. 특히 리더는 책의 내용 중 회원들이 감사하는 마음을 갖는 데 거부감을 느끼는 문제, 이해하거나 감사를 활용하는 데 어려움을 느끼는 문제에 관해 토론하도록 유도한다. 그리고 그 내용과 관련 있는 경험은 무엇이라도 얘기할 수 있도록 분위기를 조성해야 한다.

책이나 잡지에서 읽었던 내용을 주고받는 과정이 어느 정도 무르익으면 다음 단계로, 지난주에 회원들이 겪었던 감사에 관련된 경험을 얘기하도록 유도한다. 또한 각 회원들이 특별히 '지속적으로 감사할 일'로 선택한 것에 대한 진행 과정(또는 부족한 점)을 나누도록 이끌어야 한다. 회원들은 얘기 도중 떠오르는 아이디어를 기탄 없이 나눌 수 있어야 하고, 감사를 적용하는 여러 방법에 대한 의견을 나누며, 감사를 활용하면서 느낀 여러 가지 장단점을 주고받을 수 있어야 한다.

리더의 주된 임무는 모임의 진행을 매끄럽게 하는 것이므로, 자신을 문제의 해결사나 감사의 지혜를 제공하는 사람으로 내세우지 않도록 유의해야 한다. 리더가 하는 일은 회원들이 주제를 벗어나지 않도록 도와주고, 감사와 그것을 실천하는 방법에 관해서만 얘기를 나누도록 하는 것이다. 리더는 또 회원들이 정해진 시간에 얘기를 마치도록 잘 조정할 수 있어야 한다.

다음 모임까지 감사할 주제를 미리 정한다

서로의 경험을 나누는 시간이 끝났으면 각 회원들은 다음 주까지 어떤 것에 대해 감사할지를 정해야 한다. 각자 실천하고 있는 '지속적으로 감사할 일'을 계속해도 좋고 새로운 주제를 선택해도 좋다. 만일 감사할 일을 정하는 데 어려움을 느끼는 회원이 있다면, 리더나 다른 회원들이 가능성 있는 주제를 제시해줘야 한다. 그러나 무엇에 대해 감사할 것인가를 결정하는 문제는 어디까지나 각 개인의 판단에 맡겨야 한다. 이것은 학교 교실이 아니라 후원 모임이라는 점을 잊지 말라.

이제까지 소개한 것들은 감사 모임이 기본적으로 갖춰야

할 것들이다. 이밖에도 리더나 회원들이 경험을 보강하기 위한 방법은 얼마든지 많다. 감사를 성공적으로 실천한 회원들의 사례를 모아 회지를 발행하거나, 그룹의 공동 목표를 위해 힘을 모아 감사를 실천하는 방법도 있다. 감사하는 마음을 북돋울 수 있는 다른 작가들의 작품을 읽는 것도 좋은 방법이다. 우리는 사람들이 성공적으로 감사 모임을 만들고 운영하도록 돕기 위해 일일 세미나를 마련했는데, 거기에서 여러 가지 다양한 운영 방법들을 제시했다.

감사 모임 헌장

1 감사는 파동이다. 감사는 힘이다. 감사는 에너지다.

2 당신은 파동을 가진 존재다. 따라서 파동을 발산한다.

3 당신의 파동은 당신이 어떻게 생각하고 느끼느냐에 따라 결정된다.

4 당신의 생각이나 느낌은 당신이 살면서 겪게 될 경험에 영향을 미친다.

5 당신은 자신의 생각을 선택할 능력이 있다. 그리고 생각은 당신의 느낌을 바꿀 수 있다.

6 당신이 마음을 집중시키는 모든 것은 성장한다.

7 당신이 어떤 일이나 누군가에게 감사할 때 당신은 그 물건이나 사람에게 파동을 발산하는 것이다.

8 당신이 어떤 것에 동조하는 마음을 가지면 그것을 끌어들이게 된다(호의는 호의를 끌어들인다). 따라서 당신은 그것을 경험할 기회를 갖는다.

9 당신은 마음에 들지 않는 것에 동조할 수 없다. 다시 말해서, 증오와 사랑을 동시에 품을 수 없는 것이다.

10 당신은 누군가에게 감사한 마음을 갖기 위해 그가 먼저 감사해 주길 기다려서는 안 된다.

우리네 인생은 길어야 칠팔십 년이다. 그 세월 동안 살아가는 모양새도 여러 가지다. 태어나는 순간에는 모두 같은 모습이지만 시간이 흐르면서 삶의 모습은 각자의 색깔을 지니게 된다. 그 색깔을 결정짓는 가장 큰 요소는 마음가짐이 아닐까. 어떤 환경에서 살아가느냐보다 어떤 생각을 가지고 어떤 자세로 사느냐에 따라 삶은 크게 달라진다.

'진심으로 감사하는 마음은 감사할 일들을 자꾸 끌어들이는 마력을 지니고 있다.' 본문의 핵심 내용이다. 지극히 단순한 이 비결을 우리는 몰라서 실천하지 못했던 것일까? 그렇지 않다. 그 맛을 직접 체험할 기회가 없었던 것이다. 저자는 우리에게 감사의 막강한 힘을 내 것으로 만들 수 있는 방법을 구체적으로 설명해 준다. 감사할 수 있는 일에 고마운 마음을 갖는 것이 무슨 에너지를 만들어 낼 수 있겠는가. 감사할 수 없는 일에 감사할 때 비로소 새로운 역사가 이루어질 것이다. 감사는 아무 불순물이 섞이지 않고 간절함이 담겨 있을 때 비로소 막강한 힘을 발휘한다고 저자는 강조한다. 감사가 다른 감사를 끌어들이기 위한 필수 요소는 간절함과 순수함이다.

번역을 마치고 나는 이렇게 결심했다. '무엇이든 하루에 세 가지씩만 진심으로 감사하자.' 나는 자신을 별로 불평이 없는 사람으로 생각해 왔다. 그러나 마음속에 떠도는 생각들을 감사와 불평으로 정리해 보니 불평 쪽이 훨씬 더 비중이 컸다. 마음에 감사가 차 있었던 게 아니라 입과 머리로만 감사하며 살아왔던 것이다.

바쁜 일상에서 벗어나 한번쯤 눈을 감고 가만히 마음속을 들여다보자. 무엇이 보이는가. 원망과 불평으로 혼란스럽지는 않은가. 불평한다고 상황이 달라지는가. 원망한다고 바라던 걸 얻을 수 있는가.

그렇다면 생각을 바꿔 감사할 요소를 찾아보자. 내 안에 감사가 차고 넘치면 밖을 변화시킬 수 있다. 상황을 변화시키는 건 부정적인 생각들이 아니라 감사와 사랑 같은 긍정적인 생각들이다. 감사는 분명 현재 상황을 변화시킬 뿐 아니라 더 좋은 상황을 끌어들이는 힘이 있다. 필요한 건 그 힘을 사용하는 방법이다.

복권에 당첨되어야만 팔자가 고쳐지는 게 아니다. 이 책을

통해 감사의 힘을 발휘하는 비결을 터득한다면 우리는 기적 같
은 일들을 체험하게 될 것이다.

2004년 눈부신 봄날

이 책과 씨름하는 동안 힘이 되어준 서부교회 가족에게 감사를 보내며

이상춘

소망을 이루어 주는

감사의 힘

초판   1쇄 발행 2004년(단기 4337년) 9월 7일
개정판 9쇄 발행 2022년(단기 4355년) 1월 11일
개정2판 3쇄 발행 2024년(단기 4357년) 2월 22일

지은이 | 놀르 C. 넬슨, 지니 르메어 칼라바
옮긴이 | 이상춘
펴낸이 | 심남숙
펴낸곳 | (주) 한문화멀티미디어
등록 | 1990. 11. 28 제21-209호
주소 | 서울시 광진구 능동로 43길 3-5 동인빌딩 3층 (04915)
전화 | 영업부 2016-3500 · 편집부 2016-3507
홈페이지 | http://www.hanmunhwa.com

운영이사 | 이미향
편집 | 강정화 최연실
기획·홍보 | 진정근
디자인·제작 | 이정희
경영 | 강윤정 조동희
회계 | 김옥희
영업 | 이광우

만든 사람들
책임 편집 | 강정화   디자인 | room 501
인쇄 | 천일문화사

ISBN 978-89-5699-435-2 03320